新世纪高职高专公共基础课系列规划教材

"十四五"职业教育山东省规划教材

新时代大学生劳动教育教程

XINSHIDAI DAXUESHENG LAODONG JIAOYU JIAOCHENG

主 编／公 昆
副主编／杨永亮 刘 文 吕同华 黄大明
主 审／吴树罡

大连理工大学出版社

图书在版编目(CIP)数据

新时代大学生劳动教育教程 / 公昆主编. -- 大连：大连理工大学出版社，2021.11(2025.1重印)
新世纪高职高专公共基础课系列规划教材
ISBN 978-7-5685-3439-0

Ⅰ. ①新… Ⅱ. ①公… Ⅲ. ①大学生－劳动教育－高等职业教育－教材 Ⅳ. ①G40-015

中国版本图书馆CIP数据核字(2021)第252568号

大连理工大学出版社出版

地址：大连市软件园路80号　　邮政编码：116023
营销中心：0411-84708842　84707410　　邮购及零售：0411-84706041
E-mail:dutp@dutp.cn　　URL:https://www.dutp.cn
辽宁星海彩色印刷有限公司印刷　　大连理工大学出版社发行

幅面尺寸：185mm×260mm　　印张：13.5　　字数：307千字
2021年11月第1版　　　　　　　　　　2025年1月第6次印刷

责任编辑：姚春玲　　　　　　　　　　责任校对：欧阳碧蕾
　　　　　　　封面设计：张　莹

ISBN 978-7-5685-3439-0　　　　　　　　　　定　价：41.80元

本书如有印装质量问题，请与我社营销中心联系更换。

前 言

《新时代大学生劳动教育教程》是"十四五"职业教育山东省规划教材,也是新世纪高职高专教材编审委员会组编的公共基础课系列规划教材之一。

2018年9月10日,习近平在全国教育大会上的重要讲话提出了新时代的教育必须把培养德智体美劳全面发展的社会主义合格建设者和接班人作为根本任务。2020年3月20日,中共中央 国务院发布《关于全面加强新时代大中小学劳动教育的意见》,要求"设置劳动教育课程。整体优化学校课程设置,将劳动教育纳入中小学国家课程方案和职业院校、普通高等学校人才培养方案,形成具有综合性、实践性、开放性、针对性的劳动教育课程体系。根据各学段特点,在大中小学设立劳动教育必修课程,系统加强劳动教育"。2022年10月16日,中国共产党第二十次全国代表大会在北京人民大会堂开幕,二十大报告中明确指出:"落实立德树人根本任务,培养德智体美劳全面发展的社会主义建设者和接班人。"劳动教育十年来第一次被写进党代会的报告。

为深入学习习近平新时代中国特色社会主义思想,贯彻落实全国教育大会精神,切实加强大学生劳动教育,使大学生成为劳动教育的受教者、受益者,成为劳动精神的弘扬者、引领者,成长为德智体美劳全面发展的社会主义合格建设者和接班人,针对大学生劳动教育理论与实践的需求,我们编写了本教材。

本教材根据中华人民共和国教育部印发的《大中小学劳动教育指导纲要(试行)》编写,以培养劳动观念、指导劳动实践、提升劳动能力为基本理念,以培养大学生适应当代社会需要的核心素养和核心能力为具体目标。教材围绕新时代大学生劳动教育基础知识、树立正确的劳动观、弘扬"三种精神"、劳动安全与法规、日常生活劳动、服务公益劳动、生产职业劳动等七个方面进行了阐述,将思想性、科学性、实用性和趣味性融为一体,形成如下特色:

• **突出思想内涵**。劳动和教育相结合的教育思想是马克思主义劳动观的重要组成部分。党的要求就是育人的方向,本教材融入了思政元素,引用劳模故事、劳动名人名言等,传承、弘扬中国传统劳动文化,充分体现综合育人功能,突出了劳动教育的思想内涵。

• **彰显时代特征**。编者充分考虑了科技发展和产业变革趋势，把握育人导向，遵循教育规律，将推进家庭劳动教育日常化、学校劳动教育规范化、社会劳动教育多样化的具体举措融入教材，充分展现新时代教育工作的新视野。

• **体系设计科学**。采用项目任务式编写模式，将教学内容分为理论篇和实践篇，注重理论与实践相结合。理论篇侧重概念知识的讲解，实践篇遵循任务实施步骤。内容上循序渐进，设计上多层面、有梯度，符合学生的心理特征和认知养成规律。

• **内容注重实用**。教材内容的选取既考虑了大学生已有知识技能和生活经验，又考虑了教学内容与教学实训、社会实践、志愿者服务、大学生创新创业等，实现了案例导读、任务目标、任务知识、话题探讨、任务拓展、课后阅读的有机统一，做到了实用为主，够用为度。

• **资源立体丰富**。本教材建立了"六个一"立体化课程资源，即一个课程标准、一套教学设计、一套演示文稿、一套单元测试、一套教学案例和一套教学微课，为课程教学和学生自主学习提供保障。

本教材由公昆担任主编，由杨永亮、刘文、吕同华、黄大明担任副主编，李杰、卢俊、王海婷、王韧、段建春、吕英杰、任静、张繁周、杨慧参与了教材的编写工作。具体编写分工如下：项目一、项目三由山东轻工职业学院公昆、李杰、王韧编写，项目二、项目六由山东轻工职业学院杨永亮、王海婷、卢俊编写，项目四、项目七由山东工业职业学院刘文、黄大明、杨慧编写，项目五由聊城市技师学院吕同华、段建春、吕英杰、任静、张繁周编写。

在本教材的编写过程中，编者参考、引用和改编了国内外出版物中的相关资料和网络资源，在此向作者表示诚挚的谢意。请相关著作权人看到本教材后与出版社联系，出版社将按照相关法律的规定支付稿酬。

由于时间仓促，书中仍可能存在一些不足之处，敬请广大读者批评指正。

编　者

所有意见和建议请发往：dutpgz@163.com
欢迎访问职教数字化服务平台：https://www.dutp.cn/sve/
联系电话：0411-84706671　84707492

目 录

上篇 大学生劳动教育理论

项目一 新时代大学生劳动教育基础知识 ………………………………… 3
  任务一 认识新时代大学生劳动教育的内涵 …………………………… 3
  任务二 明晰新时代大学生劳动教育的特征 …………………………… 10
  任务三 了解新时代大学生劳动教育的内容 …………………………… 14

项目二 树立正确的劳动观 …………………………………………………… 22
  任务一 弘扬热爱劳动的传统美德 ……………………………………… 22
  任务二 新中国成立以来的劳动教育 …………………………………… 30
  任务三 弘扬和传承马克思主义劳动观 ………………………………… 39

项目三 弘扬"三种精神" …………………………………………………… 46
  任务一 弘扬劳动精神 …………………………………………………… 46
  任务二 弘扬劳模精神 …………………………………………………… 57
  任务三 弘扬工匠精神 …………………………………………………… 64

项目四 劳动安全与法规 …………………………………………………… 73
  任务一 劳动安全教育 …………………………………………………… 73
  任务二 树立劳动法治观念 ……………………………………………… 84

下篇　大学生劳动教育实践

项目五　日常生活劳动 ··· **95**

　　任务一　家务劳动 ··· 95

　　任务二　校园卫生 ··· 105

　　任务三　教室清洁 ··· 111

　　任务四　宿舍内务 ··· 116

　　任务五　垃圾分类 ··· 126

项目六　服务公益劳动 ··· **135**

　　任务一　劳动周 ··· 135

　　任务二　志愿服务 ··· 143

　　任务三　勤工助学 ··· 150

　　任务四　社团服务 ··· 156

　　任务五　"三下乡"服务 ····································· 161

项目七　生产职业劳动 ··· **169**

　　任务一　技能竞赛 ··· 169

　　任务二　创新创业 ··· 177

　　任务三　认知实习 ··· 185

　　任务四　顶岗实习 ··· 191

劳动教育专项练习题 ··· **199**

参考文献 ··· **208**

上篇

大学生劳动教育理论

项目一

新时代大学生劳动教育基础知识

● **学习目标**

目标1:掌握劳动、劳动教育的概念。

目标2:了解劳动教育的基本内涵。

目标3:理解新时代大学生劳动教育的基本内涵。

劳动名人名言

1 人民创造历史,劳动开创未来。劳动是推动人类社会进步的根本力量。

——习近平

2 体力劳动是防止一切社会病毒的伟大的消毒剂。

——马克思

3 我知道什么叫劳动:它是世界上一切欢乐和美好事情的源泉。

——高尔基

任务一 认识新时代大学生劳动教育的内涵

案例导读 劳动不是目的,育人才是关键

2020年3月,《中共中央 国务院关于全面加强新时代大中小学劳动教育的意见》印发后,仅过去4个月,教育部又印发了配套文件《大中小学劳动教育指导纲要(试行)》,回答了劳动教育是什么、教什么、怎么教等问题。文件要求将劳动教育纳入人才培养全过程,明确职业院校开设劳动专题教育必修课不少于16学时。职业教育为社会培养高素质劳动者和技术技能人才,学生的劳动观念、劳动品质、劳动价值观、劳动能

力,直接关系到我国产业生力军的素质,关系到我国现代化建设的水平,关系到国家和民族的未来。因此,加强职业院校的劳动教育至关重要。那么,职业院校该如何办好劳动教育呢?2021年10月25日,全国职业院校劳动教育经验交流会召开,全国线上线下7个会场,超13 000人共享了职业院校劳动教育的发展"经"。

(资料来源:科教新报.新湖南客户端)

任务目标

目标1:了解马克思主义劳动观。
目标2:认知劳动、劳动教育的概念。
目标3:掌握劳动教育的内涵及新时代大学生劳动教育的基本内涵。

任务知识

一、马克思主义劳动观

马克思主义劳动观有三个基本观点:第一,人是劳动的产物,劳动创造了人类生存所必需的全部物质条件和精神条件。马克思说:"任何一个民族,如果停止劳动,不用说一年,就是几个星期,也要灭亡,这是每一个小孩都知道的。"劳动是人的生命存在和全部社会活动的前提,作为生命存在的人要解决吃、穿、住的生活问题,必须从事生产劳动,通过劳动改造自然,从大自然中获取生活资料。第二,劳动是人类全部社会关系形成和发展的基础。人们在劳动过程中,一方面同自然界发生关系,另一方面在人们之间又结成了生产关系。第三,劳动是促使社会历史发展的根本推动力量。社会发展的最终决定力量不是精神、意志、神灵,而是人的劳动实践。在马克思、恩格斯看来,人不仅凭借劳动满足最基本的生存需要,实现社会财富的创造和积累,而且人最终也要通过劳动来实现人之为人的自由本质。劳动不但创造了人的物质生活,也充盈着人的精神世界,使人得以成长。

二、劳动教育的内涵

基于对劳动教育的性质、目的认知的差异,目前劳动教育的概念和内涵呈现出多元化状态,大致可以分为以下五类。一是认为劳动教育是德育的一项重要内容,是对学生进行热爱劳动和劳动人民、珍惜劳动成果、树立正确的劳动观念和劳动态度、通过日常生活培养劳动习惯和技能的教育活动。二是认为劳动教育是智育的一项重要内容,可将劳动教育定义为"培养学生具有现代工农业生产的基本知识和基本技能的教育。"三是认为劳动教育是综合德育和智育的一项重要内容,可将劳动教育定义为"劳动教育就是向受教育者

项目一 新时代大学生劳动教育基础知识

传播现代生产的基本知识和基本技能,培养他们具有正确的劳动观念、劳动习惯和热爱劳动人民、劳动成果的感情。"四是认为劳动教育是促进学生全面发展的一种教育形式。如劳动教育是指"通过参加劳动实践活动所进行的一种有目的、有计划、有组织地培养受教育者多种素质的教育活动,是融德育、智育、体育、美育为一体的全面提高学生素质的综合性教育"。五是认为劳动教育既是德育、智育的重要内容,也是促进学生全面发展的重要教育形式。如"所谓劳动教育,就是教育者向受教育者施加的一种以劳动观念、劳动习惯、生产技术知识、劳动技能为内容的教育活动,其目的在于培养受教育者热爱劳动、尊重劳动者、珍惜劳动果实的习惯,并使其获得一定的生产基本知识和劳动技能,最终促进劳动者的德智体美劳全面发展"。事实上,劳动教育的内涵随着时代的发展而不断创新。党的十八大以来,随着社会的发展和劳动、劳动教育内容的不断丰富,新时代的劳动教育也被赋予了新的时代内涵:劳动教育是中国特色社会主义教育制度的重要内容,是国民教育体系的重要内容,是学生成长的必要途径,具有树德、增智、强体、育美的综合育人价值;其重点是在系统的文化知识学习之外,有目的、有计划地组织学生参加日常生活劳动、生产劳动和服务性劳动;让学生动手实践、出力流汗,接受锻炼、磨炼意志;从而使学生能够理解和形成马克思主义劳动观,牢固树立劳动最光荣、劳动最崇高、劳动最伟大、劳动最美丽的观念。

三、大学劳动教育

大学劳动教育是在大学阶段对学生进行的劳动教育,它既是高等教育人才培养的一项重要内容,也是对国民进行劳动教育的一个重要环节。刘向兵等在对以往劳动教育概念进行梳理的基础上,将新时代大学劳动教育定义为:"高等教育人才培养体系的重要组成部分,是顺应新时代劳动发展趋势对大学生进行的系统的劳动思想教育、劳动技能培育与劳动实践锻炼,是全面提高大学生劳动素养的过程,其目的是引导新时代大学生在劳动创造中追求幸福感、获得创新灵感,培养具有社会责任感、创新精神和实践能力的高级专门人才。"该定义以当前我国高等教育的培养任务为依归,从定位、内容、形态、目标及目的取向五个方面对大学劳动教育进行了概括。

根据《中共中央 国务院关于全面加强新时代大中小学劳动教育的意见》中确定的劳动教育基本内涵和总体目标以及大学劳动教育的主要内容,结合高等教育的人才培养任务和新时代劳动发展的趋势,新时代大学劳动教育是新时代大学人才培养体系的重要组成部分,通过有目的、有计划地组织大学生参加日常生活劳动、生产劳动和服务性劳动,使其深刻领会习近平总书记关于劳动和劳动教育的重要论述,理解和形成马克思主义劳动观,树立正确的劳动观念,培养劳动精神、奋斗精神和奉献精神,掌握基本的劳动能力,形成良好的劳动习惯和劳动品质,最终成为德智体美劳全面发展的社会主义建设者和接班人。其中,"新时代大学人才培养体系的

微课

了解劳动、参与
劳动——让大
学生活更美好

5

重要组成部分"是对新时代大学劳动教育的定位描述,劳动教育和德育、智育、体育、美育一起,共同构成了新时代大学人才培养体系。

"有目的、有计划地组织大学生参加日常生活劳动、生产劳动和服务性劳动"是新时代大学劳动教育的主要形式;"深刻领会习近平总书记关于劳动和劳动教育的重要论述,理解和形成马克思主义劳动观,树立正确的劳动观念,培养劳动精神、奋斗精神和奉献精神,掌握基本的劳动能力,形成良好的劳动习惯和劳动品质"是新时代大学劳动教育的主要目标;"成为德智体美劳全面发展的社会主义建设者和接班人"则是新时代大学劳动教育的终极任务和目的取向。

话题探讨 加强大学生劳动教育的四个维度

大学生是劳动者的重要来源,然而当前一些大学生与劳动渐行渐远,缺乏劳动意识——"不想劳动",缺乏劳动本领——"不会劳动"。劳动教育具有树德、增智、强体、育美的综合育人价值,学校应不断加强大学生劳动教育,提升大学生劳动本领,培养大学生劳动精神,为实现中华民族伟大复兴提供强大人才支撑。

2020年3月,印发了《中共中央 国务院关于全面加强新时代大中小学劳动教育的意见》,文件对加强新时代劳动教育进行了整体设计,为高校加强大学生劳动教育提供了方向指引和路径遵循。劳动教育是国民教育体系中的重要内容,是学生成长的必要途径。劳动教育包括劳动知识和技能、劳动态度、劳动习惯、劳动道德等教育内容,加强大学生劳动教育可从理论、历史、实践、未来四个维度来理解和把握。

理论维度:巩固大学生劳动教育的理论基石。马克思主义劳动价值论从历史唯物主义、政治经济学等角度论证了劳动在人类历史发展中的重要作用。马克思主义通过对劳动与价值的关系、劳动异化的阐述,揭示了资本主义生产关系的剥削本质。劳动贯穿人类社会的发展史,马克思主义对劳动的系列阐释,是加强大学生劳动教育的重要理论基石。

中华优秀传统文化对劳动和劳动人民的赞美是中华民族热爱劳动的生动体现。"民生不勤,勤则不匮"揭示了勤劳就不会缺衣少食的朴素道理;"锄禾日当午,汗滴禾下土""乡村四月闲人少,才了蚕桑又插田"直观地表达出劳动人民的辛苦与勤劳,"童孙未解供耕织,也傍桑阴学种瓜""大儿锄豆溪东,中儿正织鸡笼"描绘出言传身教开展家庭劳动教育的情形。文化反映现实,也指引现实。在文化的指引下,中华民族的劳动精神和劳动传统代代相传,生生不息。马克思主义劳动价值论和中华优秀传统文化中的劳动观念在新的时代条件下得到创造性转化和创新性发展。"劳动最光荣、劳动最崇高、劳动最伟大、劳动最美丽"的劳动观念,"人类是劳动创造的,社会也是劳动创造的"的劳动价值,"辛勤劳动、诚实劳动、创造性劳动"的劳动教育深入人心,这些都是开展大学生劳动教育的重要素材和资源。

历史维度:总结我国大学生劳动教育的宝贵经验。中华民族是热爱劳动的民族,中国人民是勤劳的劳动人民。中国人民用劳动创造了厚重的中华历史和灿烂的中华文化。回望历史,万里长城、都江堰、大运河、兵马俑、四大发明,那些彪炳史册的中国奇迹蕴含着劳动人民的智慧和汗水。在当代,无数劳动者投身祖国建设大潮,从经济特区建设到西部大开发、东北老工业基地振兴,从一部分人先富起来到全面建成小康社会,中国人民用劳动使中国的面貌焕然一新。一批批优秀的劳动者虽然所处时代不同、岗位不同,但是他们身上所展现出的"爱岗敬业、争创一流,艰苦奋斗、勇于创新,淡泊名利、甘于奉献"的劳模精神都绽放着同样的光彩。重视劳动和劳动人民,是我们回顾历史得出的重要经验遵循,重视宣传劳模和劳模精神,成为新时代劳动教育的重要途径之一。

中国共产党领导中国革命、建设和改革走过百年光辉历程,带领全国人民用劳动实现国家富强、民族振兴、人民幸福。革命时期,中国共产党对劳动的重视主要集中在农业生产上,在"自己动手,丰衣足食"和"人民军队既是生产队又是战斗队"等观念指引下,人民群众积极投身劳动生产,为革命胜利提供了重要物质基础。中华人民共和国成立后,中国共产党对劳动的重视延伸到社会生产各领域,促进了国民经济的发展。"不论脑力劳动,还是体力劳动,都是劳动""科学技术叫生产力,科技人员就是劳动者",这些观念进一步明晰了劳动和劳动者的范畴,极大地调动了知识分子参与劳动的积极性。中国共产党如此重视劳动和劳动人民,不仅是阶级属性、革命初心、奋斗使命使然,而且是从党的成长历程中切身总结出的历史经验。

实践维度:把握新时代加强大学生劳动教育的必要性。社会实践、志愿服务、科技活动、生产实践等形式丰富和扩展了大学生参加劳动的范畴。由于生活环境、家庭教育、社会氛围等方面的影响,一些大学生与劳动渐行渐远,处于"说起来重要,做起来不要"的尴尬境地。主要表现在:首先,缺乏正确认知,一些大学生在"学习"这一挡箭牌的庇护下,只参加必要的实习和实践,对其他劳动敬而远之。其次,缺乏劳动意识,不主动参与家庭劳动、学校劳动和社会劳动。最后,缺乏劳动本领,平时很少参加劳动导致劳动技能不足。纵观一个人的教育经历,劳动教育呈现出从低到高逐渐弱化的趋势,作为与社会直接衔接的高等教育阶段,大学生所参加的劳动特别是体力劳动往往最少。

一些大学生对劳动的认同感逐渐被消蚀,例如"敬业"是劳动精神的重要体现之一,而根据《中国大学生思想政治教育发展报告(2017)》的调查数据,大学生对社会主义核心价值观中"敬业"的认同度仅占 83.7%,位列 12 项核心价值观的最后一位,与位列第一的"富强"相差 13.7%。对劳动认同的不足也导致部分大学生盲目追求不切实际和超越自身经济条件的物质享受,"校园贷"的一时盛行就是一种典型表现。

未来维度:凝聚民族复兴的人才合力。从国家层面讲,加强大学生劳动教育是实现中华民族伟大复兴中国梦的现实需要。习近平总书记指出:"实现中华民族伟大复兴,必须依靠知识,必须依靠劳动,必须依靠广大青年。"劳动创造了中国历史,也必将造就中国未来。当前,我国正从制造大国向制造强国迈进,从"中国制造"向"中国智造"转型,并将在 21 世纪中叶建成富强民主文明和谐美丽的社会主义现代化强国,意味着未来的劳动者不仅要掌握一定的劳动技能,还应该有知识、懂技术、善创新,具有精益求精、追求卓越的工匠精神。我国实施科教兴国战略、人才强国战略,就是要培养知识型、技术型、创新型、奉献型的高素质劳动者大军。大学生是未来高素质劳动者的重要来源,只有加强劳动教育,锻炼劳动本领,培养劳动精神,才能真正凝聚起强大的人才力量。

从个体层面讲,加强大学生劳动教育是实现学生个人全面发展的需要。德智体美劳不仅是对教育体系的顶层设计,也是学生个人全面发展的框架支撑,其中劳动教育有其自身的价值意蕴。一方面,加强劳动教育,不仅是为了让学生体会艰辛、强健体魄,更在于让学生在劳动中接受锤炼,进而养成良好的劳动习惯和培养正确的劳动观念;另一方面,劳动教育与德智体美教育密不可分,它既是学生成长的重要途径,又是德智体美教育的重要载体。

从德智体"三育"到德智体美"四育",再到德智体美劳"五育",教育体系的变化中蕴含着中国共产党在实践中对人才素质要求的探索。党的要求就是育人的方向。只有加强新时代大学生劳动教育,培养全面发展的社会主义劳动者,才能在未来竞争中取得先机,为实现中华民族伟大复兴提供强大的人才支撑。

[资料来源:张胜男.从马克思主义视角看劳动教育如何立德树人[J].人民论坛,2020(1);中文昊.高校青年学生群体劳动精神教育的时代价值与现实路径[J].马克思主义理论学科研究,2019(5).]

探讨问题

请同学们共同探讨,阐述劳动教育在大学教育中的作用和意义。

任务拓展　　家庭劳动教育的重要性

劳动是孩子的义务,更是一种家庭教育方式。

中国孩子在劳动教育中健康成长

"把厨房搬进小学"是湖南民族职院附属小学校长方少文的"创举"。方少文在学校的楼顶开辟了一个"空中菜园",让学生在那里体验劳作的乐趣。之后,他还在教学楼里设置了一个宽敞的厨房……学生在这里争相"掌勺",美滋滋地品尝自己的菜品后,打扫、洗碗,把物品摆放整齐后再下课。学校内不仅开设劳动课,还把家庭教育也渗透进来。本所小学所谓的"常规教育",使越来越多的家长看到了孩子的改变:"附小的家长从来不用担心加班回家晚孩子没饭吃""知道了劳动的艰辛,孩子更关心、体恤父母了"……从每一件小事做起,从每一天做起,渗透式、融入式的劳动教育正在让劳动意识扎根到很多孩子心中。

不劳动,儿童的活力就会走向衰弱

意大利著名儿童教育家蒙特梭利说:"儿童对劳动从不厌倦。劳动使他成长,劳动让他更具活力。儿童从不要求减轻他的劳动量,他喜欢独自完成某件事。因此,甚至可以这样说:不劳动,儿童的活力就会走向衰竭。"没有天生懒惰的孩子,孩子的身上充满了生命力,他不会像成人那样把劳动当作"劳动",他会认为这是另一种游戏。很多家长不理解这个秘密,出于好心夺走了孩子成长的一条途径,就等于夺去了孩子的生活乐趣!

美国哈佛大学的学者在进行了一项长达二十多年的跟踪研究后发现,爱干家务的孩子与不爱干家务的孩子相比,失业率为1∶15,犯罪率为1∶10。干家务能使孩子学会基本的生存之道,学会生活自理和尊重他人的劳动,人只有学会生存的本领,才有可能去实现更高层次的追求。

德国孩子做家务是法律义务

在德国,孩子们的劳动义务明明白白被写进了法律:6岁以上的孩子必须帮助父母干家务。约翰有两个孩子,除了负责为家中花园浇水、翻土和除草之外,还要帮助父母洗餐具、收拾房间、擦洗家人的鞋子。每逢暑假,两个孩子还要顶着炎炎烈日,骑着自行车挨家挨户送报纸。约翰夫妇说:"与其让孩子坐着享受,不如教给他们劳动的技能。"

德国的学校开设劳动课程。小学每周有两节手工课,内容包括纸工、编织、木工、制作,还要学会缝纫等技巧。德国中小学都设有劳动专用教室,分为金属加工、木加工、烹饪、缝纫、编织五大类。

瑞士的学生女佣

在瑞士,父母为了不让孩子成为无能之辈,从小就着力培养孩子自食其力。比如,十六七岁的姑娘,从初中毕业就去有教养的人家当为期一年的女佣,上午劳动,下午上学。这样做,一方面可以锻炼孩子的劳动能力,体会独立谋生之道;另一方面还有利于学习语言。在瑞士,有讲德语的地区,也有讲法语的地区,通常一个语言地区的姑娘会到另一个语言地区的人家当佣人。其中,也有相当多的人要到英国学习英语,办法同样是边当佣人边学习语言。掌握了三门语言后,就可以去办事处、银行或商店就职。在瑞士,长期依靠父母生活的人,会被认为是没有出息的、可耻的。

美国孩子的家务清单

在美国,家长让孩子从小就认识劳动的价值。不论孩子年龄大小,都是重要的家庭成员,家长会告诉孩子他们在家庭中承担的责任是很重要的,而承担家务就是最好的方式。不同年龄的孩子可以做哪些家务劳动,教科书中都有明确规定。以下为美国孩子的家务清单:

9~24个月:可以给孩子一些简单易行的指示,比如让宝宝自己把脏的尿布扔到垃圾箱里。

2~3岁:可以在家长的指示下把垃圾扔进垃圾箱,或当家长请求帮助时帮忙拿取东西;帮妈妈把衣服挂上衣架;使用马桶;刷牙;浇花(父母给孩子适量的水);晚上睡前整理自己的玩具。

3~4岁:更好地使用马桶;洗手;更仔细地刷牙;认真地浇花;收拾自己的玩具;喂宠物;到大门口取回地上的报纸;睡前帮妈妈铺床,如拿枕头、被子等;饭后自己把盘碗放到厨房水池里；帮助妈妈把叠好的干净衣服放回衣柜；把自己的脏衣服放到装脏衣服的篮子里。

4～5岁：熟练掌握前几个阶段要求的家务，并能独立到信箱里取回信件；自己铺床；准备餐桌（从帮家长拿刀叉开始，慢慢让孩子帮忙摆盘子）；饭后把脏的餐具放回厨房；把洗好并烘干的衣服叠好放回衣柜（教孩子如何正确叠不同的衣服）；自己准备第二天要穿的衣服。

5～6岁：熟练掌握前几个阶段要求的家务，并能帮忙擦桌子；铺床，换床单（从帮妈妈把脏床单拿走，并拿来干净的床单开始）；自己准备第二天去幼儿园要用的书包和要穿的鞋（以及各种第二天上学用的东西）；收拾房间（会把乱放的东西捡起来并放回原处）。

6～7岁：熟练掌握前几个阶段要求的家务，并能在父母的帮助下洗碗盘，能独立打扫自己的房间。

7～12岁：熟练掌握前几个阶段要求的家务，并能做简单的饭；帮忙洗车；吸地，擦地；清理洗手间；扫树叶，扫雪；会用洗衣机和烘干机；把垃圾箱搬到门口街上（有垃圾车来收）。

13岁以上：熟练掌握前几个阶段要求的家务，并能换灯泡；换吸尘器里的垃圾袋；擦玻璃（里外两面）；清理冰箱；清理炉台和烤箱；做饭；列出要买的东西清单；洗衣服；修理草坪。

（资料来源：根据新华社客户端《中国孩子在劳动教育中健康成长》及《现代家长》2015年第5期中的《国外的家庭劳动教育》改编）

思考/实践

主动参加一项家务劳动、生产劳动或志愿服务劳动，体会和认知劳动教育的基本内涵。

任务二　明晰新时代大学生劳动教育的特征

案例导读　南京工业大学举办"最美家乡菜"学生厨艺大赛

近日，南京工业大学"最美家乡菜"学生厨艺大赛在南苑学生食堂举行。洗菜、切菜、烹饪……所有的参赛队伍都拿出看家本领，有的擅长刀工，豆腐上能雕出花；有的擅长煎炒，手持铲勺空中舞；有的擅长摆盘，做出的菜像幅画。法学院研究生一年级的参赛选手倪同学做了自己最爱吃的家乡菜——茄汁瓦块鱼，她说，自己上大学后才开始和

项目一 新时代大学生劳动教育基础知识

父母学习烧饭做菜,能在这次活动中展示自己的厨艺非常开心。据介绍,此活动是该校劳动教育的方式之一。"举办此类大赛能弘扬劳动光荣的精神,展示当代大学生的青春活力,让同学们在亲自'操刀'中倍加珍惜劳动的成果。"该校党委常委、副校长说。

(资料来源:光明网,2021-01-04)

任务目标

目标1:了解劳动教育是促进新时代大学生全面发展的重要内容和必要途径。
目标2:认知劳动教育具有导向性、时代性、综合性、系统性等基本特征。

任务知识

一、劳动教育具有导向性

新时代大学生劳动教育具有鲜明的政治导向性。其在指导思想上要以习近平新时代中国特色社会主义思想为指导,全面贯彻党的教育方针;在具体实践中,要明确坚持党的领导,坚持社会主义办学方向;在培养目标中,要使学生深刻领会习近平总书记关于劳动和劳动教育的重要论述,理解和形成马克思主义劳动观。

新时代大学生劳动教育具有鲜明的育人导向性。《中共中央 国务院关于全面加强新时代大中小学劳动教育的意见》(以下简称《意见》)中明确提出,劳动教育具有树德、增智、强体、育美的综合育人价值。要把握育人导向,围绕培养担当民族复兴大任的时代新人,着力提升学生综合素质,促进学生全面发展、健康成长。把准劳动教育价值取向,引导学生树立正确的劳动观,崇尚劳动,尊重劳动,增强对劳动人民的感情,报效国家,奉献社会。

二、劳动教育具有时代性

劳动教育是一个动态的、发展的概念,大学劳动教育的内涵也随着时代的发展而不断丰富、发展和完善,因此,具有鲜明的时代特征。

新时代大学生劳动教育的指导思想体现了鲜明的时代性。习近平新时代中国特色社会主义思想是新时代的马克思主义,是新时代治国理政的最高指导思想。新时代大学生劳动教育要以习近平新时代中国特色社会主义思想为指导,全面落实贯彻习近平总书记关于劳动和劳动教育的重要论述。

新时代大学生劳动教育在人才培养体系中的地位具有鲜明的时代性。新中国成立以来,劳动教育在培养高层次人才的过程中发挥了重要作用。但随着时代的发展和劳动教育环境的深刻变化，劳动教育在大学人才培养中被弱化、淡化，劳动独特的育人价值在一定限度上被忽视，部分大学生身上出现了不珍惜劳动、不想劳动、不会劳动的现象。习近平总书记在全国教育大会上明确提出"努力构建德智体美劳全面培养的教育体系"，第一次将劳动教育作为一项独立内容纳入人才培养体系，并赋予其与德育、智育、体育、美育同等的教育地位。《意见》中明确提出要将劳动纳入"普通高等学校人才培养方案"，设立"劳动教育必修课程""本科阶段不少于32学时""职业院校开设劳动专题教育必修课，不少于16学时"等要求，将劳动教育纳入大学人才培养的全过程，成为人才培养体系的重要组成部分。

新时代大学生劳动教育的内容具有鲜明的时代性。随着时代的发展和科技的进步，劳动的形式不断发生变化，劳动的内容不断发展和丰富，劳动教育也应与时俱进，体现时代发展方向，适应社会现实。《意见》强调，劳动教育要"适应科技发展和产业变革，针对劳动新形态，注重新兴技术支撑和社会服务新变化，深化产教融合，改进劳动教育方式。要强化诚实合法劳动意识，培养科学精神，提高创造性劳动能力"。因此，新时代大学生劳动教育不但要有传统的体力劳动教育，还要有体现当前劳动新形态的各种创造性劳动，必须要反映劳动面临的时代新发展。

三、劳动教育具有综合性

新时代大学生劳动教育既是培养大学生正确的劳动价值观，提升大学生的劳动素养，又是培养大学生劳动基础知识和专业技能的一项综合性教育。学校将劳动教育融入大学生的人才培养体系，设置专门的劳动教育课程，有目的、有计划地组织学生参加日常生活劳动、生产劳动和服务性劳动，一方面能磨炼学生的劳动意志，培养学生形成正确的劳动观念和良好的劳动品质；另一方面也能使学生掌握基本的劳动知识和劳动技能，成为社会主义建设事业的合格劳动者。

新时代大学生劳动教育既与德育、智育、体育、美育一起构成大学生人才培养的综合性教育体系，促进大学生的全面发展，又能兼"五"而有之，具有树德、增智、强体、育美的综合育人价值。五育并举，劳动教育与德育、智育、体育、美育协调配合、有机协同，形成育人合力。同时，通过劳动教育，不仅能培育学生的劳动观念、劳动态度、劳动习惯和劳动知识、劳动技能，还能锻炼学生身体，磨炼学生意志，促进学生心理健康，塑造学生美好心灵，培育学生审美观念，丰富学生审美体验，使学生深刻认识和理解"劳动最美丽"的道理，并通过劳动追求美好人生。

四、劳动教育具有系统性

新时代大学生劳动教育是与中小学劳动教育一脉相承、一体贯通的系统性教育工程。它和中小学劳动教育共同构建了学龄时期青少年劳动教育的系统性培养体系。在该培养体系中，它们的指导思想一致、基本原则一致、目的取向一致，但在具体的培养目标、课程体系、内容设置和教育方式上，根据不同学段学生的身心发育特点又各有侧重。

项目一　新时代大学生劳动教育基础知识

　　新时代大学生劳动教育是贯穿学校、家庭、社会各方面的系统性教育工程。在具体的实施过程中，以学校教育为主，统筹协调家庭、社会各方的教育资源，形成教育合力。其中，家庭是劳动教育的基础力量，通过日常的家务劳动，培养劳动习惯；学校是劳动教育的主要阵地，通过劳动教育课程和具体的劳动实践，提升劳动素养，培养劳动技能；社会是劳动教育的支持保障，通过开放劳动场所、增加劳动体验等为学生的劳动教育提供支持。学校、家庭、社会相互补充，合力引导学生参加日常生活劳动、生产劳动和服务性劳动，从而形成协调一致的劳动育人系统。

　　新时代大学生劳动教育是以劳动课程教育为基础，贯穿人才培养全部环节的系统性教育体系。其中，在劳动课程教育中除设置劳动教育必修课程外，还可设置劳动科学概论、劳动保障等选修课程，从而构建一个"1+X"的劳动教育课程体系。同时，作为培养大学生全面发展的必要途径，劳动教育应贯穿大学人才培养的全部环节，融入大学立德树人、教学科研的方方面面，与大学生的思想政治教育、专业教育、实习实训、创新创业教育、职业生涯规划与就业指导、社会实践、校园文化和志愿服务等有机融合。在该教育体系中，将"劳动课程教育"和"课程劳动教育"相结合，将集中教育与分散教育相结合，将第一课堂教育与第二、第三课堂教育相结合，共同保障新时代大学生劳动教育的实施效果，促进大学生的全面发展。

话题探讨

　　南京科技职业学院在全校学生中开展劳动教育，并将其纳入人才培养方案，设立了专门的劳动实践周。学生只有完成为期一周的劳动教育实践课程，拿到相应学分，才能顺利毕业。

　　近日，该校化工装备专业大三学生罗益所在的班级开展劳动周实践。罗益和他的5位同学选择了最"苦"的差事——打扫公共卫生间。刺鼻的味道、泛黄的污渍，让他们感到"崩溃"。最后，在劳动教导员、宿舍阿姨的指导下，学生们经过两个小时的奋战，让公共卫生间焕然一新。"真是不容易。"罗益说。从此，他与同学们自觉当起了校园环境的守护者。

（资料来源：中国青年网，2020-11-20）

探讨问题

本校劳动周的岗位种类和职责分别有哪些？

任务拓展

　　设立种植或绿化劳动实践基地，组织学生进行土地开垦、瓜果育苗、耕地播种、除草灌溉等田间劳动，采用"小组责任制"，明确各小组的负责区域和相应作物，增强学生的团队合作精神以及劳动责任感，促进学生形成良好的劳动习惯。

思考/实践

主动在校或家庭中参加一项种植、绿化劳动或志愿服务劳动,体会和认知劳动教育的基本特征。

任务三 了解新时代大学生劳动教育的内容

案例导读

这样的课程"接地气"
——弘扬劳动精神、重视劳动教育的多种举措

在四川大学锦城学院的农场里,几十名同学在农田里麻利地干起了农活,割水稻、打谷子、锄地……大伙儿分工明确,忙得热火朝天。这一片金灿灿的稻谷于今年4月栽种,经过几个月的生长,迎来了大丰收。同学们说:"这是我们自己种的,现在自己来收割,感觉特别有意义。"

据介绍,自2006年起,四川大学锦城学院将"种田课"纳入必修课程。

让大学生去"种田",能让学生变得接地气,可以让学生切身体会农民的生活,感受农民的不易。古诗云"谁知盘中餐,粒粒皆辛苦",唯有"锄禾日当午,汗滴禾下土",才能感受到农民的艰辛,更懂得珍惜现在的生活,感恩劳动者,感恩社会,感受到父母赚钱养家的不容易,才可以锻炼学生,让学生变得吃苦耐劳,让意志更坚强。让学生上种田课,既能强健学生的体魄,又能教给学生种田的技艺,还能让学生端正对农活、农业、农民的认识,这对乡村振兴战略的实施大有意义。"种田课"这样的劳动教育务实而有温度,不见得要让学生都去学种田,但劳动教育就应该多接地气。

(资料来源:《北京日报》,2018-10-10)

任务目标

目标1:了解新时代大学生劳动教育的重点。
目标2:掌握新时代大学生劳动教育的内容。

任务知识

《意见》中明确提出,新时代劳动教育重点是在系统的文化知识学习之外,有目的、有计划地组织学生参加日常生活劳动、生产劳动和服务性劳动,让学生动手实践、出力流汗,

接受锻炼、磨炼意志,培养学生正确劳动价值观和良好劳动品质。党的二十大报告对于教育的战略地位进行了充分的肯定和强调,重申了落实立德树人的根本任务,以培养德智体美劳全面发展的社会主义建设者和接班人为主线的党的教育方针。二十大报告中劳动教育的回归,旨在通过劳动教育,学生能够树立劳动最光荣、劳动最崇高、劳动最伟大、劳动最美丽的观念,做到热爱劳动、尊重普通劳动者,培养勤俭、奋斗、创新、奉献的劳动精神,具备满足生存发展需要的基本劳动能力,形成良好劳动习惯。结合党的教育方针和新时代大学生的身心特点,新时代大学生劳动教育主要内容包含以下几个方面:

一、日常生活劳动教育

日常生活劳动是指在日常生活中,自己照料自己的生活,保持环境整洁卫生的一种劳动,如整理床铺、打扫宿舍、清洗衣服、照料自己饮食起居以及在家庭中的家务劳动等相关劳动行为。日常生活劳动教育是指围绕着大学生的日常生活而开展的劳动教育。

通过日常生活劳动教育,能够强化学生的劳动自立意识。受社会环境和长期应试教育的影响,学习成绩基本成为大学生入校前的唯一评价标准,迫使处于基础教育阶段的大部分学生将所有精力投入到知识学习之中。同时,一些承担基础教育阶段学生培育职责的家长,出于种种目的往往对学生的衣食住行等日常生活劳动予以包办,从而造成了部分大学生在进入大学校门后缺乏独立生活能力。如在新生入学报到现场,父母肩扛手提着大包小包而学生却空着双手的现象时有发生,父母四处忙碌购买日常生活用品、整理床铺而学生稳坐一旁的现象也不足为奇。甚至出现了宿舍垃圾堆积如山;大学生脏衣服寄回家洗,3年花费上千元快递费等极端现象。在大学阶段,学生远离父母的照顾,日常生活劳动都需要自己来完成。因此,通过日常生活劳动教育,能强化学生的劳动自立意识,锻炼学生自己照料自己的能力。

通过日常生活劳动教育,学生能体验持家之道,促进家庭和谐。当前的"00后"大学生多是独生子女,从小就受到家庭的宠爱和全方位的照顾,一些大学生缺少家务劳动和自我日常生活劳动的参与,没有体会到父母等其他家庭成员为自己成长所付出的艰辛。通过日常生活劳动教育,特别是家务劳动,学生可以体会"一粥一饭"之不易,"一丝一缕"之艰辛,学会关心父母等其他家庭成员,更好地促进家庭和谐。

二、生产劳动教育

依据马克思主义劳动观,生产劳动即创造物质财富的劳动。生产劳动教育是指通过组织大学生参加各种形式的生产劳动而开展的劳动教育。

通过生产劳动教育,能够促进学生的全面发展。马克思曾明确指出:"生产劳动同智育和体育相结合,不仅是提高社会生产力的一种方法,而且是造就全面发展的人的唯一方法。"在当前大学生的学习生活中,存在劳动观念淡薄、劳动意识缺乏、不珍惜劳动成果、不想劳动、不会劳动的现象。如有的大学生认为体力劳动不如脑力劳动,从事体力劳动不体

微课

丰富劳动教育内容——打造劳动教育新形态

面、太辛苦,从而不尊重体力劳动者,不愿意参加体力劳动、不愿意进生产一线;有的大学生在从事具体工作时,眼高手低,不能吃苦,职业能力和职业素养低。通过有目的、有计划地组织大学生参加生产劳动,大学生能够正确理解和认知马克思主义劳动观,树立"劳动最光荣、劳动最崇高、劳动最伟大、劳动最美丽"的劳动价值观;能够形成热爱劳动、尊重劳动者的情感态度,改变轻视体力劳动和体力劳动者的错误心态;能够实现大学教育理论与实践相结合,促使学生更好地掌握劳动基本知识和基本技能,成为一名全面发展的、合格的社会主义劳动者。

三、服务性劳动教育

服务性劳动是指除生产劳动外,为人的物质文化生活和物质生产服务的社会性服务劳动和志愿服务劳动。服务性劳动教育是指通过组织大学生利用自己的知识、技能、工具等为他人或社会提供服务,积极参加志愿服务等形式开展的劳动教育。

服务性劳动教育能够强化新时代大学生的社会责任感,培养其形成良好的社会公德。由于社会环境等方面的影响,缺乏社会责任感和社会公德、社会服务意识不足等一些不良的社会现象也在大学生群体中显现。如个别大学生以自我为中心,只考虑自己,不考虑集体和他人;个别大学生以利为先,只考虑自己获得的利益和享受的权利,而不考虑自己的付出和应履行的义务;个别大学生"各扫门前雪",缺乏对社会和他人的奉献精神和团结协作等。因此,通过有目的、有计划地组织学生参加服务性劳动,特别是志愿服务劳动,能培育他们的公共服务意识和奉献精神,提高他们的服务能力和团队协作意识,锻炼他们的劳动能力,从而更好地认识社会、适应社会、服务社会、奉献社会。

话题探讨　　大学如何补好劳动教育这一课

"德智体美劳,现在整个高等教育在'劳'这一块是绝对的短板,连老师都不了解生活了,学生还怎么了解国情。"全国政协委员、中国社会科学院大学临时党委书记、常务副校长张政文的这番话引起很多委员共鸣。劳动教育不应该仅成为中小学的必修课。大学应该如何加强劳动教育,帮学生补好这门课?记者采访了部分全国政协委员和会外专家。

劳动教育对大学生的意义不容忽视

"目前,受到家庭、学校和社会的一些消极影响,部分大学生身上还存在劳动观念不够端正、劳动意识比较淡薄、劳动素养比较缺乏、劳动情怀比较缺失等问题。"全国政协委员、华东师范大学副校长戴立益说。

事实上,大学生作为直接面向劳动、直接对接职业的劳动后备军,比中小学生更迫切地需要带着全面系统的劳动素养走上工作岗位。

"要高度重视劳动的教育价值,劳动不仅创造财富,而且也造就人才。"中国教育学会副会长、清华大学原副校长谢维和说,劳动造就人才的功能至少表现在两方面:一是实现自我认同;二是完成自律,把社会的外部控制转化为自我管理、自我控制。

戴立益认为,高校劳动教育要深度构建"三位一体"的协同育人机制,健全劳动教育的保障制度,从社会、学校和家庭三方面明确责任、达成共识、通力合作完成劳动教育的任务。

大学劳动教育要与专业教育深度融合

劳动教育教什么、怎么教,是困扰很多高校教师的现实问题。与中小学以体验、认识为主的劳动教育不同,面向大学生的劳动教育不仅要教学生爱劳动、会劳动,更要使学生"明劳动之理"。中国劳动关系学院院长刘向兵说:"高校推进劳动教育要在进课堂、进教材的同时,将其与专业教育相结合、与实践实习相结合、与思想政治教育相结合、与创新创业教育相结合,将劳动教育融入高校立德树人、教学科研的方方面面。"

全国政协委员、空军航空大学教授杨承志建议,大学劳动教育要与培养学生创新精神、工匠精神结合起来,培育劳动情怀,让学生在劳动教育和实践中掌握劳动技能、积累劳动经验、提升劳动能力,塑造岗位需要的职业素养和道德品质。

在北京师范大学经济与工商管理学院院长赖德胜看来,推动劳动教育的一项重要基础性工作是加强劳动学科的建设。目前,研究劳动的各个学科分散在不同学科门类下,导致高校很难有一个集中的培养劳动人才的学科平台。

新时代大学生劳动教育形态要与时俱进

随着人工智能等新技术的快速发展,一些体力劳动岗位将来很可能被机器所替代,在这种情况下还需要劳动和劳动精神吗?

"这丝毫不影响我们的劳动和劳动教育。"全国政协委员、安徽省政协副主席、省教育厅厅长李和平认为,创造性劳动是机器替代不了的,而且会越来越重要。从教育的角度看,劳动教育的功能更是人工智能所不可取代的。

新时代大学生劳动教育面向的群体是"00后",他们在互联网的陪伴下长大,对劳动的认识与上一代人、上两代人有很大差异。针对这一特点,新时代的劳动教育必须直面质疑,及时更新教育形式,使青少年认识到,技术进步只不过使人类的劳动方式、劳动领域、劳动岗位发生了新的变化,但人的劳动精神和劳动技能仍是人机协同、智慧劳动、创造性劳动的重要基础。

"新时代劳动教育的开展要考虑两点:一是劳动形态,要与时俱进,不能犯把劳动等同于体力劳动的错误;二是教育形态,需要一定的课程,关键是要考虑怎样让间接的劳动教育在教育实践中得到强化。"北京师范大学教育学部教授檀传宝说。

(资料来源:《中国教育报》,2019年03月13日第6版)

探讨问题

请同学们共同探讨,阐述新时代大学生劳动教育的发展现状。

任务拓展　　大学生劳动教育的价值意蕴

《中共中央　国务院关于全面加强新时代大中小学劳动教育的意见》（以下简称《意见》）于2020年3月正式发布。《意见》指出，"劳动教育是中国特色社会主义教育制度的重要内容，直接决定社会主义建设者和接班人的劳动精神面貌、劳动价值取向和劳动技能水平"，要"把劳动教育纳入人才培养全过程""促进学生形成正确的世界观、人生观、价值观"。"青年兴则国家兴，青年强则国家强。"大学，是大学生世界观、人生观、价值观确立的关键时期，劳动教育，可以让大学生立足实践，认识世界，探索真理，不断完善自己。马克思说："历史承认那些为共同目标劳动因而自己变得高尚的人是伟大的人物，经验赞美那些为大多数人带来幸福的人是最幸福的人。"当代大学生应不畏艰难、百折不挠、敢于担当，在劳动中增阅历、长才干、坚意志、熟技能、知荣辱、懂感恩，为美好的未来做好思想、信念、人格、品质上的准备。因此，大学生的劳动教育要以习近平新时代中国特色社会主义思想为指导，落实立德树人根本任务，把握育人导向，遵循教育规律，培养出为人民大众劳动、为党为国家奉献的新青年。

一、全部社会生活在本质上是实践的。物质生产实践是人类最基本的实践，其中的劳动实践则是我们生产和发展最重要的实践形式。恩格斯指出，"劳动是整个人类生活的第一个基本条件，而且达到这样的程度，以至我们在某种意义上不得不说：劳动创造了人本身"。正确理解"劳动创造了人本身"这一哲学命题，可以使大学生了解世界、认识自我、认知劳动，树立马克思主义劳动观。

新时代大学生劳动教育肩负着重要的世界观培育功能。通过劳动教育，广大青年学生可以更加深刻地理解劳动的本质、价值和方式，认清劳动与社会发展的关系，以科学理性的态度对待劳动、劳动者、劳动方式。通过劳动教育，青年学生在了解自然、认识世界的同时，也了解人民的疾苦及劳动在社会发展进程中的重大作用，加深对社会历史发展的理解，最终形成正确的新时代劳动价值观。劳动观决定劳动态度，劳动态度影响劳动者的精神面貌。通过劳动教育，大学生养成踏实、勤奋、严谨的劳动品质，在劳动实践中成长、成才。作为进入社会前的最后一站，大学的劳动教育可以帮助青年学生正本清源，反求诸己，思考如何才能紧跟时代，夯实基础，服务社会，真正成为社会主义事业的建设者和接班人。

二、劳动光荣，创造伟大。新时代大学生应该树立以劳动为基础，以知行合一为取向的人生观。当代大学生知识丰富、视野开阔、思维活跃，但是也有个别大学生浮躁懒惰、耽于幻想，只学习了一些书本知识，没有实践的检验，缺乏劳动锻炼，这样的精神面貌和价值取向，使得加强大学生劳动教育迫在眉睫。新时代大学生劳动教育，一方面要使大学生通过对劳动意义的学习坚定劳动的信念，通过对劳动规律的学习掌握劳动的方法，通过对劳动规章的学习遵守劳动的纪律；另一方面，要鼓励大学生走向田间地头，走向工厂社区，以人民群众为师，以公共服务为业，实现知行合一的、真正的劳动实践。

马克思说:"我的劳动是自由的生命表现,因此是生活的乐趣。"新时代大学生劳动教育,就是要着眼新时代发展的特点,结合大学生思想观念的实际情况,依托大学的教育资源和社会密切合作,引导大学生努力劳动,艰苦奋斗,深刻理解"空谈误国、实干兴邦"的道理,树立通过劳动中的知行合一实现真正幸福的人生观。大学生对幸福的理解决定了大学生以后的成长道路和成才方向,也决定着大学生将来对社会的奉献程度。只有通过劳动教育和劳动实践,培养正确的幸福观和择业观,大学生才能形成优秀的人格、品质、意志,形成坚定的符合社会主义核心价值观的思想和精神面貌。

三、人民创造历史,劳动开创未来。劳动教育可以坚定大学生的社会主义信念。劳动是中国人民的本色,习近平总书记指出:"我们的根扎在劳动人民之中。在我们社会主义国家,一切劳动,无论是体力劳动还是脑力劳动,都值得尊重和鼓励。"在中国特色社会主义制度下,劳动者通过劳动实现物质文明和精神文明的进步,获得自由与发展,也必将通过劳动实现中华民族的伟大复兴。新时代意味着新发展,但是社会主义的内核不能丢,中国共产党的优良传统不能变。劳动教育可以帮助大学生深刻理解参与社会主义劳动的意义和价值,培养他们身体力行、踏实奋进的劳动品质和以崭新的劳动精神面貌、劳动价值取向和劳动技能水平向新时代献礼的价值追求。

新时代大学生劳动教育,不仅承载着劳动育人、劳动创新的时代任务,更承载着砥砺大学生公共服务精神的教化功能。"大道之行也,天下为公。"毛泽东同志曾指出,劳动英雄和模范工作者"有三种长处,起了三个作用",即带头作用、骨干作用和桥梁作用。新时代大学生劳动教育有助于培养大学生勤俭、奋斗、创新、奉献的劳动精神,有助于培养他们服务社会、服务他人的奉献情怀和服务意识,有助于培养他们通过劳动实践磨炼意志、砥砺品格进而实现人生价值的能力,最终成为为人民服务的骨干。

习近平总书记指出:"必须牢固树立劳动最光荣、劳动最崇高、劳动最伟大、劳动最美丽的观念。"社会主义的大学培养的是社会主义建设者和接班人,大学生不仅要在德智体美上成为优秀的时代新人和未来实现中华民族伟大复兴中国梦的主力军,还必须要从劳动中体验生活的本质,了解社会责任,明确奋斗方向。新时代大学生要在劳动中展现精神面貌,在劳动中修正价值取向,在劳动中提高技能水平,为实现美好生活给自己定目标、加任务、压担子。在新时代,大学生劳动教育要育人优先、遵循规律、着力创新,培养大学生树立马克思主义劳动观,引导大学生树立辛勤劳动、诚实劳动的理念,让劳动光荣、创造伟大成为铿锵的时代强音。

(资料来源:《光明日报》,2020年05月18日第6版)

思考/实践

大学生作为直接面向劳动、直接对接职业的劳动后备军,比中小学生更迫切地需要带着全面系统的劳动素养走上工作岗位。劳动造就人才的功能表现在哪些方面?

课后阅读　新中国劳动者典型事例

钢铁劳模——孟泰

孟泰,1898年出生,河北省丰润县人。1926年,孟泰来到鞍山,同年进入日本人经营的鞍山制铁所的炼铁厂当配管学徒工。他于1949年加入中国共产党,历任配管组组长、技术员、炼铁厂副厂长、鞍钢工会副主席等职。

东北解放初期,党中央要求鞍钢迅速恢复生产。面对经过战争摧残几近废墟的钢厂,老工人孟泰勇敢地站了出来,带领工友献交器材、刨开冰雪收集废旧零件,把日伪时期遗留下来的几个废铁堆翻了个遍,硬是在物资极度匮乏的情况下,建成了当时著名的"孟泰仓库",没有花国家一分钱,就令鞍钢高炉恢复生产,为新中国钢铁工业奠定了雏形。

孟泰爱厂如家,钻研苦干。抗美援朝时期,鞍钢受到敌机和暗藏敌特的威胁,孟泰撇家舍业,背来行李睡在高炉旁,誓死保卫高炉安全,被誉为"高炉卫士"。中华人民共和国成立初期,孟泰组织全厂人员进行联合攻关,先后解决了十几项技术难题,成功自制大型轧辊,填补了我国冶金史上的空白。

孟泰多次被评为全国劳动模范,是中国工会第七次、第八次全国代表大会执行委员。作为第一、二、三届全国人民代表大会代表,孟泰曾多次受到党和国家领导人接见。

对党忠诚,对人民赤诚,孟泰始终心系钢厂与职工。在遭受三年严重自然灾害的日子里,为了使工人保持体力不影响生产,他把靠几个女儿挖野菜喂养大的两头猪送到厂里为职工改善伙食;在一批职工因没有床位而不能住院治疗的时候,他买来废钢管,组织青年突击队自制铁床,既缓解了燃眉之急,又节省了费用。在担任鞍钢炼铁厂副厂长的八年中,他被工人们称为"身不离劳动,心不离群众的干部"。

1967年9月,积劳成疾的孟泰在北京病逝。然而,孟泰精神却在鞍钢和鞍山市扎了根,《孟泰报》"孟泰奖章"、孟泰雕塑、孟泰公园……半个多世纪过去了,"老英雄"仍向人们无声地诠释着劳动的价值和奋斗的意义。

在鞍山钢铁炼铁总厂的几座高炉间隙,孟泰纪念馆显得格外安静。炼铁总厂党委工作部部长王锋介绍,厂里培训新招工人,第一站就来这里;市里的机关干部、中小学生,也经常来参观学习。同时,厂里每年都会组织孟泰事迹学习会,评选孟泰式先进标兵、最美党员,厂报还开辟了专栏讲述"孟泰式好员工"的事迹。

"老一辈树起了标杆,我们也不能太差。"作为鞍山钢铁炼铁总厂电气作业区电气点检员,年过五旬的付柏田自1984年进厂以来就一直被孟泰精神所感染。在岗位上,付柏田主动创新出铁技巧,三次报名夜大学习电工课程,如今已是鞍钢集团一级技师。2017年,以付柏田名字命名的创新工作室成立,每年吸引中青年技工上百人次参与技术攻关,为企业创效年均超过500万元。

截至2020年年底,鞍钢集团共有6 801人次获得各级各类劳动模范荣誉称号,其中全国劳动模范118人次。自2012年探索职工创新工作室的基层创新机制以来,鞍钢集团目前共有厂级以上职工创新工作室303个,其中全国示范性劳模创新工作室2个,省级创新工作室39个,分设创新小分队等创新团队700余个,拥有3 600余名核心成员。

(资料来源:新华社,2021-06-03)

项目二

树立正确的劳动观

学习目标

目标1：认识到热爱劳动是中华民族的传统美德，也是实现中华民族伟大复兴中国梦的现实要求。

目标2：了解劳动教育是我国教育的特色，也是我国教育制度和体系的重要内容，贯穿中华人民共和国成立以来我国各个发展阶段。

目标3：掌握马克思主义劳动观，劳动是人的本质活动，劳动是人类社会存在和发展的基础。

劳动名人名言

1 劳动者是最可爱的人。

——马克思

2 社会主义制度的建立给我们开辟了一条到达理想境界的道路，而理想境界的实现还要靠我们的辛勤劳动。

——毛泽东

3 人类是劳动创造的，社会是劳动创造的。劳动没有高低贵贱之分，任何一份职业都很光荣。

——习近平

任务一 弘扬热爱劳动的传统美德

案例导读 "南泥湾"的由来

"花篮的花儿香，听我来唱一唱，唱一呀唱，来到了南泥湾，南泥湾好地方，好地呀方……"

项目二 树立正确的劳动观

南泥湾,一个响亮的名字,一片红色的沃土。

南泥湾革命旧址位于延安城东南45千米处。南泥湾是中国共产党军垦事业的发祥地,是南泥湾精神的诞生地。

南泥湾位于西安—黄帝陵—延安—南泥湾—黄河壶口瀑布—西安旅游环线上,是延安旅游名胜景点之一,也是陕西省重点文物保护单位。南泥湾的主要景点:毛泽东视察南泥湾旧居、三五九旅旅部旧址、七一八团烈士纪念碑、七一九团烈士纪念碑、中央管理局干部休养所旧址、南泥湾垦区政府旧址、八路军炮兵学校旧址、九龙泉、南泥湾大生产展览室等。

当年抗日战争进入相持阶段时,国民党军队向共产党、八路军抗日根据地发动了大规模扫荡,并调集几十万军队包围陕甘宁边区,实行严密的军事包围和经济封锁,并叫嚣要"饿死八路军,困死八路军"。当时的边区地广人稀,土地贫瘠,要靠群众担负起几万干部、战士和学生的吃穿用,实在是一件难事。毛泽东当时说:"我们曾经弄到几乎没有衣穿,没有油吃,没有纸,没有菜,战士没有鞋袜,工作人员在冬天没有被盖……我们的困难真是大极了。"

在严峻的历史关头,党中央、毛泽东及时地提出了"发展经济、保障供给"的总方针和"自己动手、丰衣足食"的号召,动员广大军民开展大生产运动。1940年,朱德总司令亲赴南泥湾踏勘调查;1941年春,八路军在王震的率领下,奉命开进南泥湾开荒种地,战胜重重困难,硬是用自己的双手和汗水,将荒无人烟的南泥湾变成了"平川稻谷香,肥鸭遍池塘。到处是庄稼,遍地是牛羊"的陕北好江南。1943年2月,毛泽东亲自为该旅4位领导干部题词,并嘉奖了三五九旅全体将士。

贺敬之作词、马可谱曲的《挑花篮》唱道:"陕北的好江南,鲜花开满山;学习那南泥湾,处处是江南,又战斗来又生产,三五九旅是模范",歌曲脍炙人口,更使得南泥湾家喻户晓。

(资料来源:共产党员网)

任务目标

目标1:认识热爱劳动是中华民族的传统美德,也是实现中华民族伟大复兴中国梦的现实要求。

目标2:树立热爱劳动的意识。

任务知识

中华民族向来重视对劳动美德的培养,并将之看作修身、齐家和治国的重要途径。进入新时代,我们更应树立正确的劳动价值观,弘扬热爱劳动的精神,创造美好生活。

一、热爱劳动是中华民族千百年来的行为倡导和传统美德

对劳动的肯定和赞美是中国传统文化的重要内容。热爱劳动,是我国古代人民创造生活和文明的力量内核,他们用劳动创造了丰富多彩的生活,在劳动中培养了互助、友爱、团结、协作精神。与此同时,中华儿女也用劳动创造了举世瞩目的灿烂文明。史前时代就有诸多歌颂勤劳的神话,因勤劳能干而被尧封赏土地的后稷、因争取更多劳动时间而追逐太阳的夸父、因解救人类于漫长黑夜而辛勤钻木取火的燧人等,无一不是在勉励人们要勤劳勇敢、自强不息。古代经典著作中对劳动的阐释更是多有论及。《左传》曰:"俭,德之共也;侈,恶之大也。"俭是道德要求,侈是万恶之首。荀子在《天论》中强调"强本而节用,则天不能贫",表达了对勤劳耕作和勤俭节约的认同。《墨子·非命下》指出:"必使饥者得食,寒者得衣,劳者得息。"这些名言称得上是中国社会福利、劳动保障思想的萌芽。不少家规家训也教导子女谨记"勤劳之风"。当今中国,我们凭着勤劳、智慧、勇气,将许多的不可能变成了可能,用四十多年的时间走完了西方发达国家几百年走过的工业化历程,迎来了从站起来、富起来到强起来的伟大飞跃,中国的发展奇迹被称为"勤劳革命"。正是因为秉持勤于劳动、善于创造的优秀品质,泱泱华夏虽历经沧桑、饱经磨难,仍巍然屹立于世界东方。

对于中华民族而言,辛勤劳动是中华文化的文明基因,是中华文明进步发展的规律展示。习近平强调:"'民生在勤,勤则不匮。'中华民族是勤于劳动、善于创造的民族。正是因为劳动创造,我们拥有了辉煌的历史;也正是因为劳动创造,我们拥有了今天的成就。"辛勤劳动是财富涌流的源泉,也是一个民族、一个国家、一种文明得以赓续传承的重要法宝。

二、热爱劳动是中华儿女创造生活和文明的基本力量和重要内核

> 微课
>
> 热爱劳动,传承美德——热爱劳动是中华民族传统美德

中华儿女自强不息,用劳动创造了生活、创造了灿烂文化,在劳动中培养了互助和团结精神。"种豆南山下,草盛豆苗稀。晨兴理荒秽,带月荷锄归。道狭草木长,夕露沾我衣。衣沾不足惜,但使愿无违。"这首诗描绘了古代劳动人民辛勤劳动、创造生活的场景。不少古诗词更是将珍惜食物与辛勤劳动结合起来,深深影响并塑造着中国人勤俭节约的美德。劳动人民在通过劳动创造生活的同时,发挥聪明才智,创造了举世瞩目的灿烂文明,在建筑、科技、手工业、天文地理等领域取得了巨大的成就。万里长城、龙门石窟、都江堰、大运河以及素纱禅衣、榫卯结构、记里鼓车等,无一不是凝聚劳动人民勤劳智慧的伟大成果。

劳动创造幸福,实干成就伟业。在神州大地上,千千万万的劳动者勤勤恳恳付出、胼手胝足创造、斗志昂扬奋进,他们在各自的岗位上挥洒汗水、努力奔跑,每个劳动者的力量共同汇聚成磅礴伟力,推动历史的车轮滚滚向前。1938年10月,抗日战争进入相持阶段,敌后战场的斗争形势日益严峻,陕甘宁边区出现了粮食以及生活必需品供应紧张的困

局。为克服严重的物质生活匮乏困难,中国共产党发出了"自己动手、丰衣足食"的号召,由此大生产运动蓬勃开展。边区军民开荒种地、畜牧养殖、兴修水利……在田地、山头、工厂,到处都是劳动人民"手举锄头、脚踩纺织机"的热闹景象。勤于劳动、善于劳动的边区军民用自己的双手打破了困难局面,为抗日战争及新民主主义革命的胜利奠定了坚实的物质基础。新中国成立后,饱受战争创伤的中华大地百废待兴、百业待举。一时间,劳动的号角再次吹响,"拼命也要拿下大油田""生命不息,革新不止""宁愿一人脏,换来万家净"……人们的劳动热情汇聚成无穷的力量,给新中国带来了生机与活力,中国过去许多没有的新工业工厂,如汽车厂、飞机制造厂、大型发电设备生产厂接连开工,中华大地每天都在发生新变化。随着科学技术对生产力的推动作用日益凸显,知识分子作为工人阶级的一部分,其创新创造活力得到充分释放。广大劳动者开拓奋进、锐意创新,全身心地投入社会主义现代化建设。"尊重劳动、尊重知识、尊重人才、尊重创造"成为新的时代强音。一勤天下无难事。千千万万奋斗在各行各业的劳动者辛勤耕耘、拼搏奉献,在实现中华民族伟大复兴中国梦的征程上创造了一个又一个令世界瞩目的"中国奇迹"。

习近平总书记指出:"人类是劳动创造的,社会是劳动创造的。劳动没有高低贵贱之分,任何一份职业都很光荣。""人世间的美好梦想,只有通过诚实劳动才能实现;发展中的各种难题,只有通过诚实劳动才能破解;生命里的一切辉煌,只有通过诚实劳动才能铸就。""必须牢固树立劳动最光荣、劳动最崇高、劳动最伟大、劳动最美丽的观念,让全体人民进一步焕发劳动热情、释放创造潜能,通过劳动创造更加美好的生活。"

三、热爱劳动是新时代接续奋斗的重要品格和精神力量

习近平总书记指出:"今日中国,正面临近代以来最好的发展时期,也正处于世界百年未有之大变局,仍需我们凭着勤劳、智慧、勇气,以信仰、信念、信心铸就精神的力量。"中国特色社会主义进入新时代,意味着近代以来久经磨难的中华民族迎来了从站起来、富起来到强起来的伟大飞跃。有人将中国的发展奇迹称为"勤劳革命",是中国人的劳动将不可能变成了可能,用几十年时间走完了发达国家几百年走过的工业化历程。2021年是具有里程碑意义的一年,我们全面建成小康社会,实现第一个百年奋斗目标;到2035年,我们要基本实现现代化;至21世纪中叶,我们要建成社会主义现代化强国。

站在实现"两个一百年"奋斗目标的历史交汇点上,党的十九届五中全会擘画了我国未来发展的宏伟蓝图。越是美好的未来,越需要我们付出艰辛努力,越需要大力弘扬劳模精神、劳动精神、工匠精神。新形势下,我们要继续自觉践行社会主义核心价值观,用劳动模范和先进工作者的崇高精神和高尚品格鞭策自己,焕发劳动热情,厚植工匠文化,恪守职业道德,将辛勤劳动、诚实劳动、创造性劳动作为自觉行为。全社会要崇尚劳动、见贤思齐,加大对劳动模范和先进工作者的宣传力度,讲好劳模故事,讲好劳动故事,讲好工匠故事,弘扬劳动最光荣、劳动最崇高、劳动最伟大、劳动最美丽的社会风尚。要开展以劳动创造幸福为主题的宣传教育,把劳动教育纳入人才培养全过程,贯穿大中小学各学段和家庭、学校、社会各方面,教育引导青少年树立以辛勤劳动为荣、以好逸恶劳为耻的劳动观,

培养一代又一代热爱劳动、勤于劳动、善于劳动的高素质劳动者。

"功崇惟志，业广惟勤。"实现中华民族伟大复兴中国梦，需要我们继续弘扬勤劳美德，为创造幸福生活而不懈奋斗。

话题探讨　让南泥湾精神绽放出新的时代光芒

物质不灭，宇宙不灭，唯一能与苍穹比阔的是精神。南泥湾精神的核心和本质是自力更生、艰苦奋斗。它教会我们无论何时何地，只要自强自立，奋发图强，就没有迈不过去的坎。正如延安市延安精神研究中心副研究员刘小龙所言："南泥湾精神已融进中国共产党的基因血脉，成为中国共产党人的精神谱系的重要内容和中华民族的宝贵财富。"

在这种精神的激励下，从革命年代到建设时期，再到改革开放时期，我们在不同领域砥砺前行，一次次变被动为主动，变不利为有利，从而不断杀出血路、打开新局面。

在新疆，兵团人铸剑为犁，在千里戈壁滩上开荒造田，屯垦戍边，建造出一座座戈壁新城，创造了沙漠变绿洲的人间奇迹；在东北，几代人挥洒青春汗水，把"北大荒"变成了"北大仓"，写下了可歌可泣的拓荒史诗；在南海，一代代官兵以特有的坚忍扎根海岛，建房建塔建堡垒，战天斗地搏风浪，把"天上烈日烤，地上不长草"的"海上戈壁"建成了绿树成荫的"海上家园"。

历史不会重演，但却惊人地相似。自中华人民共和国成立后，西方国家一直对我国实施技术封锁，大到飞机军舰、小到集成电路。盾构机作为"大国重器"，有着极高的技术门槛，其生产制造长期被西方国家垄断。一段时间里，我国进口盾构机，不仅价格上"任人宰割"，西方厂家为防止技术泄露，还派"指导专家"到我国工地上亲自操控。但是靠着自力更生的精神，经过十多年奋战，我国掌握了相关核心技术，一跃成为世界盾构机生产大国和强国，产品出口到西方国家，盾构机由此成为继"高铁""核电"之后又一张闪亮的"中国制造"名片。

网上流传着一句话："封锁吧，封锁个十年八年，中国就什么都有了。"历史已经证明并将继续证明：此言非虚，因为有"自力更生、艰苦奋斗"的精气神做支撑，中国人永远封不住、压不垮。

同心同德　共克时艰

上下同欲者胜，同舟共济者赢。南泥湾大生产运动中，三五九旅上至旅长，下至马夫，一律参加生产。凡是出现困难的地方，领导干部总是冲在最前面。

当时的旅长王震，不管工作多忙都会挤出时间参加劳动，一位外国记者感叹："他的双手和部下一样，由于劳动而生满了老茧，像个庄稼人。"三五九旅七一八团政委左齐，因在战场上失去了一条手臂而无法拿镢头开荒，就亲自给战士们做饭，并挑送上山。"模范团长"陈宗尧不顾身体多次负伤，跟战士们一样劳动。负责组织全旅生产工作的三五九旅后勤部政治委员罗章，随身带着一把大镢头，走遍了全旅各个生产点，由于过度劳累跌进深沟受了重伤。营连干部,更是与战士们一同劳动、生产和学习。

上为之,下效之。在南泥湾大生产纪念馆,有这样一张老照片,让人印象深刻。照片中,一位年仅7岁的小女孩正全神贯注地用小手在纺车上捻毛线,一脸的倔强。她是三五九旅4支队供给处干部吴成恩的女儿吴萍。当时,很多成年人每天也只能纺二三两线,而小吴萍每天却能纺到一两多,是陕甘宁边区最小的劳动模范。小吴萍纺线的事迹让三五九旅官兵很受鼓舞,开荒、纺线的劲头儿更足了。正是靠着这种官兵平等、上下一致、军民同心、群策群力的精神和作风,根据地军民靠着自己的双手,摆脱了难以想象的物质困难,创造了诸多奇迹。

毛泽东曾说:"团结一致,同心同德,任何强大的敌人,任何困难的环境,都会向我们投降。"大生产运动中,毛泽东、周恩来、朱德、任弼时等中央领导以身作则,带头参加劳动。毛泽东在自己窑洞前面开荒种菜;朱德组织一个生产小组,开垦菜地三亩;中央直属机关和中央警卫团举行纺线比赛,任弼时夺得第一名,周恩来被评为"纺线能手"。

无论是将军扛起镢头,还是领袖摇动纺车,都映射出中国共产党群众路线的光辉,受益者自然是群众。数据显示,1941年陕甘宁边区农民交的公粮,占总收获量的13.58%,1942年降为11.14%。到1945年,边区农民大部分达到"耕三余一"(耕种三年庄稼,除消耗外,可剩余一年吃的粮食),部分达到"耕一余一"。

更重要的是,通过广泛发动群众开展生产自救,大大提高了根据地群众劳动生产的积极性,巩固和发展了军民关系,密切了党同人民群众的血肉联系,扩大了党在群众中的影响力,从而为抗战胜利奠定了坚实的物质和群众基础。

调查研究 实事求是

毛泽东说:"没有调查,没有发言权。"他要求调查研究务必做到"眼睛向下""有的放矢""亲自出马""解剖麻雀""全面调查""由表及里",把握事物的普遍性、必然性和规律性。实行屯田开荒的"南泥湾政策",正是一系列调查研究的结果。

朱德曾率技术人员多次到南泥湾实地勘察。在一次勘察中,朱德遇到一位唐姓老汉,拉着他的手问:"这里能打粮吗?"唐老汉说:"怎么不能! 这里我很熟悉,地肥得很哟! 只是这里没一户人家……"

随后,朱德请唐老汉当部队的编外"顾问",一起勘察南泥湾的山林野谷、沟壑池潭。唐老汉介绍了诸如哪里荒地多、哪里土地肥、四时八节种啥好等一系列情况。他还告诉朱德当地的水有毒,不能喝,要喝水得到别处找水源。朱德等人临走时,取了当地的水样和土样。化验结果表明:南泥湾的地下水没有问题,地表水中的毒是枯叶败草长期腐烂所致,只要用挖池渗漏的办法把毒物滤掉,再投以适量药品消毒,就可以饮用。

与此同时,在陕甘宁边区政府建设厅工作的农林生物学专家乐天宇考察了南泥湾、槐树庄、金盆湾一带的植物资源和自然条件,并收集了重要植物标本2 000余件,撰写了《陕甘宁边区森林考察报告》,详细阐述了边区森林资源和可垦荒地的情况,也提出了开垦南泥湾以增产粮食的建议。

经过一系列调查研究和广泛听取意见,朱德提出了开发南泥湾的总体计划。之后,他把准备调部队进行屯垦的打算向毛泽东做了详细汇报。毛泽东采纳了朱德的意见,并称赞说:"这件事你朱老总抓得好,抓得好哇!"

正如延安大学党史专家、《南泥湾精神》一书作者陈福荣所说,80多年后的今天,我们依然处在马克思主义所指明的历史时代。再次回望南泥湾,我们除了为大生产运动的丰硕成果感到骄傲,为根据地军民艰苦奋斗的精神而感动,更应该学习继承南泥湾军垦屯田过程中调查研究的工作方法、实事求是的工作作风,确保在未来的各项工作中科学决策、民主决策。因为,实事求是不仅是南泥湾精神的重要组成部分,也是马克思主义的一个重要原则,是马克思主义活的灵魂。

勇于创造　敢为人先

中国共产党自成立以来,就凭着敢为人先的精神,把一个个"不可能"变成了"可能"。在南泥湾,中国共产党人注定要继续创造奇迹。

中国历史上有军垦屯田的传统,但开发南泥湾之前,我们党的历史上并没有先例。

放下钢枪,扛起锄头,从战场来到荒原,"场景"变了,体制、观念、思路都要随之而变。为此,三五九旅进行了一系列创新创造。

开展大生产运动之初,三五九旅就成立生产委员会,规定营、连副职分别负责组织本级生产自给工作。中国人民解放军国防大学战略教研部教授罗海曦指出:"这种比较完善的生产经营体制和生产委员会的形式,贯彻了中共中央关于战斗与生产相结合、劳动与武力相结合的指示,既便于对敌斗争,又便于组织生产。"

针对部队官兵多是南方人,对北方农业生产不够熟悉的情况,三五九旅把披着光面羊皮坎肩的老农请到讲台上给官兵们讲课,甚至批准71岁的老农朱玉寰参军,并委任他为旅农业生产副官,还发了一个"执照"给他。

为了给部队多筹措资金,三五九旅除了开荒种地,还办起了工业,搞起了运输,做起了生意。在国民党顽固派的严密封锁下,他们成立军民合作社,推销土货和自己工厂生产的毛毯、皮鞋、毛巾、布鞋、牙刷、牙粉、陶器、糖果、麻纸、墨水、日记本等商品。

三五九旅官兵的各项创新创造,发展了边区的工农业生产,活跃了边区的经济,对根据地军民克服严重的经济困难发挥了重要作用。毛泽东对三五九旅的创新精神给予了高度评价,他在给王震的奖状上亲笔题词——"有创造精神"。

80多年过去了,南泥湾早已不仅是一个地理名词,而成为一个精神符号,深深根植于中华儿女的内心深处。

2021年春,美国人聂子瑞沿着《红星照耀中国》作者斯诺的足迹重访陕北。南泥湾村,76岁老党员侯秀珍的两把镢头令他难忘:

一把是侯秀珍的公公刘宝斋的。80多年前,三五九旅在南泥湾垦荒,副连长刘宝斋和战友,一手镢头一手枪,在荆棘遍野中开垦出陕北"好江南";

一把是侯秀珍自己的。20多年前,这位村干部带领村民修路建学校,扛着一把镢头,把不毛荒山变成葱绿山岭,如今全村早已脱贫奔小康。

两把镢头,一种精神。当前,中华民族越来越接近伟大复兴的目标。中国共产党人扛起"老镢头",踏上新征程,必将创造出更多新时代的"好江南"。

(资料来源:共产党员网)

探讨问题

新时代我们应该如何发扬和传承南泥湾精神?

任务拓展　　"五一"劳动节的由来

中国人民庆祝劳动节的活动可追溯至1918年。中央人民政府政务院于1949年12月将5月1日定为法定的劳动节。

1920年5月1日,《新青年》7卷6号"劳动节纪念号"出版,发表了蔡元培"劳工神圣"的题词、孙中山"天下为公"的题词和李大钊的《"五一"运动史》、陈独秀的《上海厚生纱厂湖南女工问题》等文章。同时,还登载了《旅法华工工会简章》及唐山、山西、长江等地的劳动状况调查。

5月1日,北京、上海、广州、九江、唐山等工业城市的工人群众浩浩荡荡地走向街市,举行了声势浩大的游行、集会。李大钊专门在《新青年》上发表了《"五一"运动史》,介绍"五一"劳动节的来历和美、法等国工人纪念"五一"的活动,号召中国工人把这年的"五一"作为觉醒的日期。陈独秀也为庆祝这个节日发表了《上海厚生纱厂湖南女工问题》一文,揭露了资本家剥削工人剩余价值的真相。陈独秀又在上海船务栈房工界联合会做了《劳苦者的觉悟》的演说,阐明了"劳动创造世界""做工的人最有用最贵重"的观点。当天各地工人和知识分子共同集会。在上海,在陈独秀的指导下,5 000多名工人召开了由中华全国工界协进会等7个团体联合筹备的世界劳动纪念大会,陈独秀当选筹备大会顾问。纪念会上,各界代表发表演说,工人提出8小时工作、8小时休息、8小时教育的"三八制"要求,并高呼"劳工万岁""中华工界万岁"等口号。会后,发表了《上海工人宣言》和《答俄国劳农政府的通告》。在北京,李大钊领导了以北京大学为中心的纪念活动。北京大学学生在这一天罢课,《北京大学学生周刊》出版了"劳动纪念号"。学校内召开了500多名校工和学生参加的纪念大会,李大钊到会发表讲话。何孟雄等8名北大学生和一些青年外出宣传,散发《五月一日北京劳工宣言》,唤醒工人为反对剥削、争取自身权利而斗争。邓中夏到北京长辛店,向铁路工人散发《五月一日北京劳工宣言》并发表讲演。这是中国首次纪念"五一"劳动节的活动,也是中国历史上的第一个"五一"劳动节。

(资料来源:中广网,2018-04-23)

微课

劳动最光荣
——"五一"
劳动节的由来

思考/实践

进入新时代,为什么仍要弘扬热爱劳动的传统美德?

任务二　新中国成立以来的劳动教育

案例导读　　劳动成就梦想——劳动精神

烈日炎炎，农民在田间劳作，汗珠砸在泥土上，一株株秧苗结出沉甸甸的粮食；天寒地冻，外卖小哥骑着电瓶车在大街小巷穿梭，头盔染上了白霜，而保温箱里的饭菜还是热气腾腾；冬去春来，老师始终站在三尺讲台，陪着孩子们慢慢长大；花开花落，科技工作者一直守在实验室，验证一个个奇思妙想……日复一日，年复一年，在中华大地上，千千万万劳动者，耕耘着，创造着，用汗水和心血浇灌着劳动的果实，实现着人生的价值。

马克思把劳动比喻为整个社会都在围绕旋转的"太阳"，将劳动视作创造价值的唯一源泉。凭借一双勤劳的双手，人类的祖先打磨几块冷石，生起一团热火，告别茹毛饮血的原始状态，迈向新的生活。凭借一双勤劳的双手，中华民族的先民们"烁金以为刃，凝土以为器，作车以行路，作舟以行水"，用汗水与智慧开启了灿烂的中华文明。凭借一双勤劳的双手，中国人民在中国共产党的领导下，自力更生、发奋图强、解放思想、锐意进取，取得了革命、建设、改革的伟大成就，全面建成了小康社会，共同创造着幸福生活。

2020年11月24日，习近平总书记在全国劳动模范和先进工作者表彰大会上指出，在长期实践中，我们培育形成了"崇尚劳动、热爱劳动、辛勤劳动、诚实劳动的劳动精神"，劳模精神、劳动精神、工匠精神"是鼓舞全党全国各族人民风雨无阻、勇敢前进的强大精神动力"。

中华民族是勤于劳动、善于创造的民族。正是因为劳动创造，我们拥有了历史的辉煌；也正是因为劳动创造，我们拥有了今天的成就。如今，踏上新征程的我们，仍然需要大力弘扬劳动精神，继续奋斗，勇往直前，为实现第二个百年奋斗目标而不懈努力。

（资料来源：中国共产党新闻网，2021-09-28）

任务目标

目标1：了解新中国成立以来我国劳动教育的发展历程。
目标2：能够总结我国劳动教育的经验。

任务知识

劳动教育是我国教育的特色，贯穿新中国成立以来我国各个发展阶段。在不同的历史时期和不同时代背景下，劳动教育的内涵和实施举措各不相同。新中国成立以来，我国劳动教育大致分为萌芽起步、曲折徘徊、规整改革、全新构建四个阶段。追溯新中国劳动教育的历程，对于进一步推进新时代的劳动教育具有重要作用。

一、萌芽起步阶段:新民主主义社会向社会主义过渡期(1949—1956年)

新中国成立后,百废待兴,国家以建设与恢复发展为主要任务。1949年12月,第一次全国教育工作会议提出了坚持教育为工农服务,为生产建设服务的方针。通过教育支援工农生产,推动国家建设。1950年,时任教育部副部长的钱俊瑞在《改革旧教育,建设新教育》报告中最早提及"实行教育与生产结合"的教育方针。这一概念的提出使劳动教育在新中国的国家政策中有了新的内涵,推动与基础生产相结合的劳动成为教育的新形式。

1953—1956年,教育规模与青年学生升学就业的矛盾成了教育的主要问题,许多地区出现了青年毕业生由于无法按照意愿升学而参加游行的现象。随后,中共中央批转教育部《关于解决高小和初中毕业生学习与从事生产劳动问题的请示报告》,提出关于忽视劳动教育、没有批评鄙视体力劳动和体力劳动者的错误思想等问题。对此,教育部陆续出台了相关政策,组织多样化的劳动教育活动,缓解了当时青年学生的升学压力和就业压力,并使劳动教育得到了重视。

劳动创造历史,奋斗开创未来——新中国成立以来的劳动教育

自1954年开始,中共中央开始积极引导中学毕业生从事劳动生产,在思想上和政治上向党中央靠拢,推动劳动教育的文化熏陶,培养合格的社会主义建设者。1954年5月,中共中央宣传部发布《关于高小和初中毕业生从事劳动生产的宣传提纲》,强调"教育同生产劳动绝对不可分离,各学段的毕业生都应该积极从事劳动生产"。1955年4月,教育部要求,除着重培养学生的劳动意识之外,还应注重进行"综合技术教育"。这一明确指示是新中国成立以来劳动教育理论探索与实践并行的开端。1955年5月,国家再次聚焦新中国成立以来劳动教育的具体实施,并在全国教育会议上确定了在全国中小学开展"基本生产技术教育"的具体实施步骤。由此,通过劳动教育的具体实施,民众开始利用较规范的劳动形式探索和认识世界。

新中国成立初期,我国模仿和学习苏联的劳动教育理论及体系,初步建立了我国的劳动教育制度,完成了劳动教育基本体系的初塑。但在政策落实过程中,存在地区、课程不平衡的问题,人们普遍的劳动意识和劳动习惯还未形成,落实劳动教育的探索依旧任重道远。

二、曲折徘徊阶段:社会主义建设时期(1956—1977年)

1956年,我国开始进入全面社会主义建设时期,国家教育经费紧张、青年学生就业压力和教育事业迅速发展伴随的教育需求成为人民内部矛盾在教育领域的一个突出体现。1957年,毛泽东在《关于正确处理人民内部矛盾的问题》中提出了"使受教育者在德育、智育、体育几方面都得到发展,成为有社会主义觉悟的有文化的劳动者",确立了培养劳动者的教育目标。在这一方针指导下,全国开展勤工助学、教育与生产劳动相结合的教育改革。1958年,中共中央 国务院《关于教育工作的指示》,指出党的教育工作方针是"教育为无产阶级的政治服务,教育与生产劳动相结合"。1958年1月,共青团中央发布《关于

在中学生中提倡勤工俭学的决定》,指出勤工俭学是具体实现知识分子与工农相结合,脑力劳动与体力劳动相结合的重要途径。但在实际教学中,大量学校采用以劳代学、勤工助学的方式,用单纯的体力劳动代替系统的科学文化知识学习,体脑结合由此失衡。此后,"文化大革命"期间的劳动教育更是带有浓重的"以阶级斗争为纲"色彩。虽然劳动教育在教育方针中有了一席之地,但同时也因过度政治化而走向异化发展时期。1966年,中共中央发布《关于抓革命、促生产的十条规定(草案)》指出让学校的教师以及学生到农村、工厂参加生产劳动和改造运动。这一时期,"教育与生产劳动相结合"被写入党的教育方针,劳动教育充满政治意味,大批成绩优秀的知识分子放弃学业从事工农业生产,这一运动造成了大量知识分子流失,社会建设在诸多方面处于停滞状态。虽然此时劳动教育出现了偏颇,但也涌现出一批劳动楷模,如雷锋、王进喜等,为劳动教育提供了示范和榜样。

这一时期的劳动教育强调通过劳动教育进行思想改造,偏离了马克思主义"教育与生产劳动相结合"的教育初心,是一种不健全的发展态势。这一时期劳动教育虽被过度强化,但毛泽东提出的教育与生产劳动相结合的方针,为后续劳动教育的发展树立了正确理念,突出了理论与实际相结合的教育思想和教育为工农大众服务的宗旨,具有重要意义。

三、规整改革阶段:改革开放以来(1978—2012年)

1978年,改革开放揭开了时代新篇章,劳动教育改革也提上日程。1978年,邓小平在全国劳动教育工作会议上指出,为了培养社会主义建设需要的合格人才,必须认真研究在新的条件下,如何更好地贯彻教育与生产劳动相结合的方针。在此背景下,劳动教育得以重塑与升华,教育与生产劳动相结合,更加注重劳动技术、劳动技能教育。1982年,教育部发布《关于普通中学开设劳动技术教育课的试行意见》提出,通过课程形式使学生在思想上重视劳动,在行动上掌握基本的生产知识,使劳动教育在理论和实践上有了最低限度的保证。1985年,中共中央颁布《关于教育体制改革的决定》指出:"教育必须为社会主义建设服务,社会主义建设必须依靠教育。"教育立足于社会主义建设,推动社会主义发展,这是新背景下关于教育和社会建设之间作用与反作用的思考。1992年,《中华人民共和国义务教育法实施细则》通过法律形式一再强调义务教育的实施务必以国家的教育方针为标准,坚持社会主义现代化前进方向,实行教劳结合的形式。1993年,《中国教育改革和发展纲要》指出,当前的教育工作任务是要进一步提高劳动者素质,推动形式上和技能上的劳动教育。

20世纪80年代,教育资源的匮乏导致升学率偏低,片面追求升学率的应试教育一度备受推崇,导致劳动教育的实施受到了一定的干扰。1999年,中共中央、国务院做出《关于深化教育改革　全面推进素质教育的决定》,增加了"热爱劳动的习惯"和"艰苦奋斗的精神"等内容,提出"学校教育不仅要抓智育,更要重视德育,要加强体育、美育、劳动技术教育和社会实践,使诸方面教育相互渗透、协调发展,促进学生的全面和健康成长",强调"劳"在社会实践活动中的重要地位。2010年颁发的《国家中长期教育改革和发展规划纲要(2010—2020年)》提出:"加强劳动教育,培养学生热爱劳动、热爱劳动人民的情感。"党的十六大报告将"尊重劳动、尊重知识、尊重人才、尊重创造"确定为党和国家的一项重大方针。"四个尊重"也被写入党的十七大和十八大报告中,具有极强的民族性、时代性。劳动的时代内涵不断丰富,推动国家富强、民族复兴,俨然成为新时期青年学生劳动教育的实践导向。

进入21世纪,劳动教育进入整合发展时期,其通过综合实践活动课程的方式让劳动教育更加多元化、人文价值丰富化,劳动情感教育进一步升华。这一时期营造了推进劳动教育顺利实施的教育与社会环境,劳动教育进一步从理念转变为具体行动。

四、全新构建阶段:2013年至今

2012年,党的十八大以后,我国进入中国特色社会主义新时代,教育的改革发展也进入了新时代。2015年7月,教育部等各部委相继发布有关劳动教育的重要意见,指出劳动教育在贯彻党的教育方针要求、实施素质教育和培育践行社会主义核心价值观方面具有难以估量的重要作用,对价值观塑造具有重大战略意义。依据国情和社会主义新时代建设进展,准确认识新时代劳动教育的价值观意义,是对马克思主义中国化的有益补充,也是坚定新时代理想信念的有力武器。"劳动教育不单是简单的体力锻炼,更是一种正确劳动价值观的积极引导。"劳动教育的本质是"培育学生正确的劳动价值观,培育受教育者对于劳动的内在热情与外在创造力等素养",把握社会主义核心价值观方向,从思想上入手,培育新一代社会主义建设者和接班人的劳动技能,推动劳动教育实践的广泛开展。2015年12月,全国人民代表大会常务委员会关于修改《中华人民共和国教育法》的决定明确提出,"教育必须与生产劳动与社会实践相结合",用法律的形式再次强调了"教劳结合"。2017年颁布的《关于深化教育体制机制改革的意见》和《中小学综合实践活动课程指导纲要》(以下简称《指导纲要》)指出,要引导学生践行知行合一,积极动手实践和解决实际问题,在制度上规定了劳动教育应更加注重理论与实践结合、体力与脑力结合。《指导纲要》从考察探究、社会服务、设计制作、职业体验等方面对综合实践活动课程进行了制度化规范。2018年,习近平总书记在全国教育大会上指出,"培养德智体美劳全面发展的社会主义建设者和接班人","要在学生中弘扬劳动精神,教育引导学生崇尚劳动、尊重劳动,懂得劳动最光荣、劳动最崇高、劳动最伟大、劳动最美丽的道理,长大后能够辛勤劳动、诚实劳动、创造性劳动"。这些重要论述,高扬劳动教育的旗帜,具有重大的时代价值和鲜明的现实针对性。2019年7月,《中共中央 国务院关于深化教育教学改革 全面提高义务教育质量的意见》(以下简称《意见》)明确指出要坚持"五育"并举,全面发展素质教育。《意见》中,劳动教育被单列一条,全面纳入培养体系,填补了此前在学校教育教学中的空白,其地位被大大强化。2020年3月20日,《中共中央 国务院关于全面加强新时代大中小学劳动教育的意见》印发后,将劳动教育纳入教育教学体系和人才培养体系中,从课程建设、资源配备、人力保障、管理考核等方面,构建劳动教育长效机制,形成家庭、学校和社会协同实施机制。2020年7月,教育部印发《大中小学劳动教育指导纲要(试行)》重点针对劳动教育是什么、教什么、怎么教等问题,细化有关要求,加强专业指导。劳动教育被提升到前所未有的高度,崇尚热爱劳动、劳动光荣的社会新风尚蔚然成风。

2021年4月,《全国人民代表大会常务委员关于修改〈中华人民共和国教育法〉的决

定》中明确提出："教育必须为社会主义现代化建设服务、为人民服务,必须与生产劳动和社会实践相结合,培养德智体美劳全面发展的社会主义建设者和接班人。"2022年10月,中国共产党第二十次全国代表大会报告中明确指出:"落实立德树人根本任务,培养德智体美劳全面发展的社会主义建设者和接班人。"二十大报告中劳动教育的回归,体现了全党全社会对劳动教育的高度重视,国家关于劳动教育的落实机制也愈加健全,劳动教育更加趋向价值观的引领,多学科资源的相互整合与开放性、包容性的方式方法不断涌现,新时代劳动教育健全的实践体系正在逐步构建完善。

话题探讨　　劳动铸就伟大精神

不同的历史时期,伟大的中国劳动人民创造了永垂不朽的伟大精神,他们是中国共产党人的精神谱系,是我们实现中华民族伟大复兴的精神力量!例如,新民主主义革命时期的太行精神,社会主义革命和建设时期的红旗渠精神,改革开放和社会主义现代化建设时期的劳模精神,新时代中国特色社会主义时期的脱贫攻坚精神,让我们一起学习这些伟大精神!

太行精神:弦歌未止　薪火永传

"红日照遍了东方,自由之神在纵情歌唱!看吧!千山万壑,铁壁铜墙!抗日的烽火,燃烧在太行山上!气焰千万丈!"

1938年6月,当冼星海接过桂涛声写在烟盒上的歌词,他仿佛看到太行军民浴血奋战的身影,连夜将歌词《在太行山上》谱写成一首兼有抒情性和进行曲风格的二部合唱曲。

巍巍太行绵延千里,西阻黄土高原流金飞沙,东倚华北平原坦荡沃土,北接漠北塞外广阔草原,南衔千里奔涌滔滔大河,宛如一条巨龙纵卧中国北方。

"雄浑壮太行,嘶马啸北风。"全民族抗战爆发后,根据中共中央指示,八路军挺进太行山,发动群众,创建敌后根据地。在艰苦的抗战岁月里,太行根据地的广大军民团结一心、前仆后继,与日寇进行了英勇顽强的斗争,付出了巨大的牺牲,铸就了伟大的太行精神,为中国人民争取民族独立解放写下了辉煌篇章。太行精神作为一种民族精神,随着时间的推移而不断发扬光大,历久弥新、历久弥强,愈发显示了其历史的长久性、范围的普遍性和现实的指导性。

红旗渠精神:渠水长流　追梦不休

初秋的太行山,群山苍翠,绿浪滔天,红岩若隐若现。在这些"红"与"绿"之间,一抹流动的"蓝"缠绕其间。

这里是太行山的东麓。

这条蓝色飘带就是被称为"世界奇迹"的红旗渠。

一渠绕群山,精神动天下。

60多年前,伴随着一声声开山炮响,十万林州(原林县)开山者以"重新安排河山"的英雄气概,历时十年,绝壁穿石,挖渠千里,修建了举世瞩目的"人工天河"红旗渠,把中华民族的一面精神之旗,插在太行之巅。

60多年间,渠水滚滚流过,不曾停息。"自力更生、艰苦创业、团结协作、无私奉献"的红旗渠精神更加光辉灿烂。在新的历史时期,红旗渠精神不断鼓舞和激励着人民阔步前行,进而形成了"难而不惧、富而不惑、奋斗不已、自强不息"的当代红旗渠精神。

60多年后,行走在不足两米宽的渠墙上,抬头是陡立的峭壁,俯首是数丈高的悬崖,不经意间,仿佛与英雄的开山者擦肩而过,他们推着独轮车,抡动着铁钎,号角嘹亮、青山踏遍。

红旗渠是一条渠,可又不仅仅是一条渠。它是林州人民立在太行之巅的一座丰碑,是中原儿女刻在太行山上的中国力量和中国精神。

2019年9月,习近平总书记在河南考察时强调,鄂豫皖苏区根据地是我们党的重要建党基地,焦裕禄精神、红旗渠精神、大别山精神等都是我们党的宝贵精神财富。

一声炮响,一种精神;

一面旗帜,一座丰碑;

一个梦想,一种力量。

劳模精神:爱岗敬业　争创一流

伟大出自平凡,英雄来自人民。

在我党领导人民进行革命斗争中,就涌现出一批批"劳动英雄","边区工人"赵占魁穿着湿棉袄在高达2 000 ℃的熔炉前工作,终日汗流浃背,从不叫苦叫累。

新中国成立后,当家做主的中国工人阶级为党分忧、为国解难,全力投身社会主义革命和建设的洪流中,大庆"铁人"王进喜立下"宁肯少活二十年,拼命也要拿下大油田"的铮铮誓言。

改革开放号角吹响,劳动模范勇立时代潮头,开拓进取,产业工人许振超6次打破集装箱装卸世界纪录,创下令世界惊叹的"振超效率"。

党的十八大开启中国特色社会主义新时代,越来越多知识型、技能型、创新型的劳动者为实现中华民族伟大复兴中国梦而奋斗,"金手天焊"高凤林为90多发火箭焊接过"心脏",攻克航天焊接200多项难关,成为航天航空领域"大国工匠"。

……

在劳模身上,体现了强烈的主人翁事业心和责任感,勇攀高峰的坚定志向和坚韧品格,崇尚劳动、恪尽职守的高尚情操。

从1950年至今,我国召开16次表彰大会,表彰全国劳动模范和先进工作者超过3万人次。

在全国劳模、中铁第四勘察设计院集团有限公司总工程师肖明清看来,"心心在一艺,其艺必工;心心在一职,其职必举",这是以劳模为代表的劳动者应该始终秉持的初心。

工作近30年,肖明清从一个普通技术人员成长为全国工程勘察设计大师,带领团队研究和设计了从"万里长江第一隧"武汉长江隧道到"世界首座高铁水下盾构隧道"广深港高铁狮子洋隧道等60多座大型水底隧道,其中多座隧道创造了全国乃至世界之最。

时代在变,奋斗的底色永远不变。

艰苦奋斗、勇于创新——不变的奋斗情怀。

社会主义是干出来的,新时代是奋斗出来的。

2013年以前,我国2 000吨以上的大型履带起重机全部依赖进口,价格、售后服务等受制于人。造出中国自己的"超级起重机",是徐工集团高级工程师孙丽的梦想。

2013年,经过孙丽和团队的大力攻关,4 000吨级履带起重机在山东烟台成功完成"首秀",实现了我国在超大吨位履带式起重机研发制造领域的突破。该设备创造性地采用模块化、集成化设计,多项技术填补了国内技术空白。

"为了这个梦想,我们奋斗了整整23年。"孙丽说。

创新,正是劳模精神不断发展、与时俱进的时代内涵。

"要增强创新意识,培养创新思维,展示锐意创新的勇气、敢为人先的锐气、蓬勃向上的朝气。"2020年11月24日,在全国劳动模范和先进工作者表彰大会上,习近平总书记向劳动者发出号召。

全国劳模薛莹来自中航西飞,从1992年开始参与国际航空制造合作项目垂直尾翼的装配生产。为了让安装到飞机上的每一颗铆钉都做到质量最过硬、外观最漂亮,她和同事们一直致力于改进操作方法和工艺流程,交付的7 000余份优质垂直尾翼,赢得国际航空制造合作公司的高度认可。

全国劳模竺士杰是浙江省海港集团宁波北仑第三集装箱码头有限公司的一名桥吊司机,从业20多年来他立足岗位、勇于创新,以他名字命名的桥吊操作法已更新迭代至3.0版本。

……

全国总工会研究室副主任李睿祎表示,劳模精神随着时代发展不断变化,实践要求越来越高,引领价值越来越大,更加强调增强创新意识、提高创新能力。

1微米有多细?只有一根头发丝的1/60!

把模具精度控制在1微米之内,是全国劳模、无锡微研股份有限公司高级技师陈亮的拿手绝活。

"再仔细一点点,离1微米的精度就能更近一点点!"为了更好地应对每一次挑战,陈亮为自己立下了这样一条工作准则。

立足本职、淡泊名利、爱岗奉献,这是一代代劳模的奋斗品格。

叶志成是浙江省劳模、国网温州市洞头区供电公司线路安装队队长,自1986年参加工作以来,在电网建设一线岗位上一干就是35年。

在电网建设任务极其繁重的时候,他每天起早摸黑,跋山涉水,放弃节假日休息时间,与施工队员一起拉线、排杆、立杆……在野外常常一待就是十几个小时。"苦一点累一点不算什么,要紧的是按时保质保量完成每一个施工任务。"他说。

伟大出自平凡,平凡造就伟大。

"唯有不懈奋斗,才能创造幸福、实现梦想。"全国劳模、中铁一局五公司高级测量师白芝勇深有感触地说。从一名普通技术员到"金牌测量师",在20多年职业生涯中,他始终以"干一行爱一行,钻一行精一行"的精神,默默扎根一线,不断实现人生的自我超越。他和他的团队精测的线路占到了中国高铁运营里程的十分之一。

劳动是一切幸福的源泉。进入新时代以来,我国工人阶级和广大劳动群众在实现中国梦伟大进程中拼搏奋斗、争创一流、勇攀高峰,为决胜全面建成小康社会、决战脱贫攻坚发挥了主力军作用,用智慧和汗水营造了劳动光荣、知识崇高、人才宝贵、创造伟大的社会风尚,谱写了"中国梦·劳动美"的新篇章。

人民创造历史,劳动开创未来。在劳模精神激励下,千千万万劳动者正在各自岗位上埋头苦干,以自己的拼搏付出、奋发进取汇聚成实现中华民族伟大复兴的磅礴力量。

脱贫攻坚精神:创造彪炳史册的人间奇迹

这是人类减贫史上的奇迹,这是中华民族发展史上的丰碑——8年,现行标准下9 899万农村贫困人口全部脱贫,832个贫困县全部摘帽,12.8万个贫困村全部出列,区域性整体贫困得到解决,完成了消除绝对贫困的艰巨任务,实现了中国人民的百年夙愿、千年梦想。

时光为尺,标注闯关夺隘的奋斗豪情;岁月为证,彰显人民至上的赤子之心。

8年来,党中央把脱贫攻坚摆在治国理政的突出位置,把脱贫攻坚作为全面建成小康社会的底线任务,组织开展了声势浩大的脱贫攻坚人民战争。习近平总书记亲自指挥、亲自部署、亲自督战,走遍全国14个集中连片特困地区,深入贫困家庭访贫问苦,倾听贫困群众意见建议,了解扶贫脱贫需求,极大鼓舞了贫困群众脱贫致富的信心和决心。

在这场声势浩大的脱贫攻坚人民战争中,数百万名扶贫干部倾力奉献、苦干实干,同贫困群众想在一起、过在一起、干在一起;广大脱贫群众激发了奋发向上的精气神,努力用自己的双手创造幸福生活;社会各界关爱贫困群众、关心减贫事业、投身脱贫行动,弘扬和衷共济、团结互助美德,绘就了团结就是力量的时代画卷。

伟大的脱贫攻坚实践,激荡着伟大的脱贫攻坚精神。正如习近平总书记在全国脱贫攻坚总结表彰大会上指出的,脱贫攻坚伟大斗争,锻造形成了"上下同心、尽锐出战、精准务实、开拓创新、攻坚克难、不负人民"的脱贫攻坚精神。脱贫攻坚精神,是中国共产党性质宗旨、中国人民意志品质、中华民族精神的生动写照,是爱国主义、集体主义、社会主义思想的集中体现,是中国精神、中国价值、中国力量的充分彰显,赓续传承了伟大民族精神和时代精神。

(资料来源:中国共产党新闻网)

探讨问题

中国共产党人的精神谱系是如何形成的?

任务拓展　　技能报国　人人出彩

习近平总书记强调:"我国经济要靠实体经济作支撑,这就需要大量专业技术人才,需要大批大国工匠。"职业教育前景广阔,大有可为。

目前,我国已建成世界规模最大的职业教育体系。《国家职业教育改革实施方案》发布,明确职业教育与普通教育是两种不同教育类型,具有同等重要地位。职业教育在培养技能人才、服务就业民生、助推产业升级、助力乡村振兴等方面日益发挥着重要作用。

展望"十四五",我国将加快构建高质量职业教育体系,为技能型社会提供人力资源支撑,成就更多"技能改变人生"的精彩故事。

学生杨旭霞——在职校,努力走得更远

"千万不要触碰高温板,它有110摄氏度;烫金之前,要注意检查高温板预热是否充分……"天津职业大学包装与印刷工程学院的实训教室里,老师正在讲授纸包装印后加工操作技术。包装策划与设计专业学生杨旭霞按照老师的指导,细心地转动传送轮,烫金包装纸随之而成。

杨旭霞来自河北省石家庄市的一个村庄。2018 年,她以高出二本院校分数线 40 多分的成绩被天津职业大学录取。

进入学校,她觉得自己没有选错。学校的实训教室里,200 多台各式设备,她每个都想试一试。课程是针对岗位需求和职业能力标准设计的,既学专业理论知识,又有实训设计。包装结构课的公式计算很抽象,授课教师牟老师就动手裁出一个纸盒,告诉学生计算的原理;包装设计工艺不好掌握,授课教师柴老师就创设了一个工作场景,教学生掌握基本原理。

大二时,牟老师邀请杨旭霞参与一项专利设计。整个设计过程十分复杂,要不断解决问题。在这过程中,她熟练掌握了计算方法和软件的使用,也了解到各种包装材料的属性。2019 年,她作为第二作者获得了人生第一个专利。杨旭霞还获得了 2019 年中国包装创意设计大赛二等奖、2020 年中国包装创意设计大赛一等奖、第十二届"挑战杯"中国大学生创业计划竞赛二等奖等荣誉。

杨旭霞的努力也带动了室友。她们发现,陶瓷物品包装中使用了大量泡沫材料,不环保。去年初,她们研究设计了一款瓦楞纸板包装盒,通过精确计算尺寸固定住瓷器,实现不需要任何填充物就能包装运输。

凭借过硬的技能,天津职业大学的毕业生在企业中赢得了良好的口碑。杨旭霞说,她想找一个发展空间大的企业,希望成为行业里的优秀人才,努力走得更远。

种植户学员刘杨——学到新法子　土里生金子

春寒料峭,黑龙江农垦五大连池农场农民刘杨却脱下外套,忙得浑身出汗。

在黑龙江农垦职业学院扩招班的这个 4 人学习小组里,除了刘杨,还有种植大户、农机能手……他们已经连续 4 天蹲坐在一台玉米收割机旁做"课后作业":如何改装收割机,减少台风灾害带来的玉米倒伏损失?

这样的项目式学习在黑龙江农垦职业学院扩招班中十分常见。老师收集学员在生产中遇到的实际问题,经过课上分析后形成项目。学员们通过小组讨论、课后实践、成果展示,提出行之有效的解决方案。

进校读书之前,刘杨常听人提起测土施肥、自动驾驶、航化作业等,自己却一窍不通。

项目二 树立正确的劳动观

看着现代农业日新月异,刘杨越发渴望新的农业知识。2019年6月,朋友发来"黑龙江省高职扩招专项招生"通知,刘杨毫不犹豫地报了名,随后拿到农业装备应用技术专业录取通知书。2019年,黑龙江农垦职业学院的11个专业通过扩招专项招生,共录取了949名像刘杨这样的学生,他们来自农业生产的各个领域:种植户、农机户、养殖户……他们从田间来到课堂,再把知识"种"回土地上。

"除了每年3次,每次两周的本校集中培训外,还有每月线上讨论学习、线下操练作业各两节课,平时还少不了用App完成线上学习任务。"刘杨说。

"只'种地'不'懂地',可不行。现在我种的大豆籽粒饱满,经销商都抢着要。"刘杨说,"经过在职业学院的学习,我学会了操作维护知识,能给农机装上卫星导航,自动驾驶能标准化种植,省力高效。学会使用植保无人机,不用全覆盖喷药了,成本更低,还能培肥地力。这些新法子,真能在土里生金子!"

(资料来源:《人民日报》,2021年4月13日)

思考/实践

1. 简述我国劳动教育的发展历程。
2. 简述我国新时代劳动教育的特色。

任务三 弘扬和传承马克思主义劳动观

案例导读　　8小时工作制的由来

英国工业革命之初,工人日工作时间可达13至16小时。1810年,威尔士实业家罗伯特·欧文首先提出"每天工作10小时"的概念,并在自己的纺织厂中进行了实验。1817年,他将目标改为日工作8小时,并提出"8小时工作,8小时娱乐,8小时休息"的口号。

此后,为缩短工作时间,改善劳动条件,英国、美国、新西兰、澳大利亚等国工人分别进行了顽强的抗争。1855年,澳大利亚部分石匠通过工会谈判的方式率先取得每天工作8小时的权利。

1866年,日内瓦第一国际工人代表大会上,马克思提出"8小时工作制"议题并获表决通过。通过全世界工人的不懈努力,自20世纪上半叶之后,"8小时工作制"作为工人的法定基本权利逐渐在全球范围内推广开来。1915年11月7日,乌拉圭政府宣布实行"8小时工作制",成为世界上第一个在全国范围内实行8小时工作制的国家。

(资料来源:百度百科)

任务目标

目标1：理解和形成马克思主义劳动观。
目标2：树立劳动最光荣、劳动最崇高、劳动最伟大、劳动最美丽的观念。

任务知识

马克思主义劳动观的内容十分丰富，从异化劳动、劳动价值论再到劳动解放论，是贯穿马克思主义哲学、政治经济学到科学社会主义全部理论的一条红线。要想对马克思主义劳动观进行深入研究和探索，就必须了解和认识马克思主义劳动观。

一、马克思主义劳动观的基本内容

第一，劳动是人的本质活动。劳动创造了人类生存所必需的全部物质条件和精神条件。马克思说："任何一个民族，如果停止劳动，不用说一年，就是几个星期，也要灭亡，这是每一个小孩都知道的。"劳动是人的生命存在和全部社会活动的前提，作为生命存在的人要解决吃、穿、住的生活问题，必须从事生产劳动，通过劳动改造自然，从自然中获取生活资料。恩格斯在《劳动在从猿到人转变过程中的作用》中指出，其实劳动和自然界一起才是一切财富的源泉，自然界为劳动提供材料，劳动把材料变为财富。马克思还认为，全部人的活动迄今为止都是劳动。在劳动发展的同时，人的本质力量和人的创造力也得到了极大的发展。所以，劳动是人的本质活动。

第二，劳动是人类全部社会关系形成和发展的基础。人们在劳动过程中，一方面同自然界发生关系，另一方面在人们之间又结成了生产关系。马克思在《德意志意识形态》一书中指出，我们首先应当确定一切人类生存的第一个前提，也就是一切历史的第一个前提，这个前提是：人们为了能够"创造历史"，必须能够生活。但为了生活，首先就需要吃喝住穿以及其他一些东西。因此，第一个历史活动就是生产满足这些需要的资料，即生产物质生活本身。在马克思看来，劳动是一切历史的基本条件，有了人类的劳动，有了人类生存必需的前提，才产生了生活和历史。

第三，劳动是创造价值的唯一源泉。马克思在其经济学说中指出，当劳动产品转化为商品之后，商品就具有了两个因素，即商品的使用价值和商品的价值。一切劳动包括两个方面：一方面是人类劳动力在生理学意义上的耗费，这是商品价值形成的源泉；另一方面是人类劳动力在特殊的有一定目的的形式上的耗费，它产生商品的使用价值。即在生产商品的劳动实践中，社会的、相同的或抽象的劳动创造出这种商品的价值；个人的、具体的劳动则创造出这种商品的使用价值。总的来说，生产劳动就是二者的有机统一。

在马克思、恩格斯看来，人不仅凭借劳动满足最基本的生存需要，实现社会财富的创造和积累，而且人最终也要通过劳动来实现人之所以为人的自由本质。劳动不但创造了人的物质生活，也充盈着人的精神世界，使人得以成长。

二、马克思主义劳动观的中国化

马克思、恩格斯指出,劳动是人类社会历史发展的前提和基础,要不断从资本主义条件下解放出来,成为人们生活的第一需要。列宁继承和发展了马克思主义,重视提高劳动生产率,将劳动与教育相结合,主张使劳动群众能够真正成为社会主义社会的建设者和管理者。毛泽东为马克思主义劳动观的中国化做出了重要贡献,强调干部是普通劳动者,动员干部参加集体生产劳动,重视知识分子的劳动及其作用等。改革开放以来,邓小平等党和国家领导人不断强调实现劳动者的自由与发展,尊重知识、尊重人才等。党的十八大以来,习近平继承和发展了马克思主义劳动观,强调劳动创造财富和幸福,劳动没有高低贵贱之分;应最大限度关心和造福劳动者;要建设知识型、技能型、创新型劳动者大军;弘扬新时代劳模精神等。

毛泽东开启了马克思主义劳动观中国化的进程。毛泽东的劳动观主要表现为:其一,坚持马克思主义劳动观基本原理,重视劳动生产在人类历史发展过程中的作用,特别是新中国成立后毛泽东对劳动的重视,从农业生产劳动拓展到包括农业、工业、手工业和商业等社会生产的各个方面,将劳动与整个国家、民族未来的命运紧密联系在一起;其二,将重视体力劳动者与重视脑力劳动者(知识分子)相结合;其三,进一步创造性地发展了马克思主义劳动要素论,重视科技创新和劳动生产率的提高;其四,重视体力劳动在锻造无产阶级革命意识中的作用。

改革开放以来,中国共产党人对马克思主义劳动观进行了丰富与发展,主要表现为以下几个方面:一是解放生产力,发展生产力,充分调动劳动者的积极性,这是改革开放初期的首要任务;二是重提尊重劳动、尊重知识,重视科学技术和教育在劳动生产中的作用;三是倡导体面劳动,构建和谐劳动关系;四是理顺收入分配关系,促进社会公平正义。邓小平继承和发展了马克思主义劳动与社会保障学说,并探讨了劳动就业和社会保障理论的基本内容及其现实意义。学界对邓小平教育与生产劳动相结合思想、劳动就业思想等的研究成果相对较少,有待深入挖掘和探索。江泽民对马克思主义劳动观的继承与发展主要体现在以下三个方面:其一,深化和拓展了劳动的内涵和外延,充分肯定了科技人员、管理劳动者、服务劳动者在发展社会主义事业中的地位和作用,只要是合法经营和诚实劳动,都应该得到承认、保护和尊重;其二,对劳动收入及分配的新发展,认为知识、技术、管理等生产要素有权利根据其在财富创造中所做的贡献参与分配;其三,提出"尊重劳动、尊重知识、尊重人才、尊重创造"四个尊重方针。胡锦涛对马克思主义劳动观的继承与发展体现在:其一,确立"以辛勤劳动为荣,以好逸恶劳为耻"的劳动理念;其二,高度重视劳动者素质和能力的提高;其三,提出实现体面劳动,切实保障劳动者的权益。

党的十八大以来,习近平对马克思主义劳动观进一步守正创新。习近平就劳动问题发表了一系列重要讲话,提出了一系列关于劳动的重要理论观点,创造性地发展了马克思主义劳动观。主要体现在:其一,习近平在多次重要讲话中围绕劳动、劳动者、劳模精神等进行深刻阐述,构建了包含"实干兴邦"的劳动实践观、"崇尚劳动"的劳动价值观、"热爱劳动"的劳动教育观等内容的新时代中国特色社会主义劳动思想理论体系,继承和发展了马克思主义劳动观;其二,习近平将马克思主义劳动思想同中华传统劳动美德有机融合,并针对当前我国社会主义建设过程中出现的突出问题,从历史观、人生观、价值观、理想观、成才观、社会观、政治观和发展观等不同视角对马克思主义劳动观进行新时代解读,从而形成了理论基础坚实、内涵丰富的劳动观;其三,新时代马克思主义劳动观发展了劳动范畴,丰富了劳动的内涵,拓宽了劳动的审视视角,扩展了劳动多层价值体系。

三、习近平新时代中国特色社会主义思想关于劳动的重要论述

第一,新时代是奋斗出来的。社会主义是干出来的,新时代是奋斗出来的。在党的二十大报告中,习近平总书记强调:"新时代的伟大成就是党和人民一道拼出来、干出来、奋斗出来的!"全面建成社会主义现代化强国,总的战略安排是分两步走:从二〇二〇年到二〇三五年基本实现社会主义现代化;从二〇三五年到本世纪中叶把我国建成富强民主文明和谐美丽的社会主义现代化强国。正如习近平总书记所说:"我们通过奋斗,披荆斩棘,走过了万水千山。我们还要继续奋斗,勇往直前,创造更加灿烂的辉煌!"

第二,劳动是一切幸福的源泉。幸福是每个人对美好生活向往的朴素表达,也是每个劳动者的理想和追求。习近平指出,人世间的一切幸福都需要靠辛勤劳动来创造,劳动是财富的源泉,也是幸福的源泉。劳动本身就是一种幸福,劳动构成了幸福的前提和基础,幸福也是劳动的目标和归宿。

习近平在中共十九大报告中提出,我国社会主要矛盾已经转化为人民日益增长的美好生活需要和不平衡不充分的发展之间的矛盾。社会矛盾的变化意味着我国社会生产力的提升,推动了人自身的发展。将满足人民对美好生活的需要作为党工作的落脚点,回答了在人民的物质需求和精神需求得到基本满足的情况下,如何进一步满足人民的发展要求,也回答了是否还需要继续劳动创造的问题。习近平指出:"劳动是财富的源泉,也是幸福的源泉。"劳动是维持社会发展和人类生存的基本行为,也是人类在精神层面自我发展的"第一需要"。这种活动方式就是人通过改造自然和社会,使自身的需求不断地发展,不断地被满足,人类社会在此基础上不断进步,同时,人的本质力量得到进一步的证明和拓展,每个人的自由个性得到充分展现的过程。所以,人类的劳动活动一方面创造了富足的生活资料,使人享受物质上的幸福,另一方面也创造出更加丰富的精神资源,使人获得精神上的满足。"劳动创造美好生活""劳动是一切幸福的源泉""幸福属于劳动者",就是从这一角度出发,实现劳动者在创造价值的同时,不断增强获得感,使劳动本身的人本意蕴在理论角度得到印证和诠释。

第三,努力建设高素质劳动大军。劳动者素质对一个国家、一个民族的发展至关重要。当今世界,综合国力的竞争归根结底是人才的竞争、劳动者素质的竞争。习近平强调,要完善现代职业教育制度,创新各层次各类型职业教育模式,为劳动者成长创造良好条件。技术工人是支撑中国制造、中国创造的重要基础。要完善和落实技术工人培养、使用、评价、考核机制,提高技能人才待遇水平,畅通技能人才职业发展通道,完善技能人才激励政策,激励更多劳动者特别是青年人走上技能成才、技能报国之路,培养更多高技能人才和大国工匠。

项目二　树立正确的劳动观

在我国经济社会发展的新阶段,单纯依靠劳动力资源优势的粗放型生产方式已成为历史。尤其是在当前疫情常态化的影响之下,国内外的发展环境更加复杂多变,在这种情况下,工匠精神的提出是建设创新型高质量发展的社会主义现代化强国的必然要求。工匠精神的原意是表达在制造行业里精雕细琢的工作理念。2017年,习近平总书记在中共十九大报告中明确指出,弘扬劳模精神和工匠精神,营造劳动光荣的社会风尚和精益求精的敬业风气。把劳模精神与工匠精神写入党的全国代表大会报告,是在中国经济发展新常态阶段下对工匠精神的再提升。习近平总书记在与浙商的谈话中,强调要以工匠精神推动创新和产业结构调整;在考察山西本地企业时,又勉励职工发扬工匠精神,为"中国制造"做出贡献。在2020年全国劳动模范和先进工作者表彰大会上,习近平总书记将工匠精神阐释为"执着专注、精益求精、一丝不苟、追求卓越",并将工匠精神与劳动精神和劳模精神作为民族精神和时代精神的生动体现。工匠精神是对社会主义劳动者行业精神的高度体现,是新时代对劳动者提出的更高的境界要求。

第四,切实实现好、维护好、发展好劳动者合法权益。在全社会营造崇尚劳动,热爱劳动的社会新风尚,要建立健全党和政府维护劳动群众权益的机制,制定和完善劳动者就业创业的扶持政策,切实发挥各级工会组织在构建和谐劳动关系中的职能,不断优化收入分配体制,切实破除每个劳动者通过辛勤劳动实现自身发展机会的各种体制机制障碍。

党和国家要实施积极的就业政策,创造更多就业岗位,改善就业环境,提高就业质量,不断增加劳动者特别是一线劳动者的劳动报酬。要建立健全党和政府主导的维护群众权益机制,抓住劳动就业、技能培训、收入分配、社会保障、安全卫生等问题,关注一线职工、农民工、困难职工等群体,完善制度,排除劳动者参与发展、分享发展成果的障碍,努力让劳动者实现体面劳动、全面发展。当前,因加快转变经济发展方式、促进经济结构战略性调整、化解过剩产能等原因,一些企业和职工遇到了种种困难。越是这样,越要发挥职工群众的主人翁作用,越要关心职工群众生产生活和职业发展,把全心全意服务人民群众的方针落实好。对劳动模范和先进工作者、先进人物,各条战线广大职工和各族人民群众要向他们学习,各级党委和政府要关心他们的工作、学习、生活,为他们的健康和幸福、为他们更好地发挥作用创造良好环境和条件。要坚决履行维护职工合法权益的基本职责,把竭诚为职工群众服务作为工会一切工作的出发点和落脚点,帮助职工群众通过正常途径依法表达利益诉求,把党和政府的关怀送到广大职工群众心坎上,不断赢得职工群众的信赖和支持。要顺应时代要求、适应社会变化,善于创造科学有效的工作方法,让职工群众真正感受到工会是"职工之家",工会干部是最可信赖的"娘家人"。

话题探讨　　"996"

"996"指的是一种工作制度:早上9点上班,晚上9点下班,每周工作6天。这种工作制度常出现在互联网等高科技公司。2019年3月,互联网公司的程序员们在网络上公开抵制"996"工作制。2019年4月12日,阿里巴巴的官方微博发布了马云的一段发言,马云称"996"是修来的福报,这一论述引发了社会的强烈反响。当天下午,马云立即回应,称

"任何公司不应该,也不能强制员工996"。"996"违反了《中华人民共和国劳动法》,招致社会各界的批评。

(资料来源:百度百科)

探讨问题

你支持"996"么?为什么?

任务拓展

习近平回信勉励中国劳动关系学院劳模本科班学员
珍惜荣誉 努力学习 继续拼搏 再创佳绩
激励广大劳动群众争做新时代的奋斗者

在"五一"国际劳动节来临之际,中共中央总书记、国家主席、中央军委主席习近平给中国劳动关系学院劳模本科班学员回信,向他们及全国所有劳动模范、全国广大劳动者致以节日的问候。

习近平在回信中指出,你们为党和国家事业发展做出了突出贡献,被评为劳动模范,如今又在读书深造,这是对大家辛勤劳动、无私奉献的褒奖,也是党和国家对劳动者的关怀。

习近平强调,社会主义是干出来的,新时代也是干出来的。希望你们珍惜荣誉、努力学习,在各自岗位上继续拼搏、再创佳绩,用你们的干劲、闯劲、钻劲鼓舞更多的人,激励广大劳动群众争做新时代的奋斗者。

习近平强调,劳动最光荣、劳动最崇高、劳动最伟大、劳动最美丽。全社会都应该尊敬劳动模范,弘扬劳模精神,让诚实劳动、勤勉工作蔚然成风。

让劳动模范有更多机会接受高等教育,是党和国家对劳模群体的关怀和厚爱。1992年,中国劳动关系学院创办劳模本科班,学员主要是全国劳动模范、全国"五一劳动奖章"获得者和全国先进工作者。近日,该校劳模本科班的全体学员给习近平总书记写信,汇报了学习习近平新时代中国特色社会主义思想的体会,表达了当好主人翁、建功新时代的决心。

(资料来源:新华社,2018-04-30)

思考/实践

1. 马克思主义劳动观的基本内容是什么?
2. 习近平新时代中国特色社会主义思想有哪些关于劳动的重要论述?

课后阅读 新中国劳动者典型事例

农业劳模——申纪兰

1953年2月,时任山西省长治市平顺县西沟村李顺达农林畜牧生产合作社副社长——模范军属申纪兰在长治专署首届优抚模范代表会议上做报告。

项目二 树立正确的劳动观

1954年,由于提倡"男女同工同酬"的巨大影响力,25岁的山西省长治市平顺县西沟村女青年申纪兰当选第一届全国人大代表,代表人民行使国家权力。在她的积极倡导和推动下,"男女同工同酬"被正式写入宪法。从此,申纪兰走上为民履职之路,这条路一走就是无怨无悔的66年。

连任十三届,她见证了人民代表大会制度的诞生与成长,"人民代表大会让人民有了说话的权利。当人大代表,就要代表人民的利益,代表人民说话,代表人民办事。"申纪兰是这样说的,也是这样做的。

66年间,申纪兰从未离开过农村,深知农民所想所盼,尽心履职建言,在全国人代会上提交的关于山区交通建设、耕地保护、新型农村合作医疗、农村教育、贫困地区旅游开发等议案、建议,始终关注"三农"问题,并不断得到采纳和落实。

1996年,在申纪兰的持续建言下,山西省长治市到北京的直达列车顺利开通。

2004年,申纪兰领衔提交关于保护耕地的议案。

2019年,申纪兰向大会提交一份"关于支持平顺县创建中药材国家级现代农业产业园的建议",并在闭会期间多方推动,助力平顺产业振兴、脱贫攻坚。

在2020年全国人代会上,申纪兰的建言继续聚焦脱贫攻坚,建议将农村水电自供区并入国家电网,提升农村供电水平,确保农民用上"安全电、放心电"。

这位扎根农村、将一生献给党、献给国家、献给人民、献给家乡的普通农村妇女,成为全国唯一的连任十三届的全国人大代表,这正是人民代表大会制度优越性的充分体现。申纪兰还曾荣获"全国劳动模范""全国优秀共产党员""全国脱贫攻坚'奋进奖'""改革先锋"等称号,2019年,申纪兰被授予国家最高荣誉"共和国勋章"。

2009年,习近平同志到西沟村看望申纪兰时强调:"太行精神光耀千秋,纪兰精神代代相传。"如今,申纪兰对党忠诚、执着为民、甘于奉献、改革创新的精神,深深感染着一代代人。斯人已逝,但申纪兰老人一生坚守的为民初心却滚烫依然。人生不能复制,精神却能共鸣,申纪兰代表永远离开了我们,但"纪兰精神"必将代代传递,成为实现中华民族伟大复兴中国梦源源不断的澎湃动力!

(资料来源:中国人大网,2020-06-28)

项目三

弘扬"三种精神"

学习目标

目标1：理解劳动精神、劳模精神和工匠精神的核心内涵、时代要求和现实意义。

目标2：掌握劳动精神、劳模精神和工匠精神蕴含的职业价值。

目标3：涵养对劳动精神、劳模精神和工匠精神的情感和价值认同。

目标4：在实际中弘扬、践行劳动精神、劳模精神和工匠精神。

劳动名人名言

1 我觉得人生求乐的方法，最好莫过于尊重劳动。一切乐境，都可由劳动得来，一切苦境，都可由劳动解脱。

——李大钊

2 劳动是刻在我骨子里的事情。

——王进喜

3 想要获得一种见解，首先就需要劳动，自己的劳动，自己的首创精神，自己的实践。

——陀思妥耶夫斯基

任务一 弘扬劳动精神

案例导读 用奋斗诠释劳动精神

"我的一位老班长曾经给我讲过一段话，他说：什么叫作不简单，什么叫作不容易，就是要长期甚至用几十年的时间认认真真、持之以恒地做好一件事情，这就是不简单，就是不容易。"前不久,在国务院新闻办公室中外记者见面会上,获得全国劳动模范称号的贵州钢绳(集团)有限公司二分厂技术员、高级技师周家荣动情地讲述了自己的成长之路。立足岗位、脚踏实地,干一行爱一行、钻一行精一行,周家荣等劳动模范用拼搏奋斗实现人生梦想,以爱岗敬业弘扬劳动精神。

"劳动是一切幸福的源泉。"习近平总书记在全国劳动模范和先进工作者表彰大会上指出,在长期实践中,我们培育形成了崇尚劳动、热爱劳动、辛勤劳动、诚实劳动的劳动精神。人间万事出艰辛。人世间的美好梦想,只有通过诚实劳动才能实现;发展中的各种难题,只有通过诚实劳动才能破解;生命里的一切辉煌,只有通过诚实劳动才能铸就。崇尚劳动、热爱劳动、辛勤劳动、诚实劳动,是人生出彩的金钥匙,也是创造美好生活的必经之路。奋斗"十四五",奋进新征程,我们必须大力弘扬劳动精神。

不可否认,随着经济社会发展,劳动的方式在发生变化,但"功崇惟志,业广惟勤"始终是不变的人生哲理。回首历史,从"走在时间前面的人"王崇伦到"当代雷锋"郭明义,从"铁路小巨人"巨晓林到"金牌焊工"高凤林……一代又一代热爱劳动、勤于劳动、善于劳动的高素质劳动者,用对事业的"痴"、对岗位的"爱"、对工作的"狂",垒筑起共和国的巍峨大厦,标注了建设者们的奋斗底色。个人向上,国家向前,他们在劳动中收获了个人成长,也为国家发展做出了贡献。

"一勤天下无难事。"有人曾问齐白石,画画的秘诀是什么?他笑答:"要每日作画,不叫一日闲过!"他曾在一首诗中如此描写自己的艺术劳动:"铁栅三间屋,笔如农器忙;砚田牛未歇,落日照东厢。"肯花气力、肯下苦功、肯去钻研,方换来"功夫深处见天然"的精湛画艺。无论是体力劳动还是脑力劳动,无论是简单劳动还是复杂劳动,道理都是相通的。一切劳动者,只要肯学肯干肯钻研,练就一身真本领,掌握一手好技术,就能立足岗位成长成才,在劳动中发现广阔的天地,在劳动中体现价值、展现风采、创造生活。

三百六十行,行行出状元。如今,职业版图在不断拓展,人们的职业选择日益多元。大家的职业或许不同、岗位或许有别,但自己的双手、智慧和汗水,始终是美好生活最坚实、最可靠的依托。历史和现实充分证明,有坚定的理想信念,有不懈的奋斗精神,脚踏实地把每一件小事做好,一切平凡的人都可以赢得不平凡的人生,一切平凡的工作都可以成就不平凡的业绩。

"人民创造历史,劳动开创未来。"现在,"十三五"规划目标任务即将完成,全面建成小康社会胜利在望,中华民族伟大复兴向前迈出了新的一大步。新时代为每个人提供了无比广阔的人生舞台,呼唤人们通过诚实劳动、勤勉工作创造更加幸福美好的生活。崇尚劳动、热爱劳动、辛勤劳动、诚实劳动,不弃微末、久久为功,光荣必将属于我们,幸福必将属于我们。

(资料来源:《人民日报》,2020-12-01)

任务目标

目标1：掌握劳动精神的生成逻辑、现实意义、时代要求和具体体现。
目标2：理解劳动精神在新时代的价值意蕴，树立并践行劳动精神。

任务知识

习近平总书记在2018年全国教育大会上，对在新时代弘扬劳动精神做了总体要求和目标指引：要在学生中弘扬劳动精神，教育引导学生崇尚劳动、尊重劳动，懂得劳动最光荣、劳动最崇高、劳动最伟大、劳动最美丽的道理，长大后能够辛勤劳动、诚实劳动、创造性劳动。党的十九大报告中提出了"弘扬劳模精神和工匠精神"的要求。2022年10月，习近平总书记在党的二十大报告中提出"在全社会弘扬劳动精神、奋斗精神、奉献精神、创造精神、勤俭节约精神，培育时代新风新貌"。劳动精神，是劳动者在劳动过程中所秉持的意识观念、态度倾向以及形成的品格特征，在新的历史方位，又被赋予了丰富的内涵和重大的意义，生动诠释了以爱国主义为核心的民族精神和以改革创新为核心的时代精神，是鼓舞全党全国各族人民迈向新征程更深沉、更持久的精神动力，是带领全党全国各族人民对美好生活向往最坚实、最可靠的依托保障，为此，必须在全社会大力弘扬劳动精神。

一、新时代劳动精神的生成逻辑

（一）以马克思主义劳动观为思想源泉

马克思认为，全部人的活动迄今都是劳动；恩格斯认为，劳动发展史是理解全部社会发展史的钥匙。他们对劳动的本质进行了系统科学的梳理，提出劳动创造了人本身及一切价值，是人类全部社会关系形成和发展的基础，极大地推动了社会历史的发展，并通过异化劳动批判资本主义劳动中的剥削、奴役等弊端，阐述了扬弃异化劳动和实现人的自由全面发展，以实现劳动者的解放，总结出劳动本质论、劳动价值论和劳动解放论，形成了马克思主义劳动观。在新民主主义革命、社会主义革命和建设、改革开放和社会主义现代化建设、中国特色社会主义新时代的进程中，中国共产党始终以马克思主义劳动观为指导，结合具体历史条件做了创造性实践和发展，特别是党的十八大以来，习近平总书记结合新的发展实际对马克思主义劳动观进行了创新性解读，形成了具有时代特色的中国化的马克思主义劳动思想体系，为新时代弘扬劳动精神提供了重要遵循。

（二）以中华民族劳动史为文化基因

正如马克思所认为的，劳动是人类社会生存和发展的基础和前提，中华民族的文明发展史也是中华儿女的劳动实践史，正是因为劳动创造，我们拥有了灿烂的历史；也正是因为劳动创造，我们拥有了辉煌的今天。中华民族是勤于劳动、善于创造的民族，回顾浩瀚历史长河，有盘古开天辟地、精卫填海、愚公移山等蕴藏朴素劳动精神的神话传说，有神农教民农作、大禹治水等传颂劳动可贵的民间故事，有"锄禾日当午，汗滴禾下土""昼出耘田夜绩麻,村庄儿女各当家"等描写劳动场景的文学作品,有"民为邦本,本固邦宁""因民之所利而利之"等尊重劳动者的哲学思想,有"二十四节气""耕作图"等凝结劳动经验的智慧结晶,在近现代实践中,又孕育出井冈山精神、长征精神、延安精神、"两弹一星"精神、特区精神、载人航天精神、抗洪抗震抗疫精神、脱贫攻坚精神、工匠精神等丰富鲜活的精神资源,无不彰显着中华民族劳动人民在缔造灿烂文明的漫长劳动历史中的精神品格和价值追求,为劳动精神注入了厚重的中华民族文化基因。

(三)以中国特色社会主义事业为实践基础

"忆往昔峥嵘岁月稠",正是无数劳动者,在中国共产党的带领下,以勤俭、奋斗、奉献、创新的伟大劳动精神,砥砺奋进:战火纷飞年代,八路军第三五九旅抗日军民把荆棘遍野、荒无人烟的南泥湾变成了平川稻谷香、肥鸭遍池塘的陕北"好江南";激情燃烧岁月,"铁人"王进喜以双臂搅拌灰浆压住井喷;改革开放时期,杂交水稻之父袁隆平做着"禾下乘凉梦",充实天下粮仓;新时代,火箭焊接"心脏"的专家高凤林多次攻克发动机喷管焊接技术世界级难关……正是一代代劳动者,让积贫积弱的近代中国冲破历史条件限制,在一次次绝望中又一次次充满希望,取得了一个又一个举世瞩目的辉煌成就,夯实了托举中华民族从站起来到富起来再到强起来的一方厚土,垒筑起中国特色社会主义国家的巍峨大厦。"功崇惟志,业广惟勤"始终是亘古不变的真理,在科学把握新发展阶段,深入贯彻新发展理念,加快构建新发展格局,以推动高质量发展为主题,不断建设中国特色社会主义事业的新历史方位,更是为中华儿女提供了"撸起袖子加油干,以劳动托起希望,以奋斗铸就未来"的广阔劳动实践舞台。

(四)以为中国人民谋幸福为价值宗旨

劳动是一切财富的源泉,更是一切幸福的源泉。一方面,劳动把人与外在的自然世界相连接,将人的本质力量作用于客观物质世界,不断改变客观世界,创造丰富的物质财富,提高人的生活水平,满足人的物质需求;另一方面,劳动使人的本质力量得以释放,在劳动过程中创造丰硕的精神成果,满足人的精神文化需求。新时代社会主义劳动思想体系中,提倡劳动最光荣、劳动最崇高、劳动最伟大、劳动最美丽,劳动不再单纯地作为谋生手段,而是作为促进人自由全面发展的实现途径,释放着人的自主能动属性,使每个人都能在劳动中发现广阔的天地,在劳动中体现价值、展现风采、感受快乐,谱写幸福人生华章。同时,当今世界,正经历百年未有之大变局,实现中华民族伟大复兴处于关键时期,中国发展面临的机遇和挑战之大前所未有,"不惰者,众善之师也",唯有无数劳动者勤于劳动、勇于奋斗,方能在危机中育先机、于变局中开新局,使每一位劳动者因辛勤劳动而流下的汗水汇聚成推动时代前进、实现人民幸福的滚滚洪流。

二、弘扬劳动精神的现实意义

(一)个人层面:生命里的一切辉煌,只有通过劳动才能铸就

劳动是一个人走向成功的必经之路,是展现人的本质力量、创造个体生命辉煌、彰显人生非凡意义的重要途径。新时代,党和国家事业空间很大,只要有志气有闯劲,普通劳

动者也可以站在宽广舞台上施展才华,实现人生价值。正所谓"三百六十行,行行出状元",只要肯学肯干肯钻研,练就一身真本领,掌握一手好技术,就能立足岗位成长成才成事。一切劳动者,唯有在内心深植劳动精神,在波澜壮阔的改革发展年代勇立潮头,在不进则退、不强则弱的竞争中赢得优势,在报效祖国、服务人民的人生中有所作为,孜孜不倦地学习、勤勉奋发地干事,干一行、爱一行、钻一行,踏实劳动、勤勉劳动,才能获得全面发展,淬炼为真正合格的社会主义接班人和建设者,通过体面劳动在平凡岗位上干出不平凡的业绩,成就人生的梦想,改变自己的命运,实现人生价值的升华。

> 微课
> 艰苦奋斗、甘于奉献——弘扬劳动精神

(二)社会层面:人世间的美好生活,只有通过劳动才能实现

"人生在勤,勤则不匮。"幸福不会从天而降,美好生活要靠劳动创造。纵观新中国自成立以来的70多年历程,中国共产党带领全国人民由忍饥挨饿受冻到基本解决温饱再到全面小康社会的跨越式飞跃,离不开亿万人民胼手胝足、日耕夜作的辛勤劳动。涓涓细流而成海其大,颗颗小石终成山其高,中华大地上的美好生活和亿万人民的苦干实干是联系在一起的,若没有每一个劳动者在劳动实践中持之以恒的努力奋斗,就不会有明日精彩纷呈的"中国传奇故事"。一砖一瓦,加高事业大厦;点滴创造,编织幸福生活。因此,需要弘扬劳动精神,让劳动精神有力地扎根在华夏大地上、烙印在中华儿女脑海里、践行在亿万人民行动中,进一步激发全体人民的劳动热情,释放全体人民的创造潜能,凝聚成建设美好生活的磅礴之力,各行各业同心同德、砥砺奋斗,擘画出更加美好的生活新蓝图。

(三)国家层面:复兴中的各种难题,只有通过劳动才能破解

我们党团结带领工人阶级以及广大劳动群众艰苦奋斗和顽强拼搏,实现了民族独立、人民解放和国家富强。广大劳动者,在抗疫斗争中挺身而出,在复工复产中坚定前行,在科技创新中勇攀高峰,在决胜全面建成小康中攻坚克难,在决战脱贫攻坚中担当作为……破解了在新发展阶段中的一个又一个难题,无一不生动诠释了劳动的时代价值。劳动创造了中华民族的璀璨文明和辉煌历史,也必将创造出中华民族的光明未来,只要亿万劳动人民把自身前途命运同国家和民族前途命运紧紧联系在一起,把个人梦同中国梦紧密联系在一起,自觉践行劳动精神,以勤劳与智慧的双手破解"中国难题"、书写"中国故事"、创造"中国奇迹",就能在推进全面建设社会主义现代化国家新征程、向第二个百年奋斗目标进军道路上,构筑起通向伟大中国梦的坚实路基,描绘出实现民族复兴的壮美画卷。

三、劳动精神的时代要求

(一)树立劳动平等的意识

劳动平等是新时代劳动精神的根本属性和基本要求。平等作为中国特色社会主义核心价值理念,是社会和谐发展的基本要求和目标,也是一个社会文明进步的标志。我国各行各业的劳动者,只有分工不同,没有贵贱之分,在劳动面前一律平等。从兢兢业业搬砖加瓦的一线劳动者,到忠诚担当鞠躬尽瘁的党员干部,再到永攀高峰攻坚克难的科研人

才,都在社会主义伟大事业中承担着不同的职责,也扮演着同样重要的角色,任何时候任何人都不能对任何劳动有任何偏见。同时随着科学技术的变革发展,涌现出许多新兴职业,为社会生活提供了更加丰富的产品和服务。但无论劳动的形式和分工有何不同,归根结底都是社会主义劳动生产的一部分,每一位劳动者坚守在自己的岗位,用汗水浇灌梦想、靠实干铸就辉煌,他们都是谱写奋斗诗篇、开辟民族复兴光明前景的重要一员,都应受到平等对待。

(二)涵养崇尚劳动、尊重劳动的态度

崇尚劳动、尊重劳动是对新时代劳动精神的立场维护和态度肯定。2015 年,习近平总书记在庆祝"五一"国际劳动节暨表彰全国劳动模范和先进工作者大会上的重要讲话中提到,"让一切劳动创造都获得应有的尊重和鼓励,在全社会贯彻尊重劳动、尊重知识、尊重人才、尊重创造的重大方针,树立以辛勤劳动为荣、以好逸恶劳为耻的荣辱观念",强调要尊重崇尚劳动。李大钊曾以"我觉得人生求乐的方法,最好莫过于尊重劳动。一切乐境,都可由劳动得来,一切苦境,都可由劳动解脱"来阐发劳动对于个人生命的意义。劳动是人类的本质活动,劳动者在这一过程中对外输出自身力量和智慧,驱动着社会的进步和经济的发展,建设社会主义国家离不开劳动,开拓新时代伟大民族更离不开劳动。为此,一切为我国社会主义现代化建设做出贡献的劳动,都是光荣的,都应该得到承认和尊重。无论时代条件如何变化,崇尚劳动、尊重劳动都不能变。

(三)培育劳动最光荣、劳动最崇高、劳动最伟大、劳动最美丽的观念

劳动最光荣、劳动最崇高、劳动最伟大、劳动最美丽是对新时代劳动精神的情感升华和价值认同。2018 年,习近平总书记给中国劳动关系学院劳模本科班学员的回信中写道:"劳动最光荣、劳动最崇高、劳动最伟大、劳动最美丽。全社会都应该尊敬劳动模范、弘扬劳模精神,让诚实劳动、勤勉工作蔚然成风。"以"四个最"形容劳动,彰显出劳动的价值魅力所在。抗疫医护人员脸上的勒痕是最光荣的勋章,教师耕耘三尺讲台守望满园花开的期待是最崇高的爱意,建筑工人在烈日下浇筑城市高度的默默坚守是最伟大的脊梁,快递小哥穿梭奔波的舞动是最美丽的身姿……坚守在各行各业的劳动者,用平凡劳动照亮了每一个角落,生动诠释了劳动的无上荣光。正是因为他们的付出,蓄势待发的中华民族充满了生机与活力;正是因为他们的奋斗,为实现民族复兴的中国梦汇聚起磅礴力量。

(四)形成辛勤劳动、诚实劳动、创造性劳动的实践

辛勤劳动、诚实劳动、创造性劳动是新时代劳动精神的行动指南和必经路径,赋予了新时代中国特色社会主义劳动观鲜明的实践特色。辛勤劳动是基础,"艰难困苦,玉汝于成",五千年的华夏文明离不开辛勤劳动,改革开放 40 多年来取得的不凡成就离不开辛勤劳动,人世间一切对幸福生活的美好向往也离不开辛勤劳动,全党全国各族人民只有脚踏实地地苦干笃行,才能浇灌出中国特色社会主义的幸福生活。诚实劳动是准则,诚实是一切劳动者的应有基本道德品格,表现为劳动行为的务实和劳动成果的实事求是,我们要在全社会大力提倡通过诚实劳动来实现人生的梦想,改变自己的命运,推动社会的发展,反对一切不劳而获、投机取巧、贪图享乐的思想,否则不仅是对劳动者的不公,更是对人类文

明的亵渎。"劳动光荣,创造更伟大",要在全社会营造尊重劳动者首创精神的浓厚氛围,形成知识崇高、人才宝贵、创造伟大的价值导向,让一切劳动与创新的活力竞相迸发,让一切关键问题的瓶颈限制迎刃而解,让一切创造社会财富的源泉持续涌流,实现由"中国制造"向"中国创造"的转型升级。"为者常成,行者常至",因此,唯有以新时代劳动精神为遵循,用辛勤劳动、诚实劳动、创造性劳动,才能汇聚起托起亿万人民中国梦的最坚实最可靠力量,才能在实现民族伟大复兴的丰碑上镌刻劳动创造的辉煌印记。

四、新时代劳动精神的具体体现

勤俭、奋斗、创新、奉献是劳动精神在中国特色社会主义劳动思想体系中的时代性表达,对于树立时代新人的健全劳动价值观和崇高劳动品质具有重要意义,对于培育时代新人担当国家繁荣、民族复兴、社会发展和人民幸福的使命具有促进作用。

(一)勤俭

《尚书》中有"克勤于邦,克俭于家",《咏史》中有"历览前贤国与家,成由勤俭破由奢",毛泽东主席以"厉行节约,勤俭建国"为治国经验。古往今来都将勤与俭联系起来阐述,充分说明了勤俭对齐家、治国的重要性。勤劳节俭的美德如甘霖,能让贫穷的土地开出富裕的花;勤劳节俭的美德似雨露,能让富有的土地结出智慧的果。所以,经济落后时需要提倡勤俭,经济发展了同样需要厉行勤俭。中华民族素以勤劳节俭而闻名,我们要发扬勤劳节俭的优良作风,大力破除懒惰奢靡之风,抵制拜金主义、享乐主义等错误思潮,营造崇尚勤劳、厉行节俭的浓厚氛围,补足新时代劳动精神的信念之钙,为在新征程上践行新时代劳动精神凝心聚力。

(二)奋斗

民族复兴的使命要靠奋斗来实现,人生理想的风帆要靠奋斗来扬起。中华文明是世界上最古老、最悠久的文明,中华民族作为中华文明的载体,之所以能够生生不息、历久弥新,是因为具有艰苦奋斗的劳动精神;回顾党的百年波澜壮阔历程,不难发现我们能够从小到大、从弱到强、不断从胜利走向胜利,重要的一条经验就是始终保持艰苦奋斗的精神。踏平坎坷成大道,斗罢艰险又出发。让我们继续发扬艰苦奋斗老黄牛的劳动精神,永远保持不畏艰险、锐意进取的奋斗韧劲,在波澜壮阔的社会进步中实现自己的人生梦想,唱响新时代劳动者之歌,谱写进行伟大斗争、建设伟大工程、推进伟大事业、实现伟大梦想的宏伟诗篇。

(三)创新

创新是一个民族进步的灵魂,是一个国家兴旺发达的不竭动力,是具有鲜明新时代特征的劳动精神,是推动科技革命和经济变革的第一引擎,是适应科技发展和产业变革新趋势的内在要求。在新时代的历史坐标上,面对繁重复杂的发展任务,面对日新月异的科技进步,面对错综复杂的国际局势,新时代劳动者不仅要爱劳动、会劳动,而且要懂技术、会创新,以引领新时代飞速前进的步伐。党中央提出一系列治国理政新理念新思想新战略,面对深化改革要啃的"硬骨头",面对供给侧结构性改革的"新形势",面对经济发展新常态的"大逻辑",更需要以持之以恒创新的劳动精神,攻坚克难、勇攀高峰,吹响实现中华民族复兴伟大中国梦的冲锋号角。

(四)奉献

奉献以社会主义和集体主义为导向,能够正确处理权利与义务、付出与回报等关系。在工作中,不计较个人得失,蕴含着对公共价值深刻的认同,具有鲜明的社会主义特征,既是高尚的情操境界,更是劳动所应有的责任担当。思想导师马克思在中学时就发出"我们的幸福将属于千百万人,我们的事业将默默地、但是永恒发挥作用地存在下去",国家领袖习近平在陕北贫瘠的黄土地劳作时就坚定了"要为人民做实事""有一颗为党为人民矢志奋斗的心,再怎么艰苦也是美的、再怎么付出也是甜的"的奉献信念。我们要把个人成长与人民的需要、民族的振兴、时代的使命紧密联系在一起,真正把"小我"融入"大我",因为一切蕴含奉献情怀的为人民谋幸福、为民族谋复兴、为世界谋大同的劳动都是幸福而快乐的、崇高而伟大的。

五、新时代劳动精神典型案例

平凡亦精彩　奋斗写华章
——聚焦国庆假日一线劳动者

平凡因奋斗而精彩。

举国欢度国庆假期时,一位位普通劳动者坚守在自己的岗位,为了大家能有一个欢乐祥和的假期而默默奔忙、尽心尽责。正是节日里这一个个平凡却不凡的身影,托起了城市乡村的正常运转,刻录下奋斗中国的美丽剪影。

坚守,护佑节日喜乐平安

10月1日,北京,秋意渐浓。4点多,李勃已经起床赶到天安门广场,开始一天的工作。

广场上红旗飘扬、热闹非凡,来自全国各地的群众早早赶来等待观看升旗仪式。

"今年雨水比较多,注意避免雨水倒灌。有的游客逛累了,喜欢靠在华灯灯门休息,得确保安全。"望着超平日数倍的人群,李勃叮嘱同事。

为保障天安门广场及长安街照明安全稳定,李勃和所在国网北京电力城市照明管理中心华灯班的同事们,已提前对253基华灯进行清洗检修,假期24小时人员在岗值班值守。

天安门西南方向近2 000公里之外,中国铁路成都局集团有限公司成都客运段东线动车队的列车员赖国庆迎来了自己第38个生日。

16年来,他的每个生日都是在列车上度过的。2014年,赖国庆从餐车厨师转岗干起了列车员。虽然忙碌辛苦,但他从没厌倦过自己的职业,不管身处哪个岗位,坚持为旅客服务的初心不变。

"等到退乘回家,再与家人一起补过一个生日吧!"赖国庆说,"每个节假日都是铁路人任务最重的时候,我们在岗,让大家平安出行过节。"

国庆假期首日铁路、公路、水路、民航预计发送旅客总量超过6 300万人次。"踏踏实实干好自己的本职工作,也是爱国、爱家的一种表达方式!"他笑着说。

10月的长沙,天气仍然炎热。"千年学府"岳麓书院入口处,趁着国庆假期前来参观的游客缓缓前行。

"请大家佩戴好口罩,出示健康码、行程码。"保安赵峰拿着测温仪麻利地为每一位游客测温、扫码。

"现在游客的防疫意识都很强,大部分都很配合。"他说,别看工作简单,但一整天下来也会口干舌燥、胳膊和腿酸疼。

看到年龄小的游客,赵峰也会想起自己的孩子。"谁都想陪家人过节,但防疫工作不能松懈,尤其是节假日工作更艰巨、更重要,不能有丝毫大意,这是沉甸甸的责任。"

岗位虽平凡,职责不平凡。公安干警、医护人员、铁路民航职工、安保人员……无数普通劳动者用汗水和付出,换来你我假日旅游、疫情防控、道路交通的平稳有序。

繁忙的一天过去了,10月1日17时56分,李勃和同事紧盯落日时间,将天安门附近华灯亮起。璀璨温暖的灯光下,到处是喜乐祥和、国泰民安的景象。

奔忙,保障城乡正常运转

这个假期,还有一群人奔忙在社区厂矿、大街小巷,全力保障假日期间正常生产和生活必需品充足供应,维护城市干净整洁和百姓生活便捷。

长沙,黄兴路步行街。熙熙攘攘的人群里,50岁的环卫工人方仁平在不停地穿梭打扫。"我负责的4 000平方米区域有8个大垃圾桶,一天要清空七八回,一休息垃圾就要成堆。"他告诉记者。

作为长沙的人气"网红"景点,黄兴路步行街从临近国庆起就开始实行24小时保洁制度。所有环卫人员全部停休,延长了在岗时间,还抽调了其他区域人员来支援。

"从中午到次日凌晨人最多,保洁频次最高也最辛苦。"方仁平说,"快下班时腿都累得抬不起来,但再累也要坚持,不能让慕名而来的游客失望呀。"

10月,海拔4 000多米的青海省玉树藏族自治州治多县,已有冬天的感觉,晚上气温已至零下。

长假期间网络销售火爆,一件件快递从五湖四海来到高原群山之间。20岁的快递员文扎多杰,国庆假期7天都坚守站点。

驾着电动车,开过小桥,穿过小区,文扎多杰将满满一车快递一件件送出。"以前要走很远去收寄快递,很不方便。现在站点开在了家门口,大家网购热情高涨了,往外寄特产也容易了。"他的言语间,传递着满满的自豪感。

10月1日清晨,渤海湾。红日升起,海面犹如披上了一层金纱。此起彼伏的对讲机应答声在绥中36-1油田中心平台响起,机械师张海方正有条不紊地指挥着作业。

这里是我国海上最大的自营油田,自投产以来源源不断向外输送"工业血液"。国庆期间,油田200余人坚守在渤海辽东湾海域,确保节日期间百姓用气用油稳定。

10月1日23时30分,国家管网集团吉林天然气公司长春输气站周围万籁俱静,只有管道内天然气通过的"呲呲"声。

综合输气工朱晓东裹着厚厚的大棉服,拿着工具包,对电伴热、电加热器等供热系统仔细检查。

长春输气站,肩负着外来天然气南下以及为上百万长春市民供气的重任,因此国庆7天,朱晓东和同事们加强巡检保证管道安全。

"我们特别害怕管道突然静音,如果里头没动静了,那就是出问题了,千家万户的生活都会受影响。"朱晓东说,"我们付出多一分,民生保障就会更可靠一分。"

奋斗,共创家国美好未来

金秋十月,是一年中的黄金时节,也是许多行业全年任务的攻坚时刻。

国庆假日,记者走进位于宁夏西海固地区的银昆高速公路施工现场。只见工程车、运料车穿梭不止,一朵朵焊花闪烁,一顶顶"安全帽"攒动,机械声、吆喝声此起彼伏……

项目负责人王小林10月1日6点就来到现场,与工友们一起浇灌桥墩。去年国庆节在隧道里度过的他,原本想趁今年国庆回家陪陪儿子,结果再次失约。虽然想起来鼻子泛酸,但他说:"对家庭有愧疚、有遗憾,但为国家施工建设,不能留下一点遗憾。"

包括王小林在内,中铁十五局近百名职工长假期间昼夜施工、连续奋战。"早一天通车,早一点造福老乡们,是大家的共同心愿。"

中铁二十局参建的陕西合铜高速公路项目,这个假期同样全员坚守奋战。"由各主管带头分区全方面排查,确保实现10月底通车目标。"项目负责人侯龙江说。

两条高速公路建成后,将分别为宁夏和陕西关中地区增添新的公路运输通道,对沿线地区巩固脱贫攻坚成果和推动经济社会发展具有重要意义。

这个假期,从北到南、从山区到城市,建设者们与时间赛跑,为确保重点项目、民生工程建设快马加鞭。

中铁十九局东莞轨道交通1号线项目经理宋晓峰,负责的8.5千米工区6个月内6台盾构机全部下井、同步掘进,这在我国地铁施工史上都不多见。

地下盾构掘进姿态是否平稳?掘进精度是否符合设计要求?地面沉降是否在可控范围内?这些几乎都要用"毫米"标准来回答的问题,时时揪着宋晓峰的心。

面临重大风险源时,他24小时值守在岗,不时到隧道里查看。老家在黑龙江的他,工作13年只回家了七八次。"有时也觉得太累,但做工程就该做良心工程。努力拼搏既是为自己和家人能过上好日子,也是为国家发展贡献力量。"

把责任放在心头,把家国扛在肩上。田间地头、工厂车间、科研一线,一个个奔跑跃动的身影——这是节日里的中国,是永不停歇奋斗着的中国!

(资料来源:新华网,2021-10-05)

话题探讨

随着"互联网+"的广泛应用和智能电子设备的普及,互联网平台与传统行业深度融合,催生了手机订餐、网上购物、网络约车等服务业和智能用品、速食食品等生产业的迅速发展,"懒人经济"应运而生,现代人的生活方式发生了翻天覆地的变化,也深深地影响了

"00后"的高校学子们:躺在家里等快递、居家生活智能化、在外出行网约车、异地办事请跑腿……很多事情,只需我们的指尖在电子设备上轻轻点击,就可以解决。

结合互联网时代的"懒人经济",分组思考并讨论:劳动精神有无时代价值?

任务拓展　　推荐阅读

1. 新华社2016年4月29日评论员文章:《让劳动创造筑就中国梦——写在"五一"国际劳动节之际》。

2. 《人民日报》2016年5月1日社论:《唱响新时代劳动者之歌——写在"五一"国际劳动节》。

3. 新华社2017年4月29日评论员文章:《弘扬劳动精神　激发梦想力量——写在"五一"国际劳动节之际》。

4. 《人民日报》2017年5月1日社论:《光荣属于每一个劳动者——写在"五一"国际劳动节。》

5. 新华社2018年4月30日评论员文章:《劳动最光荣　奋斗最幸福——写在"五一"国际劳动节之际》。

6. 《人民日报》2018年5月1日社论:《用劳动书写我们的新时代——写在"五一"国际劳动节》。

7. 新华社2019年4月29日评论员文章:《奏响新时代的奋斗壮歌——写在"五一"国际劳动节之际》。

8. 《人民日报》2019年5月1日社论:《书写新时代劳动者新的荣光——写在"五一"国际劳动节》。

9. 新华社2020年4月30日评论员文章:《唱响劳动者的奋斗之歌——写在"五一"国际劳动节之际》。

10. 《人民日报》2020年5月1日社论:《凝心聚力决胜全面小康——写在"五一"国际劳动节》。

11. 新华社2021年4月30日评论员文章:《奋进新征程,劳动铸辉煌——写在"五一"国际劳动节之际》。

12. 《人民日报》2021年5月1日社论:《在新征程上铸就新的历史伟业——写在"五一"国际劳动节》。

13. 《中国教育报》2019年4月25日,吴瑞清《劳动精神的教育内蕴》。

思考/实践

1. 如何理解习近平总书记所说的"幸福是奋斗出来的"这句话。

2. 作为新时代大学生,结合自身实际,谈谈如何践行劳动精神。

任务二　弘扬劳模精神

案例导读　"燃灯校长"张桂梅：用全部的生命教书育人

【故事】 张桂梅是云南省丽江市华坪女子高级中学党支部书记、校长。她致力于教育扶贫,扎根边疆教育一线40余年,推动创建了中国第一所公办免费女子高中,自2008年建校以来帮助1 800多名女孩走出大山、走进大学。张桂梅身患多种疾病,但她拖着病体坚守三尺讲台,用爱心和智慧点亮万千乡村女孩的人生梦想。在不久前召开的全国脱贫攻坚总结表彰大会上,张桂梅被授予"全国脱贫攻坚楷模"称号。

【点评】 最近,张桂梅校长频频登上"热搜"。从《感动中国》颁奖典礼上那双贴满膏药的手,到她17岁和64岁的对比照刷屏网络,人们关注她、赞颂她、心疼她,为她从青春年少到花甲之年的坚守而动容,向她"燃烧自己,烛照他人"的精神致敬。

扶贫先扶志,扶贫必扶智。对山区贫困面貌有着切身体会的张桂梅,深深懂得,只有教育才是斩断穷根的根本途径。看着"一些女生读着读着就不见了",她深感痛心,下决心要让每个想读书的女孩都有接受教育的机会。为此,她克服重重困难坚持筹办华坪女高,不设门槛、不收学费,只希望用知识改变贫困山区女孩的命运,通过教育阻断贫困的代际传递。没有子女,没有财产,张桂梅用全部的生命教书育人,如今她身患多种疾病,却依然不肯把时间留给自己,因为在她的价值排序里,"豁出命改变她们的命,值!"

从青春靓丽、笑靥如花,到苍老憔悴、满身伤病,张桂梅将最好的青春年华献给了山区的教育事业。从"大山的女儿",到孩子们口中的"张妈妈",她将全部心血倾注在孩子身上,更将自立自强的种子播撒在她们心中。在华坪女高,有这样一段震撼人心的誓词:"我生来就是高山而非溪流,我欲于群峰之巅俯视平庸的沟壑。我生来就是人杰而非草芥,我站在伟人之肩藐视卑微的懦夫!"正是这样的誓言,激励着许多家境贫寒的山区女孩,不认命、不服输,走出山区,看见更广阔的世界。

教育扶贫改变的是人,而且是几代人。从扎根大山的"燃灯者"张桂梅,到"一生只为一事来"的支月英,从用一根扁担挑起山乡希望的张玉滚,到多年在悬崖天梯上接送学生的李桂林、陆建芬夫妇……正是许许多多像他们一样的乡村教师,用坚韧和奉献托举起大山孩子的梦想,为一个个贫困家庭带去希望,更为打赢脱贫攻坚战贡献了力量。决心"战斗到我最后那一口气"的张桂梅宛如一座灯塔,激励着更多教育工作者在筑梦之路上坚守初心、点亮他人。

(资料来源:《人民日报》,2021-03-31)

任务目标

目标1:正确理解并把握劳模精神的理论与实践渊源,及其在新时代的崭新意蕴和当代价值。

目标2:培育尊崇劳模的情感和争做劳模的态度,弘扬并践行劳模精神。

任务知识

劳模精神是指在平凡岗位上做出不凡业绩所坚守的基本信念、价值追求、精神风貌及人生境界,折射出一个时代的人文精神,反映出一个民族在某个时代的人文价值和思想道德取向。长期以来,广大劳模以平凡的劳动创造了不凡的业绩,铸就了"爱岗敬业、争创一流、艰苦奋斗、勇于创新、淡泊名利、甘于奉献"的劳模精神,丰富了民族精神和时代精神的内涵,是极为宝贵的精神财富。进入新时代,我们更要深刻领悟劳模精神的价值意蕴,全社会都应该尊敬劳动模范、弘扬劳模精神,让"劳动光荣、创造伟大"成为时代强音,汇聚中国经济社会发展的强大正能量,推动中华民族伟大复兴中国梦的实现。

一、劳模精神的理论与实践渊源

(一)劳模精神是马克思主义劳动观的生动体现

马克思对具有社会历史属性的"劳动"进行了深入剖析,认为在人从自然界分化出来演化成自然人,再进而成为社会人的过程中,劳动发挥着决定性的作用。劳动解放人可以进一步理解为劳动解放人的社会关系,推动不合理的社会关系发生变革,从而使人获得社会关系的解放。社会主义制度下的劳动真正体现出劳动者的自主性,劳动不再是异化的、外在的、脱离了人的本性的东西,劳动者通过自己的劳动肯定自己,在劳动中感受幸福,在劳动中实现人与人的平等关系,这为劳模精神的产生与发展提供了重要土壤。马克思主义劳动观深刻反映了中国工人阶级和广大群众通过劳动在价值创造中的积极作用,为我们继承和弘扬劳动者伟大的劳动价值精神提供了理论支撑。劳模精神是社会主义劳动者在劳动中推动社会发展和实现精神文明的产物,中国特色社会主义开辟了社会主义在中国发展的独特进程,而劳模精神在这一独特进程中不断焕发出强大的生命力、创造力、战斗力、感染力、凝聚力、影响力,成为中华民族宝贵的精神财富,在中华民族站起来、富起来、强起来的伟大历史进程中发挥了不可替代的重要作用。

(二)劳模精神是我国优秀传统劳动文化的时代结晶

回顾灿烂的中华文明史,中国人民劳动精神的形成与劳动人民的生产和生活实践以及中华民族崇尚劳动的传统文化密不可分。在我国传统文化中,一向推崇对劳动实践的认同、对劳动精神的传承、对劳动文化的传播。远古时代,大禹治水三过家门而不入的劳动故事就广为流传。明朝时期,宋应星所著的《天工开物》收录了农事、手工制造中诸如机械、兵器、火药、纺织、染色、制盐、采煤等技术,集中体现了古代劳动人民在自然科学、工业制造等方面的劳动创造和发明成就。中华儿女用辛勤的劳动创造了中国灿烂的历史文化,锻造了中国人朴实、勤奋的优秀品格。这一品格始终贯穿于社会生产的发展和实践当中,不断推动生产力的进一步发展,艰苦奋斗、甘于奉献、不为名利的劳动精神也在历史文化中熠熠生辉。我国优秀的传统劳动文化,为劳模精神的形成注入了民族文化基因,让劳模精神成为创造民族辉煌的根本力量和推动民族继续向前发展的精神支柱。同时,劳模精神又是对中华优秀传统文化中生生不息、崇劳厚生精神因子的继承与阐发。

(三)劳模精神植根于中国共产党领导中国人民的长期奋斗实践

劳模精神是中国共产党在长期革命、建设、改革实践中积累起来的宝贵精神财富,源于为中国人民谋幸福、为中华民族谋复兴的初心和使命。新民主主义革命时期,我们党通过培养和表彰一批批劳动模范,在引领和发展革命根据地社会经济建设中发挥了巨大的示范和带头作用,为革命取得最后胜利奠定了扎实的社会基础。社会主义建设时期,劳动模范以无私奉献、团结苦干的精神积极投身于经济建设中,为引导广大人民群众集中精力恢复和发展国民经济,树立正确的社会主义劳动观念起到重要的推动作用。改革开放以来,广大劳动群众不仅发扬吃苦耐劳、艰苦奋斗的高尚品格,更是在开拓创新、苦干实干中创造了中国奇迹,使业务精湛、技术卓越、锐意进取、敢为人先的劳模形象更加深入人心。进入新时代,在中国共产党的领导下,中国人民以实干兴邦的劳动精神,继续谱写中国特色社会主义伟大事业的新篇章,劳模精神、劳动精神、工匠精神成为社会热词,"劳动最光荣、劳动最伟大、劳动最崇高、劳动最美丽"成为时代强音,为建功新时代、实现中华民族伟大复兴提供了崇尚劳动的价值引领。

二、劳模精神的崭新意蕴

(一)劳模精神与中华民族伟大复兴相托相生

习近平总书记指出,实现我们的奋斗目标,开创我们的美好未来,必须紧紧依靠人民、始终为了人民,必须依靠辛勤劳动、诚实劳动、创造性劳动。实现中华民族伟大复兴的中国梦,是中华民族近代以来最伟大的梦想,这个梦想凝聚了几代中国人的夙愿。现在,我们比历史上任何时期都更接近这一目标。我们也要清醒地认识到,在这一伟大征程中,幸福不会从天而降,梦想不会自动成真。"民生在勤,勤则不匮。"决战脱贫攻坚、决胜全面小康,"两个一百年"奋斗目标的实现,需要全体中华儿女众志成城、万众一心,把一切力量都凝聚起来,把一切积极因素都调动起来,以劳动托起中国梦。如果每一位劳动者都能身体力行,做劳模精神的践行者,做新时代的奋斗者,那么,中国梦照进的现实,正是每一个中国人用奋斗赢得的未来。

(二)劳模精神与社会主义核心价值观相融相通

习近平总书记指出,劳动模范和先进工作者"爱岗敬业、争创一流、艰苦奋斗、勇于创新、淡泊名利、甘于奉献"的劳模精神,生动诠释了社会主义核心价值观,是我们的宝贵精神财富和强大精神力量。社会主义核心价值观传承着中华优秀传统文化的基因,寄托着近代以来中国人民上下求索、历经千辛万苦确立的理想和信念,也承载着每个人的美好愿景。劳模精神作为民族精神和时代精神的重要内容,与社会主义核心价值观在文化传承、教育导向、爱国情怀、道德提升等方面高度契合。作为个体,劳动模范以"爱国、敬业、诚信、友善"为行为准则,是个人践行的典范;作为公民,他们以"自由、平等、公正、法治"为社会价值取向,是价值引领的旗帜;作为人民一分子,他们以"富强、民主、文明、和谐"为奋斗目标,将"小我"融入国家发展的潮流中,是价值实现的楷模。

(三)劳模精神与工匠精神相辅相成

党的十九大报告指出:"建设知识型、技能型、创新型劳动者大军,弘扬劳模精神和工匠精神,营造劳动光荣的社会风尚和精益求精的敬业风气。"就精神载体而言,劳模精神和工匠精神在产生机制、评价标准、时代背景、职业基础等方面存在明显区别。但是,这两种精神的内涵也具有共同特征:都继承了中华优秀传统文化中劳动文化的精髓,具有共同的文化底蕴;都立足于职业岗位,取得了突出业绩,做出了重要贡献,具有共同的价值导向;都练就了卓越技能,用个人的劳动实践阐释了劳动的境界,具有共同的价值实现。纵观不同时期的劳动模范,有许多劳动模范堪称大国工匠,而今日很多大国工匠也无愧于劳动模范的荣誉称号。劳模精神和工匠精神都是以爱国主义为核心的民族精神和以改革创新为核心的时代精神的生动体现。

三、劳模精神的当代价值

(一)劳模精神凝聚建功新时代的磅礴伟力

2018年"五一"国际劳动节之际,习近平总书记在给中国劳动关系学院劳模本科班学员回信中提出,希望"用你们的干劲、闯劲、钻劲鼓舞更多的人,激励广大劳动群众争做新时代的奋斗者"。劳动模范是"干出新时代"的排头兵,是践行"实干兴邦"的楷模。激励广大劳动群众争做新时代的奋斗者,就是要让实干担当在新时代蔚然成风,让改革创新在新时代焕发活力,让精益求精在新时代落地生根。只要我们持之以恒地弘扬劳模精神,充分调动起广大劳动人民的积极性、主动性和创造性,就一定能最大限度地汇聚起人们饱满的奋斗热情,从而为建功新时代、实现中国梦凝聚起磅礴的中国力量。

(二)劳模精神引领新时代产业工人队伍建设

推进产业工人队伍建设,是以习近平同志为核心的党中央着眼于巩固党的执政基础、实施制造强国战略、全面提高产业工人素质做出的重大决策部署。在新时代,应充分发挥劳动模范的示范带动和价值引领作用,培养造就更多劳动模范,努力打造一支有理想、守信念、懂技术、会创新、敢担当、讲奉献的产业工人队伍,建设知识型、技能型、创新型劳动者大军。

(三)劳模精神昭示新时代劳动教育的价值取向

习近平总书记在全国教育大会上强调:"要在学生中弘扬劳动精神,教育引导学生崇尚劳动、尊重劳动,懂得劳动最光荣、劳动最崇高、劳动最伟大、劳动最美丽的道理,长大后能够辛勤劳动、诚实劳动、创造性劳动。"这既是对广大学生涵养深厚劳动情怀的谆谆嘱托,更是对未来劳动者用奋斗成就梦想的殷切期待,昭示着新时代劳动教育的价值取向。劳动模范是每个时代劳动精神的典型化身,是引导广大学生培育和践行社会主义核心价值观的宝贵财富和有效载体。应充分发挥劳动模范先进事迹和优秀品质的感召作用,让青少年有机会近距离接触劳动模范、聆听劳模故事、感受劳模精神,在实践中体悟劳模精神,在磨炼意志和增长才干中感受劳动的乐趣和收获,从而培育辛勤劳动、诚实劳动、创造性劳动的精神气质。

四、新时代劳模精神的具体表现

(一)赓续爱岗敬业、艰苦奋斗的作风——劳模精神的基础

儒家有"执事敬""事思敬""修己以敬"的敬业主张,要求从业者做事认真、专心、态度谦逊。当代劳模精神继承了这一思想,主张从业者要爱岗敬业、艰苦奋斗。如习近平总书记所言,"社会主义是干出来的,新时代也是干出来的"。各行各业的从业者以干劲、闯劲和钻劲,拼搏出一个新时代。干一行,爱一行。爱一行,才能干好一行。劳动者在感性上热爱自己的职业,在理性上做好自己的本职工作,就是对劳模精神最好的诠释。

微课

爱岗敬业,争创一流——弘扬劳模精神

(二)追求淡泊名利、甘于奉献的境界——劳模精神的本色

始终将名利、地位抛诸脑后,为所从事的职业全身心付出,始终是劳模精神的本色品格。正如习近平总书记在给中国劳动关系学院劳模本科班学员回信中所提到的,"为党和国家事业发展做出了突出贡献被评为劳动模范,这是对大家辛勤劳动、无私奉献的褒奖"。润物细无声,一个劳动者付出的是热情、是汗水,收获的是个人价值,更是社会价值。中国的社会主义发展需要甘于奉献、不计得失的劳动者。无论是从事高危职业,还是在普通岗位上,都需要劳动者耐住寂寞,脚踏实地,全身心地投入其中。

(三)开拓勇于创新、争创一流的新局面——劳模精神的灵魂

勇于创新是在看待问题上不墨守成规,敢于打破固有思维束缚,积极探索劳动过程中的新规律和新方法,灵活地运用知识和经验,推动劳动技术和工艺的创新创造。争创一流重在"争"和"一流",强调的是肯学、肯干、肯钻研,练就一身真本领,掌握一手好技术,力争做出一流贡献。只有做到勇于创新、争创一流,才能培养出拥有"看家本领"的高素质劳动者,才能在劳动中成就不一样的事业、锻造不一样的情怀、实现不一样的人生,才能推动生产发展和技术进步,创造出日益美好的生活。

五、新时代典型劳模人物

6年多来,外卖小哥宋增光见证行业发展,也成就自我
——"生活不会辜负每一个努力的人"

来沪加入外卖送餐员大军,一路晋升站长、负责基层管理工作,6年多的时间,外卖小

哥宋增光见证了外卖行业的发展,深深体会到骑行路上的酸甜苦辣,也成就了自我。

2020年,宋增光获评上海市劳动模范,成为上海外卖行业的第一位劳模。2021年,他被中华全国总工会授予"全国五一劳动奖章",成为首位获此殊荣的外卖骑手。宋增光说,荣誉不只属于自己,也属于每一个穿梭在大街小巷、奔忙于楼宇之间的外卖员。

他坚信:"生活不会辜负每一个努力的人。"

树立骑手"职业规范"

2014年,30岁的宋增光为了与在沪工作的妻子团聚,决定放弃江苏老家的工作,来上海闯一闯。

第一份工作,宋增光就选择了外卖送餐员,"当时觉得从事这份工作,可以迅速适应上海的生活,可以和不同的人打交道"。

经过一番培训,宋增光正式上岗了。新手上路,难免有诸多烦恼,他抱着"既然做了就一定要做好"的决心,克服了一个又一个困难。不熟悉交通路线导致送餐延误,他就利用休息时间反复研究区域路线;商务楼电梯不好等,他就靠爬楼梯节约时间;碰到客户心情不好,他总能将心比心,及时化解问题……

在跑单的日子里,宋增光保持着极高的好评率。他说,自己的秘诀是一句真诚的"祝您用餐愉快"。"在刚入职培训的时候,站长就告诉我,每一单送达时要对客户说'祝您用餐愉快'。这是一个很小的细节,但我一直记在心里。"

一句问候拉近了外卖员与客户的距离,一声感谢也让奔忙的骑手暖在心里。那一年的春节,因为人手紧张,宋增光没有回老家,主动选择留在上海跑单。除夕正好遇上雨天,晚间平台订单激增。正当他内心焦虑时,一条客户发送的短信温暖了这个雨夜:"下雨天注意安全,晚点送达没关系。"当他把外卖送到时,对方又对他说:"辛苦了,新年快乐。"这一句简单的问候,让宋增光感慨万千,也认定了骑手这一职业。

从姜茶站长到培训专员

2014年前后,正值外卖行业高速发展时期。当骑手不到一年,性格沉稳、勤奋努力的宋增光就被提拔为站长。

"想骑手所想,急骑手所急"是一个站长的基本素质。说起"光哥"的暖心事,曾经相处过的骑手都如数家珍。他曾在盛夏的暴雨天给骑手送电瓶,冒着大雨一路推着没电的电瓶车回到站点;也曾在新入职骑手不慎受伤时,第一时间赶到现场,自掏腰包垫付医药费……

"姜茶站长"——宋增光的许多同事都如此称呼他。

骑手穿梭在大街小巷,用餐高峰时段为保证客户及时用餐,更是分秒必争,两三个小时下来衣服都被汗水浸湿。当骑手时,宋增光的妻子总会在阴雨天,熬一杯红糖姜茶给他带在身边,让他驱寒。当上站长后,他在阴雨天和严寒时,总会熬上一锅红糖姜茶送到骑手休息的商圈、地铁站。"姜茶站长"的美名,由此而来。

如今,宋增光担任了公司的培训专员,一项重要工作就是对新入职的骑手进行培训。宋增光说,除了最基本的技能、礼仪、安全培训外,他更希望向新骑手们传递对职业的感悟,"很多人来上海打工,第一份职业会选择送外卖,我也是。这些年的经历告诉我,干一行、爱一行、专一行,付出总会有收获,甚至是比想象中更多的收获。我希望更多人和我一样,能从这份职业中找到幸福"。

在上海有了"家"的感觉

外卖骑手这个职业,是伴随着网络订餐平台的快速发展而成长起来的。近年来,社会对这个群体给予了越来越多的支持和尊重。

如今,宋增光已对上海这座城市产生了归属感。作为外卖小哥的一员,他表示,要努力把"重新定义城市生活"的理念转化为万千平台用户最真实的获得感。

(资料来源:《工人日报》,2021-04-29)

话题探讨

材料一 2020年12月31日,在2021年全国政协新年茶话会上,习近平总书记勉励全国各族人民要发扬"为民服务孺子牛、创新发展拓荒牛、艰苦奋斗老黄牛"精神,在全面建设社会主义现代化国家新征程上奋勇前进。

(节选人民网2021年1月11日:《坚持人民至上,甘当为民服务孺子牛》,有改编)

材料二 2021年2月10日,中共中央、国务院举行春节团拜会,习近平总书记深情寄语:"前进道路上,我们要大力发扬孺子牛、拓荒牛、老黄牛精神,以不怕苦、能吃苦的牛劲牛力,不用扬鞭自奋蹄,继续为中华民族伟大复兴辛勤耕耘、勇往直前,在新时代创造新的历史辉煌!"农历牛年即将来临之际,总书记再次强调"三牛"精神,意味深长。

(节选人民网2021年2月11日:《牛年来了,习近平强调"三牛"精神》,有改编)

材料三 "每个人都了不起!"习近平主席在2021年新年贺词中深情点赞伟大的中国人民,深情点赞自强不息的民族精神。亿万人民如同孺子牛、拓荒牛、老黄牛一样奋斗,绘就了今日神州大地只争朝夕、生机盎然的蓬勃景象。

(节选《人民日报》2021年1月22日:《征途漫漫从头越——论新征程上的孺子牛拓荒牛老黄牛精神》)

(1)结合上述材料,如何理解"三牛"精神让劳模精神绽放时代光芒?

(2)结合材料三中习近平总书记的"每个人都了不起!"这句话,思考:劳模距离我们远吗?

任务拓展　　　　推荐阅读

1. 李珂.中国劳模口述史(第一辑)[M].北京:社会科学文献出版社,2018.
2. 李珂.中国劳模口述史(第二辑)[M].北京:社会科学文献出版社,2019.
3. 李珂.中国劳模口述史(第三辑)[M].北京:社会科学文献出版社,2019.

4. 新华社 2020 年 11 月 23 日:《劳动托举梦想,奋斗书写华章——以习近平同志为核心的党中央关心劳模和劳模工作纪实》。

5. 新华社 2020 年 11 月 24 日:《习近平在全国劳动模范和先进工作者表彰大会上的讲话》。

6. 新华社 2020 年 11 月 24 日:《在平凡的工作中创造不平凡的成就——5 位新当选全国劳动模范和先进工作者代表的奋斗故事》。

7. 新华社 2020 年 11 月 24 日:《争做奋斗者 建功新征程——2020 年全国劳动模范和先进工作者倡议书》。

8. 新华社 2020 年 11 月 24 日评论员文章:《弘扬劳模精神 激发奋进力量——学习贯彻习近平总书记在全国劳动模范和先进工作者表彰大会重要讲话》。

9.《人民日报》2020 年 11 月 24 日社论:《大力弘扬劳模精神》。

思考 / 实践

1. "燃灯校长"张桂梅身上体现出哪些新时代的劳模精神?你愿意向她学习吗?
2. 如何理解"劳模精神生动诠释了社会主义核心价值观"这句话?

任务三 弘扬工匠精神

案例导读　工匠精神:谱写敬业报国的时代乐章

2021 年 1 月 25 日,正在召开的上海市两会传出消息,今年将推动国产大飞机 C919 取得适航证并交付首架。

听到这个消息,中国商飞上飞公司高级技师、数控车间钳工一组原组长胡双钱感慨万千。多年来,他带领钳工班组秉承工匠精神,从事 C919 上最为精细的重要零部件的加工工作,做到了让人叹为观止的"零差错"。

工匠精神是中国优秀传统文化的重要内容和宝贵财富。《考工记解》中,"周人尚文采,古睢有卓,至周而愈精,故一器而工聚焉。如陶器,亦自古有之。舜微畤已陶渔矣,必至虞畤,瓦器愈精好也。"材料反映的正是我国古代的能工巧匠们不断追求技艺精进的精神品格。

"功崇惟志,业广惟勤。"2020 年 11 月 24 日,习近平总书记在全国劳动模范和先进工作者表彰大会上指出,在长期实践中,我们培育形成了"执着专注、精益求精、一丝不苟、追求卓越的工匠精神"。

项目三 弘扬"三种精神"

> 工匠精神是时代精神的生动体现,折射着各行各业一线劳动者的精神风貌。"汉字激光照排系统之父"王选、"火箭发动机焊接的中国第一人"高凤林、先后八次打破集装箱装卸世界纪录的许振超等,都是工匠精神的优秀传承者,他们让"中国制造"影响了世界。
>
> 习近平总书记在同全国劳动模范代表座谈时曾表示,我们说"空谈误国,实干兴邦",实干首先就要脚踏实地劳动。实现"两个一百年"奋斗目标、实现中华民族伟大复兴,需要我们每个人主动践行、弘扬工匠精神,将自己对人生、对事业、对国家的热爱化作工作的激情,谱写敬业报国的时代乐章。
>
> (资料来源:《光明日报》,2021-02-10)

任务目标

目标1:理解工匠精神的时代要求和现实意义。
目标2:掌握新时代工匠精神的职业价值。
目标3:涵养弘扬传承工匠精神的情感态度。

任务知识

工匠精神是一种职业精神,它是从业者的职业道德、职业能力和职业品质的集中体现,蕴含着"爱岗敬业、精益求精、坚定执着、追求卓越"的职业理念,与劳动精神、劳模精神为有机统一的整体,构成了中华民族的"劳动"精神谱系,绘制出一幅幅"中国梦·劳动美"的华丽画卷。在新时代,大力弘扬工匠精神,不仅有助于建设一支重知识、善技能、会创新的产业大军,而且对于推动我国由传统制造大国向现代智造强国大步迈进、实现经济高质量发展和实现"两个一百年"奋斗目标具有重大意义。

2017年9月8日,国务院总理李克强考察天津职业技术师范大学。看到大师工作室制作的超精密数控加工零件,总理说:"我们已经有精密制造工艺,但在生产普通日用消费品时,总觉得'差不多就行''没必要'。要让工匠精神渗入每件产品的每道工序,无论是大工厂,还是小工厂,乃至小作坊都能生产精细优质的产品,使中国制造不仅物美价廉,而且品质卓越。"

一、工匠精神的时代要求

新时代的工匠精神主要包括爱岗敬业的职业精神、精益求精的品质精神、坚定执着的专注精神、追求卓越的创新精神这四个方面的内容。其中,爱岗敬业的职业精神是根本,精益求精的品质精神是核心,坚定执着的专注精神是关键,追求卓越的创新精神是灵魂。

> 微课
>
> 精雕细琢、精益求精——弘扬工匠精神

（一）爱岗敬业的职业精神——根本

爱岗与敬业是相辅相成、相互促进的关系，爱岗是基础，敬业是升华，是从业者源自对岗位、职业的热爱和敬畏而产生的一种全身心投入的尽职尽责的职业精神状态。具体来说，所谓"爱岗"，就是要干一行，爱一行，热爱本职工作，不能见异思迁，站在这山望那山高。所谓"敬业"，就是要钻一行，精一行，对待自己的工作，要勤勤恳恳，兢兢业业，一丝不苟，认真负责。中华民族历来有"忠于职守""敬业乐群"的传统美德，当今社会主义核心价值观也大力倡导"敬"的精神，由此可见爱岗敬业是工匠精神的坚固基石。

（二）精益求精的品质精神——核心

顾名思义，精益求精，是从业者对每件产品、每道工序都凝神聚力、追求极致的职业品质，是指一件产品或一种工作，本来做得很好了，还要追求做到极致。"精益求精的品质精神"是工匠精神的核心，正如老子所说"天下大事，必作于细"，一个人之所以能够成为"工匠"，就在于他对自己产品品质的追求，只有进行时，没有完成时，永远在路上；他不惜花费大量的时间和精力，反复改进产品，努力把产品的品质从99%提升到99.9%再提升到99.99%。产品得以畅销世界、成为经典，靠的就是匠人对每一个零件、每一道工序都精心打磨、专心雕琢的精益求精。

（三）坚定执着的专注精神——关键

专注就是内心笃定而着眼于细节的耐心、执着、坚持的精神，这是一切"大国工匠"所必须具备的精神特质。从中外实践经验来看，工匠精神意味着执着，即几十年如一日的坚持与韧性。德国除了有人们耳熟能详的奔驰、宝马、奥迪、西门子等知名品牌之外，还有数以千计普通消费者没有听说过的中小企业，它们大部分"术业有专攻"，一旦选定行业，就一门心思扎根下去，心无旁骛，在一个细分产品上不断积累优势，在各自领域成为"领头羊"。其实，在中国早就有"艺痴者技必良"的说法。古代工匠大多穷其一生只专注于做一件事，或几件内容相近的事情。《庄子》中记载的"庖丁解牛"、《核舟记》中记载的奇巧人王叔远等大抵如此。

（四）追求卓越的创新精神——灵魂

追求卓越的创新精神，意味着在一丝不苟、脚踏实地工作的同时不甘于平庸，目标远大，希望通过努力收获登峰造极的结果；意味着勇于尝试、敢于挑战，致力于通过不断革新、不断突破，追求更加精益求精的目标。这不仅是新时代工匠精神的要求之一，更有着新时代工匠精神的灵魂内蕴。古往今来，热衷于创新和发明的技能人才一直是世界科技进步的重要推动力量。新时代的工匠精神强调的则是在继承基础上进行创新，只有在继承基础上进行创新，才能跟上时代前进的步伐，推动产品的升级换代，以满足社会发展和人们日益增长的对美好生活的需要，为高质量发展提供源源不断的动力源泉。为此，有无"追求卓越的创新精神"，是判断一个工人能否称之为新时代"工匠"的一个重要标准。

二、弘扬工匠精神的现实意义

(一)工匠精神是个人正确职业价值观形成的道德指南

提升价值、启迪智慧、实现发展,不仅是劳动者个人成长的强烈需求,同时也是我国人才战略的责任和使命。事实上,劳动者所具有的高尚职业操守和强烈工匠精神,同拥有较高专业知识和实践技能一样,是其立足职场的重要条件和在未来职业生涯中脱颖而出的制胜法宝,也是汇聚起推动我国高质量发展、推动我国由制造大国向制造强国跨越滚滚洪水中的涓涓细流。而工匠精神作为一种职业精神,正是提升个人精神追求、完善个人职业素养、实现个人成长进步的重要道德指引。历览新时代大国工匠身上彰显出的工匠精神,其主导价值无一以世俗之心追名逐利,而是以高尚之心为国为民,在这一思想理念的引领下,"干一行,爱一行;钻一行,精一行""一生只亮一盏灯,一生只做一件事"成为弘扬工匠精神的题中之意;爱岗敬业、精益求精、坚定执着、追求卓越也成为扎根在中华大地上每一位劳动者根本的职业价值观遵循。

(二)工匠精神是培育具有自主创新意识和技能人才的战略支点

改革开放 40 多年来,我国已然成为公认的世界第一制造大国,享有"世界工厂"的美誉,贴着"MADE IN CHINA"标签的产品随处可见,大到汽车、电器,小到衣服、鞋子,产业类别齐全、规模宏大,但很多产品中缺少真正的原创。我国产品质量整体不高、制造业大而不强是不争的事实,背后的重要根源之一就是缺乏具备工匠精神的高技能人才。2015 年国务院正式印发《中国制造 2025》,提出实施制造强国战略第一个十年行动纲领,为实现中国从全球制造大国到制造强国跨越的战略目标,这就需要将具有创新要素的工匠精神融入中国制造的每一个环节。党的十九大报告强调了创新型人才在加快建设创新型国家中的特殊地位和作用。因而,工匠精神是国家培育创新型人才的战略支点,是中国制造前行的精神源泉,是推动实施创新型人才战略、实现创新型国家战略目标的重要保障。

(三)工匠精神是推动中国制造、铸就民族品牌的精神支撑

"建设制造强国,实现中国制造向中国创造的转变,中国速度向中国质量的转变,中国产品向中国品牌的转变,完成中国制造由大变强的战略任务。"实现这"三个转变",需要发展核心技术,加强创新驱动和调整优化产业结构等的宏观战略,更需要无形但强大的精神支撑。2016 年,习近平总书记在中央经济工作会议上指出:"引导企业形成自己独有的比较优势,发扬'工匠精神',加强品牌建设,培育更多'百年老店',增强产品竞争力。"品牌之核,存于质量;质量之魂,存于匠心,铸就民族品牌同样需要工匠精神的支撑。新时代工匠精神是在新的历史方位结合新的发展形势需要而形成的具有丰富意蕴的精神品质,只有坚守工匠精神,才能锐意进取地走在创新前列、矢志不渝地打造高端质量,才能推动中国制造、铸就民族品牌。

(四)工匠精神是实现中华民族伟大复兴中国梦不可或缺的文化基因

实现中华民族伟大复兴的中国梦,需要物质财富作为基础,更需要精神文明提供动力,物质财富和精神文明,两手都要抓、两手都要硬,只有这样中国特色社会主义事业才能

顺利向前推进。物质财富与精神文明是我国社会文明进步的"两个轮子",是中华民族伟大复兴中国梦的"一双翅膀",二者缺一不可。事实上,工匠精神的发育程度同一个社会的物质文明、精神文明的进步程度有着密切联系。从物质财富来看,工匠精神在物质文明的创造过程中可以发挥强大的精神动力及智力支持作用;从精神文明来看,工匠精神作为一种职业精神,在本质上它是同社会主义核心价值观,特别是同其中的"敬业""诚信"要求高度契合的,是标志社会文明进步的重要尺度。时下,我国正由制造大国向制造强国迈进,在这一历史进程中,必须充分发挥工匠精神这一制造强国建设的强大驱动力,使之作为优质文化基因浸润到每一位劳动者的骨血里,成为国家民族生生不息的精神源泉。

三、新时代大学生工匠精神的培育路径

(一)涵养"信仰为基"之魂

新时代大学生成长为千万劳动大军中的一流人才,离不开"崇尚劳动、争做工匠"信仰的确立与坚守。不论是传统制造业还是新兴制造业,不论是工业经济还是数字经济,工匠始终是我国制造业的中坚力量,工匠精神始终是创新创业的重要精神源泉。习近平总书记也曾告诫广大青年,"要坚定理想信念,志存高远,脚踏实地,勇做时代的弄潮儿,在实现中国梦的生动实践中放飞青春梦想"。我国新时代大学生要想谱写中华文明新时代华章,必须从内心深处厚植"崇尚劳动、争做工匠"的宝贵精神品格,秉承"为民谋幸福、为国谋复兴"的高尚理想情怀,唯有如此,无论身处何种境况,都会不停脚步、继续前行,无论从事何种工作,都会全身心地投入,力求做到极致。对工匠的信仰是涵养工匠精神的"根"与"源",有了这个"根"与"源",我们在践行工匠精神时才会更有劲头、更有力量、更有成就。

(二)培育"细节为本"之风

凡人匠心,曰精益求精;凡人匠心,曰坚定执着。匠心从来不拘一格,每一位在自己工作岗位上做到极致的劳动者,都有自己的匠心之道:择一事,终一生,以不息为体,以日新为道。俗话说"差之毫厘,谬以千里",无论是从事体力劳动还是从事脑力劳动,看似再简单、再普通的工作都要穷尽自身的心力,对每一个细节都不放松要求,做到精益求精。如此,才称得上领会工匠精神的实质。苏轼评价黄庭坚的诗文有着"超凡绝世之感",正源于黄庭坚将"无一字无来处"的工匠精神融入文学创作中。俯下身去,耐下心来,心无旁骛,将这种"细节为本"的风气贯穿于自己所属领域工作的始终尤为关键。此外,习近平总书记特别指出:"本领不是天生的,是要通过学习和实践来获得的。"他还告诫我们:"学习需要沉下心来,贵在持之以恒,重在学懂弄通,不能心浮气躁、浅尝辄止、不求甚解。"要想练就一身为国奉献、为民效力的真本领、硬本领、好本领,就要抵制社会上所谓的"速成",真正地把心沉淀下来,在学习与实践过程中重视每一个细节,努力夯实自己能力与本领的基础,才能使新时代社会主义各项事业枝繁叶茂、开花结果。

(三)坚守"原创为先"之要

新中国成立以来,尤其是改革开放以来,追求卓越、不断创新是建设社会主义现代化强国、实现中华民族伟大复兴中国梦的关键推动力。习近平总书记在党的十九大报告中

指出"到 21 世纪中叶,要把我国建成综合国力和国际影响力领先的国家",并强调"当前我国比历史上任何一个时期都更接近实现中华民族伟大复兴的目标,也比历史上任何时期都更加渴求人才"。对于实现中华民族伟大复兴的目标而言,首先要有因变革与创新而强大的制造业作为坚固后盾,而强大的制造业需要大量的创新型技能人才的支撑。为此,治国之要,首在用人;用人之要,关键育才,而育才,就要提升新时代工匠精神,在"坚持原创"上积极有为。原创是一个从 0 到 1 的质变过程,孕育着从 1 裂变到 N 的不绵希望,孕育着改写历史、成就时代的万千可能……"汉字激光照排系统之父"王选、"中国第一、全球第二的充电电池制造商"王传福等工匠们,正是因为创新影响了世界。实现高质量发展,为"中国智造"奠定坚实的基础,需要新时代大学生成长为社会主义现代化强国的一流建设者,这就要求我们要全方位培养创新意识,坚定追求卓越的目标取向,倡导勇于探索的创新精神,培育并激发创新才能。

四、新时代典型工匠人物事迹

打破"学历"门槛,"小鲁班"变身"教书匠"

王纵横没想到,自己有一天会凭借技能留校任教,成为黑龙江林业职业技术学院首位"00 后"实训指导教师。"职业教育不仅让我找到了人生的方向,也改变了我的命运。"

2020 年 12 月,20 岁的王纵横还是一名在校学生,他代表黑龙江省参加了第一届全国职业技能大赛,获得木工项目的金牌,也是黑龙江代表团在此次大赛上获得的唯一金牌。

"王纵横这个孩子技术水平高、肯吃苦,指导队友时也很认真负责,特别适合做实训指导教师。"黑龙江林业职业技术学院家居工程学院院长张志刚通过对王纵横一段时间的观察,在比赛后开始动员王纵横留校任教。2021 年 6 月,王纵横毕业后,正式成为黑龙江林业职业技术学院的一名实训指导教师。

事实上,王纵横并不是该校第一个毕业即留校任教的学生,早在 2017 年学校就提出把特殊的技能人才留在学校。当时获得第 44 届世界技能大赛木工项目优胜奖的"95 后"青年徐颜是第一个凭借自身实力留校任教的毕业生,也成为日后王纵横的实训指导教师。

"像徐颜、王纵横这样优秀的、有经验的技能型人才,我们要打破学历的'门槛',把他们留在黑龙江,培养更多的大国工匠。"张志刚表示,学校正是通过这样的方式,给予学生、职业教育工作者以及青年技能人才信心,提升他们对专业和职业教育的自豪感、荣誉感。

传承大国工匠的精神

2017 年 10 月,徐颜站在世界技能大赛的舞台上,克服了环境、气候、场地等困难,顺利完成了赛题的识图、放样,按照大赛主办方提供的图纸,在 22 小时内完美地制作出 2.7 米高、1.4 米长、1.4 米宽的欧式凉亭,夺得了木工项目比赛优胜奖,成为中国角逐世界技能大赛木工项目获优胜奖的第一人。同年,徐颜被人社部评为"全国技术能手"、被黑龙江省人社厅评为"龙江大工匠",并被黑龙江林业职业技术学院破格录用为实训指导教师。

作为徐颜的学生,王纵横在入学后就暗暗下定决心要向老师学习,立志到学校的世界技能大赛基地训练。王纵横的太爷爷和爷爷都是木匠,从小他就对木工这一行充满了兴趣。

但当真正开始学习时,王纵横发现专业课与他从前接触的木工并不同。"传统的木工对于数据的要求并不是那么严格,而到了专业的赛场上,缝隙尺寸不能差一丝一毫。"王纵横说。

"每一个步骤都必须精准,否则出现一点误差就会造成非常大的累积误差。"王纵横告诉记者,为了提高自己的识图能力,他要求自己每天第一个到实训基地训练,最后一个离开。有时回到宿舍还会利用空闲时间抓紧研究白天没搞懂的图纸,夜里两三点睡觉都是常事,甚至会因为突然来了灵感,兴奋得睡不着觉。一年下来,王纵横的体重从最初的110公斤降到80公斤。

由于王纵横表现优异,2020年12月他被学校选中参加中华人民共和国第一届职业技能大赛。功夫不负有心人,王纵横的尺寸和缝隙分数都是满分,误差范围控制在一根头发丝的宽度,最终拿到了金牌。2021年,他被授予"全国技术能手"称号,未来他将继续钻研这项技艺,把自己所掌握的技能和知识教给学生,把大国工匠的精神传承下去。

打破"学历"门槛

王纵横留校任教的消息传出后,他的很多学弟学妹都表示不可思议。"老师竟然只比我大两岁""'00后'老师与他的'00后'学生同框"等声音不时出现……

而对于王纵横而言,只觉得自己身上的担子更重了。"我没想到自己有一天会和高学历的研究生成为同事,但是作为实训指导教师,我必须更努力地提升自己的技能水平,帮助学生走上技能成长成才的道路。"王纵横告诉记者。

据了解,黑龙江职业林业技术学院近年来为了留下优秀的技能人才,特别出台了一整套特殊人才的引进标准,放宽了以往对学历的要求,全力支持在校学生参加技能比赛,并动员入选世赛国家队的学生留校任教,充实学校的教师队伍。

"我们在培养学生的过程中,也在全方位地考查学生,从技能水平、个人性格等多方面综合考量,最终为优秀的技能人才开辟一条绿色人才通道。"但同时,张志刚也坦言,像徐颜、王纵横这样的学生,留校成为教师在过去是很难实现的。"在以往的招聘过程中,学校的门槛都设在硕士学历及以上,并且必须专业对口,通过学校组织的一系列笔试、面试,才能进入学校。"

据悉,在得知王纵横获奖后,学校为他准备了10万元奖金以资鼓励,目的就是给学生起一个导向性的作用,让更多学生通过技能道路成长成才,实现技能报国。"情感留人固然可取,但事业留人、待遇留人更为重要。"张志刚说。

近年来,黑龙江省也多次出台政策,让技能人才的钱包"鼓起来"。早在2018年,中共黑龙江省委办公厅黑龙江省人民政府办公厅就印发了《关于提高技术工人待遇的实施意见》的通知,其中明确提出,要提高技术工人经济待遇、社会待遇、政治待遇,促进技术工人提升职业技能水平,并健全技术工人评价使用激励机制。

"打破横在高技能人才和用工单位之间的壁垒,从提高技能人才收入水平着手,积极推进收入分配改革。"黑龙江省人社厅有关负责人表示,今后黑龙江省将与时俱进,研究制定高技能人才队伍建设政策措施,为技能人才创新优化良好政策环境和社会氛围,争取让更多的"大国工匠"留在黑龙江。

(资料来源:《中国青年报》,2021-10-11)

项目三 弘扬"三种精神"

话题探讨

材料一 中国古代哲学中对工匠精神也有着深刻的认知:"道技合一"或"匠工蕴道"。《庄子》以庖丁解牛、匠石运斧、老汉粘蝉等生动事例告诉人们,古代匠人的技艺能够达到鬼斧神工的至高境界,即所谓"臣之所好者,道也,进乎技矣"。庖丁以19年解牛数千之功力,技法能够达到以神遇而不以目视的境地,足以见得工匠精神既是实践的积淀,同时又是内心对道的追求的展现。《道德经》中也讲道:"有道无术,术尚可求也;有术无道,止于术。"当代大国工匠高凤林、张冬伟、顾秋亮等,其技艺达到臻于完美的境界,又何尝不是"技以载道"?

(资料来源:《光明日报》,2021-01-18)

材料二 党的十九大报告中提出:建设知识型、技能型、创新型劳动者大军,弘扬劳模精神和工匠精神,营造劳动光荣的社会风尚和精益求精的敬业风气。集"知识"、"技能"和"创新"于一体的新时代劳动者标准,是保障我国经济持续健康发展和全面建设社会主义现代化国家的必由之路,也是促进人的全面发展和满足人民日益增长的美好生活需要的应然选择,其背后深蕴着对劳动者精神文化素质的要求。

(1)结合上述材料,思考并探讨工匠精神更关注的是"技"吗?

(2)结合上述材料,如何理解工匠精神是专业技能、职业态度和人文素养的统一?

任务拓展

1.推荐阅读

(1)人力资源社会保障部,工匠精神读本[M],北京:中国劳动社会保障出版社,2017。

(2)高文杰、张学文、刘晓东,工匠精神与职业素养[M],长春:吉林大学出版社,2018。

(3)《中国教育报》2016年5月13日:《"工匠精神",职业教育的灵魂》。

(4)《光明日报》2021年2月10日:《弘扬工匠精神 推动高质量发展》。

(5)《光明日报》2021年2月10日:《工匠精神——谱写敬业报国的时代乐章》。

(6)中工网:"中国梦·劳动美——大国工匠"栏目系列报道。

2.推荐观看

(1)东方卫视《大爱东方》栏目纪录片《上海工匠》。

(2)央视纪录片《大国工匠》。

思考/实践

1.观看央视纪录片《大国工匠》,谈谈你对工匠精神时代价值的理解。

2.在工业4.0和《中国制造2025》深入普及的背景下,如何传承工匠精神?

课后阅读　　　　新中国劳动者典型事例

杂交水稻之父——袁隆平

袁隆平院士是"杂交水稻之父",他的"东方魔稻"不知道养活了世界上的多少人。他获得过联合国知识产权组织杰出发明家金质奖、国家最高科学技术奖、国家科学技术进步奖特等奖、未来科学大奖等诸多奖项,并且获得"改革先锋"称号和"共和国勋章"等。

这位"杂交水稻之父"一生都致力于"米"的研究,他为国家和社会乃至世界都创造了巨大的财富,赢得了巨大的声誉,按理说他这样一位杰出的科学家,自家口袋装有多少"米"都不为过,也不会遭人非议,可他的生活或者说是他的生活态度却仅仅愿意停留在小康水平线上,"身价1 008亿,却独爱15元衬衫",正如他自己所说的:"人要吃饭、穿衣,要生存,没有钱不行,但一定要来路正,靠自己的诚实劳动获得。有了钱,要用在正当处,既不能挥霍浪费,也不要吝啬小气。我喜欢朴素的生活。"

细细想来,如果先生当初是为了"日进斗金"而搞科研,他就不可能几十年如一日地在田间地头忙碌。袁隆平先生解决了十几亿人口的吃饭问题已让举世惊叹,但他身上体现出来的人格魅力,更像一袋袋精神食粮,同样也营养、滋润着我们浮躁的心灵,影响社会。袁隆平有句名言,"与大地贴得更近,看天空才会更远",他是这样说的,也是这样做的,他既是一名科学家,更像是一位农民,他风里来,雨里去,一身泥,一衣水,与大地贴得近,与百姓贴得近,更与实践贴得近,在贴近中,有他的理想,为了中国人民的吃饭问题,为了全体中国人民,他在田野里看到了希望,从实践中得到了真理,获得了民生。

科学家是真理的捍卫者,是事实的追随者。袁隆平坚信实践能发现事实,发现真理,并能验证真理。袁隆平常说:"电脑很重要,书本知识也很重要,都是基础,但是电脑和书本里面是种不出水稻来的。"

袁隆平认为,科学是没有止境的。只有敢于探索敢于创新,才能成果迭出,常创常新。先后试验成功的"三系法"杂交水稻、"两系法"杂交水稻、超级杂交稻一期、二期,从平均亩产300公斤左右提高到500公斤、700公斤、800公斤的产量,就证明了这句话。

杂交水稻研究的开创者袁隆平,改革先锋公示材料中这样介绍他的成就:创建了超级杂交稻技术体系,使我国杂交水稻研究始终居世界领先水平。截至2017年,杂交水稻在我国已累计推广超90亿亩,共增产稻谷6 000多亿公斤。袁隆平多次赴印度、越南等国,传授杂交水稻技术以帮助克服粮食短缺和饥饿问题,为确保我国粮食安全和世界粮食供给做出了卓越贡献。禾下乘凉梦与杂交水稻覆盖全球梦是袁隆平自己的两个小小的梦想,但他更希望寄予如今中国的优秀学生们一种"忠于热爱,奋斗青春"的科研精神。

人生是一段发现自我的旅程,路要靠自己一步一步走出来。认识到自己未来会成为一个什么样的人,就像是远方的一座灯塔,能够不断照亮前方的道路。

(资料来源:知乎网,2021-06-19)

项目四

劳动安全与法规

学习目标

目标1：认识劳动安全的重要意义，落实劳动安全责任，掌握劳动安全应急处理方案。

目标2：掌握安全劳动要领，通过劳动保护，科学开展劳动活动。

目标3：熟悉相关劳动法律，掌握签订劳动合同的方法。

劳动名人名言

1 劳动永远是医治精神创伤的良药。

——路遥

2 劳动，不仅仅意味着实际能力和技巧，而且首先意味着智力的发展，意味着思维和语言的修养。

——苏霍姆林斯基

3 劳动是一切知识的源泉。

——陶铸

任务一 劳动安全教育

案例导读：毕业生求职过程中的受骗案例

利用招聘，诱骗大学生踏入"传销"陷阱

张某是某高校美术专业的毕业生。一天，张某接到朋友周某从广州打来的电话，希望他来公司工作。张某来到广州后，周某让他签订了一份合同书，并让他交押金3 000元，承诺如辞职离开公司，押金随时如数退还。张某认为周某与自己是朋友，又有合同和承诺,便拿出3 000元交了押金。当天下午,周某就带三人开始岗前"培训"。"培训"内容主要是讲怎样赚钱,怎样暴富和赚钱要不择手段以及"发展下线、金字塔"理论,等等。经过几天"培训""洗脑"后,公司让他"上班",就是打电话,蒙骗认识的、想找工作的人来"工作"。

大学生被传销组织所骗受困的原因主要有:一是大学生自身防范意识薄弱,轻信他人;二是对同学、朋友过于信任,没想到熟人还会骗自己;三是就业压力过大,择业时放松了警惕,轻信以用人单位身份出现的传销公司;四是个别学生存在不劳而获的思想,被传销组织宣传的高额回报引诱,甘愿从事传销活动。

收取保证金,诈骗大学毕业生

案例:韩某,大学毕业生,在人才交流市场,经过初步了解,与某家公司达成就业协议。但韩某了解到,进这家公司,每人要交纳200元的服装保证金,用于制作工作服,离开公司的时候,200元可以原封退还。一个月后,韩某按照公司的约定来到公司的办公地点参加培训,却发现该公司和主管人员早已经人去楼空,才知自己上当受骗。据了解,在这起诈骗案中,有150多名求职者上当受骗,其中大多数都是刚刚毕业的大学生。

在就业过程中,类似的诈骗案还有很多。骗子往往打着招聘的幌子,要么收取"报名费",要么收取"保证金""培训费",很多大学生为了获得工作的机会,对于明知道是无理的要求,也不敢拒绝。而骗子正是抓住了大学生的这种心理,开始行骗。

盲目签约,因不合理条款而上当

案例:王某,大学毕业生,由于急于找到工作,没来得及仔细推敲合同里的条款,结果不但失去了这份工作还付了一笔违约金。据其称,他与公司签合同时还未毕业,但公司要求其进入实习期。在4个月的实习期里,他卖力地工作,却只能得到300多元钱的"实习工资"。实习结束后,他以为工作已经敲定,打算回学校修完剩下的一些课程,9月再回到公司正式上班。但当他向公司请假时,公司却以合同中"工作前两年不得连续请假一周以上"的条款为由,认定王某违约,索要违约金。最后,王某只好交了2 000元的违约金。

由于就业形势比较严峻,大学生在求职过程中往往处于弱势地位,很多用人单位提出一些明显的不合理条款,如违约金、服务期等。对于毕业生来讲,虽然知道这些附加条款是有失公平的,但也不敢明确表示异议。现实生活中,在职场上把"试用期"当成"剥削期"已经成了一些无良老板逃避法定义务的惯用伎俩。

女大学生求职危险增多

案例:女大学生王某,到省会某地做家教时被杀害。由于过分轻信他人,该同学在未经认真核实的情况下,只身去应聘家教,结果遇害。另一相似的案例:女大学生吴某,根据广告找到一家俱乐部从事高级商务公关,在交纳400元"制卡费"后,却发现工作是"三陪"。

近年来,女大学生在就业过程中遇到不法侵害的事情时有发生,这也给我们敲响了警钟,安全问题要时刻牢记,危险离我们并不遥远,就业机会有无数,但生命只有一次。

利用求职者个人信息进行诈骗

案例:毛某,大学毕业生的家长,日前在家中接到一个长途电话,称其儿子在车祸中撞伤,正在医院抢救,急需手术费5万元。毛某闻讯立即拨打儿子手机却怎么也打不通,便相信真的出事了。就在此时,一个自称是儿子学校领导的人又打来电话,证实确有其事,并留下一个账号。毛先生连忙筹集了5万元汇过去。几小时后,毛先生终于打通儿子电话,方知上当受骗。

近期以来,套取并利用求职者信息进行诈骗的案件屡见不鲜。毕业生在求职过程中,往往要填写一些表格,其中涉及很多个人信息,尤其是网上求职,要求填写的内容十分详细,从个人电话号码,到家长姓名、家庭住址、家庭电话、父母情况等一应俱全。这就给骗子留下了可乘之机。

(资料来源:山东高校毕业生就业信息网)

任务目标

目标1:认识劳动安全的重要意义,落实劳动安全责任。
目标2:掌握劳动安全应急处理方案。

任务知识

一、劳动安全的定义

劳动安全是指在生产劳动过程中,防止中毒、车祸、触电、塌陷、爆炸、火灾、坠落、机械外伤等危及劳动者人身安全的事故发生,是劳动者享有的在职业劳动中人身安全获得保障、免受职业伤害的权利。

劳动者有了解生产作业场所和工作岗位存在的不安全因素和职业危害的权利。用人单位有义务将劳动者在生产作业场所和工作岗位中存在的可能导致生产安全事故或者职业病的危害因素如实、全面地告知劳动者。劳动者有权了解和掌握生产安全事故、职业病的防范措施和应急处理措施,并对本单位的劳动安全卫生工作提出意见、建议。用人单位有义务将生产安全事故和职业病的防范措施和应急处理措施告知劳动者。劳动者有对用人单位劳动安全卫生工作中存在的问题提出批评、检举和控告的权利,有权拒绝违章指挥、强令冒险作业。用人单位不得因劳动者对本单位劳动安全卫生工作提出批评、检举、控告或者拒绝违章指挥、强令冒险作业而降低劳动者的工资、福利等待遇或者解除与劳动者签订的劳动合同。劳动者发现直接危及人身安全

微课
幸福生活的起点
——劳动安全

的紧急情况时,有进行紧急避险的权利,即可以停止作业或者采取可能的应急措施后撤离作业场所。

二、劳动安全的意义

随着社会经济的发展,劳动安全涉及社会主义现代化建设的方方面面和大学生劳动者的切身利益,是一件非常重要的大事。

1. 劳动安全是关系到劳动者健康和生存的头等大事

我国是社会主义国家,人民利益是国家的最高利益。在各种活动中,必须把保证劳动者的生存和健康放在第一位。一旦在生产中对劳动者造成伤亡,是无法弥补和挽回的,所以,必须保证劳动者在生产中的安全。

2. 劳动安全是国民经济健康发展的前提和重要保证

我国每年各类安全事故时有发生,造成人员伤亡和重大经济损失。由此而造成的对经济发展的近期和远期的消极作用是难以估量的。保障国民经济的持续、健康发展,需要在安全生产的环境下进行,安全是生产的保障。如果在生产中安全出问题,发生了工伤事故,不仅劳动者遭到伤亡,给家属带来痛苦和创伤,而且在经济上也会造成不良的后果。只有在保证劳动者安全和国家财产及人民生命财产安全的前提下才能使生产顺利进行。

3. 劳动安全是实现生产经营活动目标的一项根本措施

生产经营和服务单位的基本目标是达到生产顺利、高效运行,不断提高经济效益。这个基本目标只有在安全生产条件下才能实现。安全的生产条件,可以调动广大劳动者的生产热情和积极性。劳动者在生产中感到安全有保障,才会发挥主人翁精神,提高劳动效率,使企业取得好的效益。

三、劳动教育中典型安全风险

劳动教育活动作为一种职业劳动过程,存在一定的劳动安全风险,主要分布在组织管理、各类人员、交通和环境四个方面,其中典型风险因素包括:

1. 组织管理风险

(1)规章制度。一是没有制定劳动教育活动方案、实施手册或规范,或照搬照抄、流于形式;二是规章制度缺失,没有针对劳动教育活动制定详细、完善的管理规章制度,规章制度缺乏可执行性或执行不到位;三是协调机制不完善、责任机制不健全。在开展活动及遇到突发情况时,无章可循、无规可守,或有章难循、有规难守。

(2)应急预案。一是劳动教育活动突发事件应急预案缺失或缺乏针对性与可操作性,安全保障机制不完善;二是应急预案没有定期更新,没有针对应急预案开展专项安全教育和应急演练。

(3)应急救援能力。由于缺乏事前的准备与培训,事故救援能力不足,缺乏必备的事故救援物资,未配备经过专业救援训练的安全员,在遭遇突发事件时,事故救援不及时,救援资源(人员、物资等)不到位。

2. 人员素质风险

(1)学生群体与个体。主观因素包括意识、素养、行为等,客观因素包括疾病、体质等。广大学生特别是中小学生,容易发生脱离集体擅自行动、学生间因琐事产生纠纷、活动过程中违规操作等不安全行为;由于未成年人身体机能尚未发育成熟,免疫抵抗力较弱,或本身就存在过敏体质或既往病史等健康问题,在遇到一定诱因后,导致突发疾病、意外伤亡,为劳动教育的管理增加了不确定性因素。

(2)教管人员。一是教管人员在劳动教育活动期间存在身体或心理不适,不能正常履行安全管理职责;二是教管人员缺乏职业道德,思想认识不到位、安全意识不强,不认真执行规章制度,对学生疏于管理,没有尽到管理责任;三是教管人员应急能力差,对劳动教育活动内容和全过程不熟悉,未能提前了解活动内容是否存在不适合未成年学生身心特点或威胁其健康与安全的情形,由于事前未做充足的风险评估和突发事件应急预案及演练,教管人员缺乏应对突发事件的能力,在面对突发事件时束手无策。

(3)社会人员。劳动教育基地一般是开放的社会场所,人员密集,结构复杂,中小学生群体因其应对暴力袭击的脆弱性,很容易成为一些反社会极端分子、恐怖袭击活动等社会安全事件的袭击目标。

3. 交通条件风险

(1)交通工具。劳动教育活动应优先选择航空或铁路交通方式,公路交通的安全系数相对较低。在选择汽车作为公共交通工具时,如果师生乘坐的车辆本身存在安全隐患,出行前也未做全面的车辆故障排查,则会增加交通安全风险。

(2)交通路线。由于劳动教育活动的路线选择不当,遭遇道路维修、封路、路面崎岖不平、城乡接合部或乡村道路缺少交通信号灯等情况,或对路线不熟悉,则会增加交通安全风险。

(3)司机素质。一是司机在出发前就存在身体、心理不适等健康问题,影响正常驾驶;二是司机存在疲劳驾驶、酒后驾驶、超速、抢道等违法违规行为。

4. 环境条件风险

(1)生活环境。劳动教育目的地住宿环境达不到卫生条件,如被褥床单等清洗不干净,导致学生出现过敏反应等;活动期间用餐环境不卫生、食材不新鲜、饮用水水质不达标等,导致食物中毒、水土不服等;劳动教育目的地正流行某种传染性疾病,也会导致学生被感染。

(2)人文环境。劳动教育目的地举办大型公共活动导致人群密集;劳动教育目的地城市治安较差,偷盗抢劫案件多发或正发生群体性事件;由方言造成的语言交流障碍,导致言语冲突;地方风俗习惯差异,导致文化冲突等。

(3)自然环境。游览江河湖海等水域、沙漠、山地、高原等特殊环境未穿戴必备的防护装备,对特殊环境缺乏了解;由于未提前了解天气情况,驻留营地期间偶遇雨雪、雷电、大风等恶劣天气,或在酷热、寒冷等极端天气出行等。

四、高校劳动安全教育

高校劳动安全教育是一项系统性工程，在教育过程中需要学校、家庭以及社会共同合作完成，各自担负相应职责，学校在其中有着重要作用，明确学校领导、专业课教师、心理咨询教师、辅导员以及班主任等的工作职责和任务，还需要建立学校、家庭以及社会联动的工作机制。通过细心观察和交流等方式了解学生的想法和动态，经常向家长反馈学生在校表现，如果出现劳动安全风险或已经发生劳动安全事故，需要积极做好心理辅导和相关善后工作，及时与家长和相关部门联系，共同应对危机。

当前大学生劳动安全问题频频发生，与其自身劳动安全意识薄弱有着极大的关系。由于年龄、文化程度以及家庭教育等多重影响，大学生劳动安全意识薄弱的主要表现为自控能力弱、缺乏责任意识等方面。想要有效减少高校劳动安全事故的发生率，就需要学生通过感知、思维以及想象等对劳动安全建立准确的认知，对外在事物的安全状态进行科学判断，同时对自己的行为进行控制，避免自己受到伤害。另外，高校辅导员与班主任还可以从学生做人、做事等细节方面开展劳动安全教育，从不同角度加强学生的自我防范能力和自我保护能力。在做人方面，要教育学生理性分析自己的为人做事，不贪图便宜，要踏踏实实。在做事方面，要认真分析哪些事情可以做，哪些事情不可以做，加强学生的法律意识，让其学会用法律武器保护自己，以免受到不必要的伤害。如果发生劳动安全事故，也要学会冷静，及时寻找有效的解决对策或寻求帮助，尽量将事故损失降到最低。

（一）勤工助学安全

勤工助学是大学生踏入社会的初步尝试，但由于大学生社会经验不足，缺乏自我保护意识，往往容易上当受骗，引发各种纠纷，甚至受到人身伤害。

1. 勤工助学中的常见陷阱

（1）中介陷阱。

某些中介往往会先向大学生收取会员费和中介费，然后提供错误的电话号码或找同伙来欺骗大学生，最后以各种借口不予退费或一走了之。

应对策略：慎重选择中介，一看《营业执照》和《职业介绍许可证》，两证齐全的相对可信；二看规模，规模越大相对越可信；三看口碑，可多向学长了解，口碑好的可信度较大。

（2）合同陷阱

有些中介看上去比较正规，也会签订合同，但合同条款存在各种陷阱或极为苛刻，而有的同学没有认真研读，一不小心便掉入陷阱。

应对策略：仔细研读合同，如无把握，可向老师或学长请教；若签订合同，自己也要严格遵守条款。

（3）提成陷阱

有些招聘单位往往不提供底薪，而美其名曰"高额提成"，甚至还要求大学生交"押金"或"报名费"，最后不是不足额支付报酬，便是不返还押金、报名费。

应对策略：首先要注意考察公司是否正规、营业证照是否齐全、经营规模大小、员工数量、是否有能力足额支付薪酬等;其次,如遇公司要求交押金、报名费或培训费等,一定要多加考量,最好是"敬而远之"。《劳动合同法》明确规定:用人单位招用劳动者,不得扣押劳动者的居民身份证和其他证件,不得要求劳动者提供担保或者以其他名义向劳动者收取财物。再其次,如报酬是以"提成"计算的,要注意工作时间、地点、工作方式,仔细分析自己是否有能力完成。最后,应当了解该工作的性质、要求、待遇以及权益保障的途径等。

(4)雇主陷阱

有些不法分子利用大学生急于寻找兼职的心理,以要招聘为借口取得大学生信任,随后进行各种诈骗活动,甚至对大学生进行人身侵害。

应对策略:一些职业介绍所、家教中介未对雇主身份进行考查,大学生寻找兼职时应咨询清楚。通过报纸、街头广告等方式寻找工作更加不可取,大学生应尽量从正规的途径寻找工作岗位,如学校的勤工助学中心、正规的家教服务机构、大型人才市场等。

(5)传销陷阱

有些大学生应聘销售人员,用人单位却要求他们必须购进一定数量的商品,且不得退货。大学生碰到此种情况,要高度警惕,防止陷入传销。

应对策略:了解一些传销知识,提高防范意识,如公司要求购买商品,要坚决拒绝。

2. 勤工助学过程中的其他安全问题

(1)交通安全

大学生外出勤工助学时,不管是步行、骑自行车还是乘坐公交车,均需注意交通安全,遵守交通规则,防止出现交通事故。

(2)告知行踪

外出勤工助学的大学生一定要告知同学或老师自己的行踪,避免同学或老师担心,且一旦遭遇意外能够有线索寻找。

(3)结伴而行

初次去面试时,最好结伴而行,不要单独前往。

(4)拒绝远距离勤工助学

尽量不要去较远的地方勤工助学,一般选择一天之内能够来回的工作地点;避免在雇主家过夜。

3. 勤工助学过程中关系的处理

(1)事先要和雇主签订有效的合同,对责任、权利等要有详细的阐述,如报酬多少、支付方式、工作时长等。

(2)一旦与雇主发生纠纷,要妥善保管好相关原始凭据,并及时与学校勤工助学中心或校保卫处联系,尽力维护自身的正当权益。

(二)校园及宿舍防火防电安全

"学校是我家,安全靠大家!生命诚可贵,安全第一位",火灾隐患不仅严重影响学生们的正常学习生活,更威胁着学生们的生命财产安全。需要多关注校园防火防电安全,从身边做起,从点滴小事做起,防患于未然。

1. 校园用电安全

(1) 不用手、铁丝、钉子或别针等金属制品去接触,探试电源插座内部;不用湿手触摸电器,不用湿布擦拭电器。

(2) 电器使用完毕后应拔掉电源插头,插拔电源插头时不要用力拉拽电线,以防止电线的绝缘层受损造成触电。

(3) 不擅自拆除、迁移、自增宿舍内的供电线路及设施,不要破坏宿舍楼内的供电线槽和供电电缆。

(4) 禁止使用吹风机、卷发棒、电锅等大功率违章电器和易燃器具。

(5) 不在床上拉电线、放置移动式插座及使用台灯或其它用电设备。固定式插座只能接一个移动式插座,严禁多个互接。移动式插座必须放在安全的地方,不得靠近被褥、衣服、书本等易燃物品。

(6) 不使用"三无"(无中文标识、无厂名、无厂址)产品、不合格产品、劣质产品和自制的用电设备。做到人离关灯、关电源,各种用电设备使用完毕后及时关闭电源。

2. 校园防火要点

(1) 禁止吸烟,杜绝火灾隐患。

(2) 不在宿舍内点蜡烛、焚烧杂物。

(3) 不在宿舍存放打火机等易燃易爆物品。

(4) 人走灯灭,嗅到胶皮糊味要及时报告,采取相应措施。

3. 校园火灾逃生"六要点"

(1) 立刻逃离到安全地点,千万不要因为财物而不顾生命危险前往火灾中心。

(2) 要冷静,在老师的指导下有序离开,免得发生踩踏事件,离开火灾地点后不要站在失火建筑物附近,免得被不明物体砸到。

(3) 通过烟火封锁区域时,应用水将全身淋湿,用湿布、衣服、湿毛巾或手帕掩口鼻或在喷雾水枪掩护下迅速穿过。

(4) 逃离时穿过烟气弥漫区域以低姿行进,弯腰、蹲姿、爬姿等。剧烈的运动可增大肺活量,若采取猛跑方式通过烟雾区,会增大烟气等毒性气体的吸入量,而且容易发生由于视线不清所致的碰撞、跌倒等事故。

(5) 在室外或操场活动时,看见火情要马上报警并高声呼喊"着火了,着火了"。

(6) 要朝逆风方向快速离开火灾区域,撤离火场时动作要迅速、果断,时刻谨记生命安全第一位。

(三) 传销陷阱识别与预防

传销,是指组织者或者经营者发展人员,通过对被发展人员以其直接或者间接发展的人员数量或者销售业绩为依据计算和给付报酬,或者要求被发展人员以交纳一定费用为条件取得加入资格等方式牟取非法利益,扰乱经济秩序,影响社会稳定的行为。传销陷阱识别与预防要做到以下几点:

1. 头脑清晰,理性认知。很多传销人员,都是以亲戚、朋友、熟人的名义,把人骗进传销陷阱,大学生一定要时刻保持头脑清醒,理性对待。

2. 大学生要了解国家有关禁止传销的法规规定,掌握识别传销的基本知识,自觉抵制各种诱惑,坚信"天上不会掉馅饼",树立勤劳致富、拒绝传销的防范意识。

3. 凡事三思而后行。随着时代的进步,不法分子迎合各种新奇事物,设下五花八门的传销陷阱,大学生遇事一定要多思考、多分析。

4. 遇事多问问老师、家长的意见。大学生遇到问题的时候,应多与父母、老师沟通,听听他们的建议,不要自己盲目做决定。

5. 大学生应提高自我防范意识,要有警觉性,要有"宁可信其有,不可信其无"的意识,要有防范心理。

6. 防止被"洗脑",对于不慎被骗入传销组织的大学生,一定要冷静,如果传销组织是限制人身自由的,可以选择暂时配合对方,等待时机逃离或报警。如果传销组织是不限制自由的,而是参加"洗脑课"或是直销推介会等,在保护好自身安全的前提下及时离开。

五、完善劳动安全预案

(一)熟悉预案

安全工作是重中之重,应放在首位,千万马虎不得,在加强日常安全教育与督查的基础上,应做好事故应急的准备,一旦发生事故,应果断地采取有效措施,尽量把事故产生的危害降低到最低程度。具体方案有如下三点:

1. 事故发生时的应急措施

(1)快速行动,果断处理。当参加劳动实践学生突然出现安全事故时,作为辅导员或班主任接到信息后,应立即行动。如伤者还在事故现场,应在第一时间赶到事故现场,根据事故的性质、伤者的伤势情况采取果断措施,伤者严重的要马上送医院救治;如伤者已在医院,辅导员或班主任接到消息后,要马上赶往医院,看望伤者,同时做好安慰学生、安抚家长的工作,尽量取得学生与家长的谅解。

(2)及时汇报,快速应对。接到安全事故信息时,辅导员或班主任应尽快向学校汇报,快速采取对策,为学校在以后事故处理时争取主动地位。

(3)在事故基本得到控制后,及时向保险公司报案。报告学生安全事故的发生经过,记录报案时间和报案编码。

2. 事故发生后分析事故原因

(1)辅导员或班主任亲临现场,详细了解事故发生的经过。

(2)根据事故的性质,学校派出相关人员对现场进行拍照,采访知情者,并做详细记录。

(3)分析事故发生的原因是人为原因,还是其他客观原因;是意外突发事故,还是由于学生自己操作不规范或其他安全隐患所引起的。

(4)辅导员或班主任写好事故分析报告,及时上交学校,并提出合理化建议。

(5)认真总结事故教训,加强安全防范。

3. 妥善处理事故的善后工作

（1）受伤学生住院期间，校领导要常去看望伤者，帮助其解决各方面的困难，避免家长对学校产生不满的情绪。

（2）根据事故严重程度，有必要的向学校申请派出专门的事故处理小组，与有关部门一起协调处理善后工作。

（3）积极帮助受伤学生办理人身保险的报销工作。

（4）如果受伤学生确实比较困难，应主动做好捐资的组织工作。

（二）及时启动预案

当今社会，各种危机频发，加强危机管理，是摆在学校面前的重要任务。危机虽然不可避免，但是可以管理的，师生具备危机意识和自救能力，可以减少危机的发生，积极的危机应对预案则可将危机造成的损失降到最低。

1. 应急预案和应急演练一定要突出实用

（1）预案编制和修订要简明实用。突发事件应急预案是应对突发事件和开展应急管理工作的重要指导文件。一方面，突发事件应急预案编制和修订的重点要放在"简明实用"这个定位上，要编制简明实用的手册；另一方面，各级领导干部、部门工作人员要认真学习、熟悉掌握应急预案，特别是与自己有关的应急预案，把预案的主要内容装在脑子里，确保一旦发生突发事件能快速有效地应对。

（2）"平战结合"，狠抓应急演练，通过演练提升应急实战能力。应急演练是检验应急预案和提升突发事件应对能力的重要保证。所以，要加大日常的突发事件应急预案演练力度，通过经常演练来熟悉应对突发事件的各项处置流程，及时发现问题和不足，致力于改进和完善预案，确保一旦出事能够拉得出、用得上、打得赢。

2. 务必加强应急值守和信息报送

（1）建立健全应急值守值班体系，做到岗责一体、立即响应。在具体建设上，要建立健全应急值守值班制度，做到领导带班、专人值守、平战结合，反应灵敏；要完善值守值班工作流程，确保有能应对，万无一失；要建立健全延伸到基层人员的应急值守值班体系，确保一旦发生突发事件，能够第一时间做出反应，成为应对突发事件的第一信号站。

（2）狠抓应急信息报送工作，做到主动上报、及时上报。突发事件具有突发性、紧迫性、破坏性，报送要"快"和"准"，二者是一体两面，缺一不可。在紧急情况下，可以先电话报告，然后上级文字材料，并做好续报工作。

（3）对突发事件的应急处置工作，做到及时妥善、有力有效。突发事件应急处置与救援是应急管理工作的核心环节，在具体工作上，以下几个环节要引起重视并切实抓好。

①必须及时报告信息。突发事件发生之后，要第一时间上报，为学校和领导应对处置赢得时间。

②必须做好先期处置。突发事件发生后，遵循属地原则，事发地要不等不靠，及时做好上报信息工作。积极主动地进行先期处置，尽力防止事态扩大、蔓延或升级，等待和协

助上级有关方面的驰援救助。

③及时启动应急预案。及时启动相应类别、级别的应急预案,组织、动员和协调一切力量和应急资源,迅速开展处置与救援行动。

④相关领导要及时到场。领导到现场,对于受伤学生是一种精神安慰。负责处置事件的领导、相关负责人要迅速赶到现场,负责现场的指挥调度、综合协调、组织管理、应急保障,有序、有力、有效地指挥处置,防止现场出现混乱。

⑤形成合力。各相关部门和有关方面必须各司其职、各负其责,服从调度指挥,做到既做好本职工作,又加强联合行动,形成工作合力,提高应急处置效率和救援效率。

⑥应急保障要有力、不惜代价。突发事件一旦发生,需要保障部门迅速到位,涉及的人、财、物、设施设备以及救援所需相关物资,一定要及时保障到位,调动一切可以调动的资源和力量,保证应急和救援的需要。

⑦充分听取意见建议。听取行业专家、应急救援与处置专家和一线专业人员的意见建议。

⑧善后处理要稳妥。统揽全局,坚持以人为本的原则,全方位考虑,切实维护和保障学生的根本利益,做好学生伤后生活救助、救抚、安置、补偿、理赔等后续工作。

六、大学生劳动保护技能培育

学校积极开展大学生劳动自我保护教学工作,强化学生安全意识,让学生时刻紧绷安全之弦。帮助学生增强职业技能、增强适应能力是当务之急。目前,企业对冶炼、锻造和电工等工种具有较高的技术要求,需要确保相应的工作人员具备合格的岗位技术能力以及突发事故的应变能力。因此,职业院校需要加强职业技能训练力度,且要尽量贴近企业的生产实际,从而确保学生更好地适应工作岗位要求。要加强职业技能训练,可采用相应的等级考试来提升学生的技术应用能力。在教学过程中,除了向学生讲解相关的专业技术知识,教师还要向学生讲解机器在运行过程中可能出现事故的部位及其原因,确保学生具备安全生产能力、机器操作能力和规避风险能力。在毕业之前,学生要掌握有关安全操作规程,养成安全生产的良好习惯,严格遵守安全生产规则,同时教师还要注意规范学生的行为,及时发现和改正学生的不足。职业院校要注意开展以安全生产、劳动保护为主题的训练活动,也可以开展安全生产知识竞赛活动,让学生充分认识"高压危险""禁止触摸"等各类安全标志,明确各种抢险设备和防护设备的使用方法,增强学生的安全生产、文明生产意识,确保学生树立"预防为主,安全第一"的工作理念。

话题探讨 金矿爆炸

2021年1月10日14时,山东省烟台市栖霞市一金矿发生爆炸事故,致井通梯子间损坏,罐笼无法正常运行,因信号系统损坏,造成井下22名工人被困失联。事故发生后,涉事企业(山东五彩龙投资有限公司)迅速组织力量施救,但由于对救援困难估计不足,直到1月11日20时5分才向栖霞市应急管理局报告有关情况,存在着迟报问题。接报后,立即成立省市县一体化应急救援指挥部,投入专业救援力量300余人,40余套各类机械设备,紧张有序开展救援。经全力救援,11人获救,10人死亡,1人失踪,直接经济损失6 847.33万元。

(资料来源:央视网)

探讨问题

(1)结合上述材料,分析金矿爆炸产生严重后果的原因。
(2)结合劳动安全知识,说一下如何避免类似事件的发生?

任务拓展　　紧急救助

一天,某校黄某某同学白天一直很正常,晚上还主动在宿舍打扫卫生,累得大汗淋漓。一段时间之后,返回宿舍的其他同学发现,黄某某躺在床上并有喘声,陈同学呼唤黄某某名字,但黄某某没有回答,而是大声喘气。此时,宿舍其他成员都围过来。大家边呼喊黄某某名字,边上前察看情况,发现黄某某眼睛半睁,呼吸微弱,嘴唇开始泛白,但摸黄某某胸口,似乎感觉不到心跳,当时同学们利用学校救护员培训的知识,立刻对黄某某进行心肺复苏,同时拨打120求救。救护车到校将黄某某送至人民医院抢救,经抢救,黄某某同学宝贵的生命得到了挽救。事后,医院主治医生充分肯定了这次危机中同学们的心肺复苏等急救措施,可能就是这宝贵的几分钟内的正确处置,黄某某才得到了挽救。整个事件过程中,同学们处变不惊,利用所学急救知识和技能,挽救了身边同学的宝贵生命。

思考/实践

1.劳动安全有何重要意义?
2.结合自己的劳动工作,谈谈自身主要的安全经验。

任务二　树立劳动法治观念

案例导读

原告小刘是北京农学院的应届大学毕业生,7月刚从该大学正式毕业。去年12月,北京××公司到北京农学院招聘。小刘于今年1月8日被招聘进入该公司工作,职务为投资顾问,负责开发行业市场,吸纳客户投资。双方约定试用期为一个月,试用期底薪800元,提成另计,第二个月转正,底薪提高到1 500元。

项目四 劳动安全与法规

　　2月10日，××公司以工资条形式发放小刘工资539元。3月11日，因为××公司拖欠工资，小刘离开了该公司。由于××公司一直拖欠小刘的工资，小刘向劳动争议仲裁委员会提起了仲裁申请，仲裁委员会认为，小刘属于未取得毕业证的在校生，未完成学业并未取得学历证明，在校期间到××公司从事工作，仅作为参与社会实践的活动，不属于《劳动合同法》中规定的劳动者，不是与用人单位订立劳动合同并建立劳动关系的适合主体，最终裁决驳回了他的仲裁申请。

　　小刘诉至西城区法院，要求××公司支付工资并向他赔礼道歉。

　　××公司认为尚未毕业的小刘进入公司只能是实习，而非就业。因此，无权索要工资。西城法院经过审理认为，劳动者与单位建立劳动关系，付出劳动，应当从单位取得相应的劳动报酬。本案中，××公司承认小刘于2017年1月8日至3月11日在该公司工作，法院予以确认。

　　对于双方是否存在劳动关系的问题，西城法院经审理认为，小刘在进入××公司工作时已年满16周岁，符合《劳动法》规定的就业年龄，其在校大学生的身份也非《劳动法》规定排除适用的对象，法律并没有禁止临毕业大学生就业的规定。被告明知小刘尚未正式毕业，小刘并未隐瞒和欺诈，因此，法院有理由确认小刘为适合的劳动合同主体。××公司虽称小刘在该单位属于实习，但鉴于该公司向小刘明确了在单位的具体岗位和职责，并向其发放了一月份的工资，以上事实充分表明，小刘在该公司并非实习，而应属于就业，属于《劳动合同法》管辖的范围，因此法院认定双方存在事实的劳动关系。对于××公司提出的无入金量就无底薪的说明，由于该项规定违反《劳动法》的规定，法院不予支持。现小刘要求支付拖欠工资，理由正当，予以支持，据此，法院做出了如上判决。

　　（资料来源：中国法律服务网，有改编）

任务目标

目标1：熟悉相关劳动法律。
目标2：掌握签订劳动合同的方法。

任务知识

一、《中华人民共和国劳动法》

　　《中华人民共和国劳动法》（以下简称《劳动法》）于1995年1月1日起施行并分别于2009年和2018年进行了修正，它是为了保护劳动者的合法权益，调整劳动关系，建立和维护适应社会主义市场经济的劳动制度，促进经济发展和社会进步而制定的，《劳动法》分为13章，具体包括总则、促进就业、劳动合同和集体合同、工作时间和休息休假、工资、劳动安全卫生、女职工和未成年工特殊保护、职业培训、社会保险和福利、劳动争议、监督检查、法律责任、附则。

(一)《劳动法》的基本原则

1. 劳动既是权利又是义务

劳动是公民的权利,每一个有劳动能力的公民都有从事劳动的同等权利,主要体现在:

(1)对公民来说:①有就业权和择业权在内的劳动权;②有权依法选择适合自己特点的职业和用工单位;③有权利用国家和社会所提供的各种就业保障条件,以提高就业能力和增加就业机会。

(2)对企业来说:①平等地录用符合条件的职工;②加强提供失业保险、就业服务、职业培训等方面的职责。

(3)对国家来说:应当为公民实现劳动权提供必要的保障。

2. 劳动是公民的义务

劳动者一旦与用人单位发生劳动关系,就必须履行应尽的义务,其中最主要的义务就是完成劳动生产任务。这是劳动关系范围内的法定义务,同时也是强制性义务。

(二)保护劳动者合法权益的原则

1. 偏重保护和优先保护

《劳动法》在对劳动关系双方给予保护的同时,偏重于保护处于弱势地位的劳动者,适当体现劳动者的权利本位和用人单位的义务本位,《劳动法》优先保护劳动者利益。

2. 平等保护

全体劳动者的合法权益都平等地受到《劳动法》的保护,各类劳动者的平等保护,特殊劳动者群体的特殊保护。

3. 全面保护

劳动者的合法权益,无论是存在于劳动关系的缔结前、缔结后或是终结后,都应纳入保护范围之内。

4. 基本保护

对劳动者的最低限度保护,也就是对劳动者基本权益的保护。

目前,部分大学生利用业余时间在外打工的现象已经司空见惯了,随着高校教育的变革,很多高校将寒暑假打工或周末勤工助学作为学生开展社会实践的一项重要考核内容。在校大学生利用课余时间勤工助学的行为,一般主观上并不具有就业的目的,毕竟大学生的主要任务是学习,其大部分时间必须接受学校的管理,服从学校的教学安排。因此,一般而言,勤工助学的大学生不能和用工单位建立劳动关系。大学生利用课余时间打工,一般不会被认为是劳动关系,而是劳务关系,这使得大学生打工时在诸如工伤、劳动安全等方面难以得到全面的保障。一旦在打工中发生纠纷,往往只有口头约定而没有书面合同,这给执法部门进行查处带来了一定难度。同时,根据《关于贯彻执行〈中华人民共和国劳动法〉若干问题的意见》第12条规定,在校生利用业余时间勤工助学,不视为就业,未建立劳动关系,可以不签订劳动合同。用人单位与在校学生之间名为实习,实为劳动关系的,应视为双方建立劳动关系。根据《关于确立劳动关系有关事项的通知》(劳社部发〔2005〕12号)规定,用人单位招用劳动者未订立书面劳动合同,但同时具备下列情形的,劳动关系成立:用人单位和劳动者符合法律、法规规定的主体资格;用人单位依法制定的各项劳动规章制度适用于劳动者,劳动者受用人单位的劳动管理,从事用人单位安排的有报酬的劳动;劳动者提供的劳动是用人单位业务的组成部分。

二、《中华人民共和国劳动合同法》

《中华人民共和国劳动合同法》(以下简称《劳动合同法》)自2008年1月1日起施行,适用范围为中华人民共和国境内的企业、个体经济组织、民办非企业,以及国家机关、事业单位、社会团体等组织。

《劳动法》和《劳动合同法》的区别在于:《劳动法》是大法,《劳动合同法》是专门规范用人单位与劳动者建立劳动关系,订立、履行、变更、解除、终止劳动合同的法律法规。《劳动法》与《劳动合同法》,是前法与后法、旧法与新法的关系,按照"新法优于旧法"的原则,《劳动法》与《劳动合同法》不一致的地方,以《劳动合同法》为准;《劳动合同法》没有规定而《劳动法》有规定的,则适用《劳动法》的相关规定。

劳动合同是劳动者与用人单位确立劳动关系、明确双方权利和义务的协议。劳动合同的形式一般有书面形式和口头形式两种,书面合同是由双方当事人达成协议后,将协议的内容用文字形式固定下来,并经双方签字。劳动合同的条款分为法定条款和协商条款,法定条款是指法律、法规规定必须协商约定的条款,协商条款是指根据工种、岗位的不同特点,以及双方各自的具体情况,由双方选择协商约定的具体条款。劳动合同被誉为劳动者的"保护伞",它为构建与发展和谐稳定的劳动关系提供了法律保障。

(一)劳动合同的签订原则

1. 合法原则

它要求劳动合同的形式合法和内容合法。按照《劳动合同法》的规定,除了非全日制用工外,都应当以书面形式订立劳动合同。劳动合同内容必须具备必备条款,且内容不得违反法律规定。

2. 公平原则

它要求劳动合同内容公平合理,用人单位不得以强势地位压制劳动者而制定有失公平的合同条款。

3. 平等自愿原则

它要求劳动者和用人单位在订立劳动合同时法律地位平等,订立劳动合同完全是出于劳动者和用人单位双方的真实意思的表示,出于自愿而签订。

4. 协商一致原则

它是指合同条款是经双方协商一致达成的,任何一方不得把自己的意志强加给另一方,不得强迫订立劳动合同。

5. 诚实信用原则

它是一项社会基本道德原则,是为人处世均应当遵循的原则。用人单位和劳动者在签订劳动合同时要诚实,讲信用,不得欺骗对方。根据《劳动合同法》的规定,用人单位要了解劳动者与劳动合同直接相关的基本情况,劳动者应当如实说明;而用人单位也应当如实告知劳动者的工作内容、工作条件、工作地点、职业危害、安全生产状况、劳动报酬,以及劳动者要求了解的其他情况。

(二)劳动合同的内容

根据《劳动合同法》的明确规定,用人单位与劳动者签订劳动合同应以书面形式确立,劳动合同内容就是劳动合同中包含的具体条款,这些条款分为必备条款和补充条款。

1. 必备条款

(1)用人单位的名称、住所和法定代表人或者主要负责人。

(2)劳动者的姓名、住址和居民身份证号码或者其他有效身份证件号码。

(3)劳动合同期限。它指的是劳动合同的有效时间,是双方当事人所订立的劳动合同起始时间和终止时间,即劳动关系具有法律效力的时间。

(4)工作内容和工作地点。工作内容包含从事劳动的工种、岗位,以及应该完成的生产(工作)任务及工作班次等;工作地点指的是劳动者具体上班的地点,对劳动者来说越详细越好。

(5)劳动报酬。它主要包括工资、奖金、津贴和补贴等内容。

(6)劳动纪律。它是劳动者在生产(工作)过程中必须遵守的工作秩序和劳动规则。

(7)劳动合同终止的条件。劳动合同中约定的合同终止条件是指除法律、法规规定的合同终止以外,当事人双方自己协商确定的终止合同效力的条件。

2. 补充条款

(1)用人单位与劳动者协商一致的;

(2)劳动者在试用期间被证明不符合录用条件的;

(3)劳动者严重违反用人单位的规章制度的;

(4)劳动者严重失职,营私舞弊,给用人单位造成重大损害的;

(5)劳动者同时与其他用人单位建立劳动关系,对完成本单位的工作任务造成严重影响,或者经用人单位提出,拒不改正的;

(6)劳动者以欺诈、胁迫的手段或者乘人之危,使用人单位在违背真实意思的情况下订立或者变更劳动合同的;

(7)劳动者被依法追究刑事责任的。

三、《劳动法》与《劳动合同法》的区别

《劳动法》是调整劳动关系以及与劳动关系密切联系的其他法律规范的总称。《劳动

法》是我国社会主义法律体系中一个重要的、独立的法律部门。《劳动合同法》是指关于劳动合同的法律,有广义和狭义之分。广义上的《劳动合同法》一般是指所有关于劳动合同的法律规范的总称。狭义上的《劳动合同法》就是指现行的《中华人民共和国劳动合同法》。在实际应用中,两者还是存在区别的。

总体上来说:《劳动法》是劳动保障立法体系中的基准法,是《劳动合同法》的立法根据,可以说是《劳动合同法》的母法。

四、签订劳动合同的注意事项

1. 必须清楚地知道和自己签约的单位

签协议的时候要看清合同双方。通常劳动合同只会出现两方:一方为用人单位,另一方为劳动者。

2. 不要轻信口头承诺

从法律上讲,用人单位对于劳动者在签订劳动合同时给出的承诺都应当记载于劳动合同中,但是鉴于当前毕业生市场的供需关系,毕业生要求用人单位将所有口头承诺都在劳动合同列明是不现实的。所以毕业生应该在签协议时问清自己最关心的问题。

3. 明确违约责任

一般来说,毕业生在与用人单位签订劳动合同后,就会停止寻找工作。一旦用人单位没有按照合同约定履行的话,对于毕业生来说,失去的不仅仅是这份工作,而是失去了很多寻找其他优秀工作的机会,统一招聘的时机已经错过,所以明确违约责任及金额对于毕业生来说是非常重要的。

4. 签订的劳动合同必须手持一份

劳动合同只有自己持有的时候才会对自己产生法律上的保障。其一是将来为自己主张权利时作为举证内容;其二是防止合同内容被人篡改。如果毕业生没有持有劳动合同,将来用人单位一旦出现违约情况,毕业生便无法举证。

五、没签订劳动合同怎么办

《劳动合同法》第七条规定,用人单位自用工之日起即与劳动者建立劳动关系。第十条规定,建立劳动关系,应当订立书面劳动合同。已建立劳动关系,未同时订立书面劳动合同的,应当自用工之日起一个月内订立书面劳动合同。第八十二条规定,用人单位自用工之日起超过一个月不满一年未与劳动者订立书面劳动合同的,应当向劳动者每月支付二倍的工资。第十四条规定,用人单位自用工之日起满一年不与劳动者订立书面劳动合同的,视为用人单位与劳动者已订立无固定期限劳动合同。第八十二条规定,用人单位违法不与劳动者订立无固定期限劳动合同的,自应当订立无固定期限劳动合同之日起向劳动者每月支付二倍的工资。非全日制用工双方当事人可以订立口头协议,从事非全日制用工的劳动者可以与一个或者一个以上用人单位订立劳动合同。

《劳动合同法》首次以法律的形式规定了用人单位不与劳动者订立劳动合同的责任：支付二倍的工资，可能要订立无固定期限劳动合同。借此增强用人单位对订立劳动合同的重视，进一步提高订立劳动合同的普及率，有效维护劳动者的利益，减少劳动争议案件的发生，维护劳资关系的和谐稳定。毕业生刚踏入社会，不管是工作经验还是社会经验都是比较缺乏的，在这种情况下需要尽快找到一份比较满意且正规的工作，多半就要靠自己多注意、了解了。而在与用人单位签订劳动合同的时候，最好要事先搞清楚上述几方面的问题，避免落入对方的陷阱之中，给自身利益造成损害。

话题探讨　　学生兼职

大学生的主要任务是学习，其本身不算是正常劳动者，仍归属于学校统一管理，不具有出卖人力资源换取报酬的资格，兼职主要是为了增加社会实践经验。一般而言，这种情况是不签订劳动合同的，只签订实践用工协议或实习协议、勤工助学协议等，这属于劳务合同的一种，但不属于《劳动法》调整的范畴。对此，原劳动部颁发的《关于贯彻执行〈中华人民共和国劳动法〉若干问题的意见》第12条规定："在校生利用业余时间勤工助学，不视为就业，未建立劳动关系，可以不签订劳动合同。"

兼职属于双重劳动关系的一种。但是，由于兼职所建立的劳动关系属于次要劳动关系，与原劳动关系处于主次地位，因此并不为法律所禁止。而法律明令禁止的是，处于虚拟地位的多个劳动关系。如我们常说的停薪留职，与一个单位存在名义上的劳动关系，又同时与多个单位存在事实上的劳动关系。这种行为极大地扰乱了我国的劳动管理秩序，因此为法律法规所禁止。如果兼职只是向对方提供劳务，而未划入其编制，且并不受其管理与约束，那么并不承认兼职的劳动关系，而只是劳务关系，不属于《劳动法》调整的范畴。

（资料来源：中国法院网）

探讨问题

（1）谈一下你对学生兼职的看法，支持还是不支持，理由是什么？
（2）结合话题内容，谈一下如果大学生进行兼职，应该注意什么？

任务拓展　　山东高校毕业生就业信息网签约流程

1. 毕业生登录山东高校毕业生就业信息网（www.sdbys.cn）搜索意向单位并向其发送电子简历（具体操作：登录、职位搜索/快速搜索、输入单位名称、点击需求岗位、投递简历；此前须在山东高校毕业生就业信息网建立电子简历并已点击"生成简历"按钮）；

2. 用人单位向毕业生发送签约邀请；

3. 毕业生应约，网上签约成立。系统自动发送就业协议书至相应的"就业主管部门"，并由该部门鉴证；

4. 单位打印就业协议书（一式三份）并盖章，本人签字后，一份用人单位保管，一份本

人保管,一份交学院负责老师保存;

5.就业系统发送签约信息到学校,学校用户审核、存档就业协议书,毕业生用户将自动被禁用。

注:信息网开通之前已经领取就业协议书的毕业生,如与山东省内单位签约,请尽快进行网上签约。如已领取纸质就业协议书还未签约的,尽快交还就业办。

(资料来源:山东高校毕业生就业信息网)

思考/实践

1.如果学生毕业后需要自己租房子,签订租赁合同时需要注意哪些问题?
2.借助互联网,同学之间研究、模拟签订劳动合同。

课后阅读 新中国劳动者典型事例

淘粪劳模——时传祥

1915年9月,时传祥出生在山东德州齐河县一个贫苦农民家庭,14岁逃荒流落到北京城郊宣武门一家私人粪厂,受生活所迫当起了淘粪工。新中国成立后,受尽粪霸压迫的他在1949年进入北京市崇文区清洁队工作,以"宁肯一人脏,换来万户净"的崇高精神,受到了党和人民的高度赞扬,成为全国著名劳动模范、第三届全国人大代表。

老北京平房很多,老四合院里人口密度非常大,茅坑浅,粪便常常溢出来,气味非常难闻。遇到这种情况,他总是不声不响地找来砖头,把茅坑砌得高一些。他干的这行,是没有节假日的,哪里该淘粪,不用人来找,他总是主动去。不管坑外多烂,不管坑底多深,他都想方设法清理干净。茅坑里掉进了砖头瓦块,他就弯下腰去,用手一块块地拣出来。他常说:"咱要一人嫌脏,就会千人受脏,咱要一人嫌臭,就会百家闻臭。俺脏脏一人,俺怕脏就得脏一街。"

时传祥带着对党和人民报恩的朴素感情,努力劳动,苦干加巧干,不断进行技术革新,带领大家共同进步,在淘粪工人中享有很高的威信,被工友们推选为前门粪业工人工会委员兼工会小组长。当时,北京市人民政府为了体现对清洁工人劳动的尊重,不仅规定他们的工资高于别的行业,而且想办法减轻淘粪工人的劳动强度,把过去送粪的轱辘车全部换成汽车。运输工具改善之后,时传祥合理计算工时,挖掘潜力,把过去7个人一班的大班,改为5个人一班的小班。他带领全班由过去每人每班背50桶增加到80桶,他自己则每班背90桶,最多每班淘粪背粪达5吨。管区内的居民享受到清洁优美的环境,而他背粪的右肩常年肿胀,被磨出一层厚厚的老茧。

1975年5月19日时传祥去世。去世前,他曾将4个子女叫到身边,对孩子们说:"我淘了一辈子大粪,在旧社会被人看不起,但我对淘粪是有感情的。我向主席汇报工作时说,各行各业都需要有人接班,我唯一的愿望是你们接好我的班,这个班不是我个人的班,这是党和国家的班!"在时传祥的感召下,他的4个子女全部进入环卫战线工作。甚至他的孙女时新春,也成了时家的第三代环卫工人,继续发扬"宁肯一人脏,换来万户净"的时传祥精神。

"宁肯一人脏,换来万户净"的时传祥精神几十年来持续传承从未磨灭,环卫行业的劳动模范、先进人物不断涌现。20世纪70年代有张孝敬,自己琢磨出80多种治理管道堵塞的绝活,曾连任全国第五、六、七届政协委员,1979年当选北京市劳动模范。20世纪80年代有任华亭,这一时期粪便清运基本实现机械化,但部分公厕不具备机械抽运条件,任华亭就主动承担起这些公厕的人工背粪任务,百姓称他是活着的时传祥。20世纪90年代有钟志玲,她18岁就当了一名抽粪女工,把自己宝贵的青春年华无悔地献给了她所热爱的环卫事业。21世纪有关阔山,他带领团队总结出"青年班的八点工作法"和三八女子抽粪班的"八要"工作法,大力推进了时传祥青年班和三八女子抽粪班的建设,在他的带领下环卫三队在全市成立第一个工人理论学习小组。2008年,关阔山当选第11届全国人大代表,他也是继时传祥之后环卫三队涌现出的第二位全国人大代表。

(资料来源:《新京报》,2019-07-26)

下篇

大学生劳动教育实践

项目五

日常生活劳动

> **学习目标**
>
> 目标1:掌握家务劳动技能,养成主动承担家务劳动的习惯。
> 目标2:提升校园卫生清洁能力,保持校园卫生。
> 目标3:掌握教室清洁技能,保持教室卫生。
> 目标4:掌握宿舍内务整理要求,学会整理宿舍内务。
> 目标5:掌握垃圾分类知识,主动进行垃圾分类。

▶ 劳动名人名言 ◀

1 知识是从劳动中得来的,任何成就都是刻苦劳动的结晶。

——宋庆龄

2 劳动是人生一桩最要紧的事体。

——蔡元培

3 我们世界上最美好的东西,都是由劳动、由人的聪明的手创造出来的。

——高尔基

任务一　家务劳动

情境导入　　　　叩别老母亲

孔繁森两次进藏,用十年时间让自己扎根在雪域高原。他任劳任怨,总是主动到最艰苦的地方工作,始终保持务实的工作作风,始终将西藏人民群众放在心中,用初心和生命践行了一个共产党人的使命。

在认识和熟悉孔繁森的人的眼中,他是党的好干部,老百姓的父母官,更是远近闻名的"大孝子"。

第一次援藏是孔繁森和父母的第一次长期分别,他心中始终挂念着父母。援藏结束回到聊城之后,他更感到亲情的可贵。当时,不管是在莘县工作,还是在聊城工作,只要时间允许,他都会回老家陪伴父母。孔繁森的父亲1982年去世,之后他更珍惜和母亲在一起的时光。一回老家,他就陪母亲说话,给母亲喂饭,为母亲梳头,帮母亲洗脚……他恨不得把自己想做却平时没时间做的事情一次都做完。

1988年10月17日,孔繁森响应党的号召,准备再次进入西藏工作。临行之前,聊城地委、行署的干部和附近的村民来到孔繁森老家给他送行。

孔繁森明白,此次进藏也许很长时间不能回来,母亲已经87岁高龄了,而且生活完全不能自理。这也是他最挂念的。他像平时在家里一样,坐在母亲的身旁,为母亲梳头。

他贴在母亲的耳朵旁边,声音颤抖地说:"娘,儿又要出门了,到很远很远的地方去,要翻过好几座山,过好多条河。"

老母亲听力不太好,但还是听明白了,她舍不得儿子走,便抚摸着儿子的头问:"三儿(孔繁森乳名)啊,咱不去不行吗?"

"不行啊,娘,咱是党的人,咱得给公家办事啊……"

"那就去吧,俺知道公家的事耽误了不行,多带些干粮、衣裳,路上可别喝凉水……"

母子简单的对话,令在场的人都为之动容,大家心中很不是滋味,但对孔繁森却愈加敬佩。当时,一个老领导看到这个情况,赶紧招呼大家到院子里,给孔繁森留出和母亲单独相处的一点儿时间,让他再跟母亲说几句话。

屋门一关上,孔繁森再也抑制不住自己的情绪,眼泪瞬间流了出来,他"扑通"一声跪在母亲面前,给母亲磕了三个响头。

孔繁森擦干泪水,告别母亲、妻子和孩子,向门外走去。上车后,他强忍着眼泪抬起头,对着送行的人挥手告别,带着对老母亲、妻子儿女的不舍和牵挂,离开了家乡,再一次踏上去西藏的路,开始了新的征程。

(资料来源:靳凤莲.照片背后的孔繁森故事[M].济南:山东人民出版社,2020.)

任务目标

目标1:了解家务劳动的概念,熟悉家务劳动的内容,掌握家务劳动的原则。

目标2:通过课堂主题活动,进行家务劳动技能评估、经验交流,制作家务劳动技能清单。

目标3:利用周末或者节假日进行家务劳动实践,汇集劳动成果资料,举办家务劳动成果展。

目标4:通过家务劳动实践,服务于父母,养成热爱劳动的习惯,培养劳动价值观。

项目五 日常生活劳动

任务准备

一、知识准备

(一)家务劳动的概念

家务劳动是指家庭成员在日常家庭生活中必须从事的一种无报酬的劳动。家务劳动是社会分工体系中不可或缺的组成部分。与职业劳动不同,家务劳动以重复、简单的劳动居多,家务劳动不是直接的社会生产活动,也不产生外显的经济价值。

(二)家务劳动的内容

按照家务劳动的特点,可以把家务劳动归纳为卫生清理、物品收纳、厨房烹饪、孝老敬亲、居家净化五类。

1. 卫生清理

卫生清理包括清扫房屋顶棚、墙面和窗台的灰尘,擦玻璃,擦桌椅,扫地,拖地,清洗马桶,倒垃圾等。

做好家庭卫生清理:首先,要准备好卫生工具和用品,学会按照一定的清洁标准,科学有序地完成日常清理;其次,要做到正确使用卫生工具并定时更换卫生工具;最后,保证定时清洁并养成自觉保持卫生的习惯,营造整洁的家居环境。

常用的卫生工具和用品:抹布、扫帚、拖把、清洁刷、清洁球、玻璃擦、鸡毛掸、漂白剂、地板清洁用品等。家庭卫生清理的一般程序:先擦拭窗台、桌面,后扫地、拖地;除尘时,先清扫高处,再清扫低处;卫生间和阳台要定时重点清理。

下面以卫生间清洁为例。

(1)清洁标准:自觉养成清理卫生间的习惯,每隔 3~5 天,参照以下清洁标准,对卫生间进行一次彻底的清理。目视天花板、墙角、灯具无灰尘、蜘蛛网;目视墙壁干净,马桶内无黄渍;镜面干净明亮无水渍污点,面盆无污垢,台面干净无水迹;室内无异味,地面干净无垃圾。

(2)清洁程序:先开窗通风;然后擦玻璃,擦洗墙面、窗台和门板、门框,整理洗漱台物品,清洁洗漱台和面盆;最后清理马桶和地面。清洁完毕,把卫生工具放回原位。

(3)常用的卫生间卫生工具和用品:马桶刷、抹布、面盆刷、拖把、垃圾桶、清洁剂和洁厕剂。卫生工具应定期更换,清洁剂和洁厕剂按说明书使用。

2. 物品收纳

物品收纳包括衣柜和书柜整理(如图 5-1 所示)、铺床叠被、衣物清洗等。

一般在换季的时候需要集中整理衣柜,将过季的衣物清洗后收纳存放。衣服清洗晾晒后,按照不同材质,通过叠放、挂放等方式进行存放。

养成"学前有位,学后归位"的习惯,学会收拾书柜,有序摆放书桌用品;桌面及时清理干净,保持干净整洁;床上用品勤换洗,日常叠放要整齐。做好衣柜和书柜整理、铺床叠被、衣物清洗等家务活动,打造典雅的居家环境。

以整理书柜为例,书柜里的书籍应摆放整齐,书籍阅读完毕应及时放回原处。书籍宜定期清理更换,书柜要定时清洁。整理书柜可参照以下原则:

(1)以方便拿取为原则,常看的书放在书柜外侧,不常看的书放在书柜内侧。

(2)以方便查找为原则,对于成套的书籍,宜按照序列整齐摆放。

(3)以节省空间为原则,不同大小、厚薄的书籍,宜按照大小、厚薄整齐划一地排列。

图 5-1 衣柜、书柜整理示意图

3. 厨房烹饪

厨房烹饪包括食材购买、炒菜做饭、厨房保洁、家用燃气和厨房电器的使用等。

俗话说:"民以食为天。"炒菜做饭看似简单,实则大有学问。走进厨房,玩转厨房烹饪是新时代大学生必备的生活技能之一。

以炒菜做饭为例:应掌握膳食均衡的原则,购买食材时要做到营养搭配;炒菜做饭时合理运用烹饪技巧;在健康科学养生的同时,做到勤俭节约,吃多少做多少,不浪费粮食;此外,还要注意厨余垃圾的合理处置,积极践行生态文明思想。

炒菜做饭的技能要在不断的实践过程中提升。

(1)先做帮手打下手。同学们可以先做家长的帮手,选择洗菜、剥葱、捣蒜等简单工作,在厨房中观察家长怎样切菜、炒菜。

(2)积累经验和技巧。在实践过程中,向家长请教厨房烹饪小技巧,如何切菜不伤手,如何避免烫伤,如何适量使用调味品,如何蒸馒头、包饺子做传统美食,如何使用厨房电器、家用燃气,等等。

(3)大胆尝试练练手。百学不如一练,在跟着家长做帮手打下手的基础上,积累了经验和技巧之后,同学们就可以独立进行炒菜做饭,创作自己的拿手菜品啦。

炒菜做饭后,还应注意厨房的清洁及物品的归位、摆放,如图 5-2 所示。

4. 孝老敬亲

"家有一老,犹如一宝。"老人们经历多、见识广,年轻时为子女辛勤付出,年老时理应得到子女的尊重和照顾。在家尽孝,为国尽忠,孝老敬亲是中华民族的优良传统。我们年轻人宜合理安排自己的业余时间,照顾好居家的老人。

图 5-2　厨房物品摆放示意图

照顾老人需要用心,根据家里老人的兴趣爱好,参照以下做法,发扬尊老、敬老、爱老、助老的美德。

(1)和老人谈谈心。主动和老人谈谈自己的学习和工作,谈谈自己对未来的打算,听听老人的建议,能让老人获得被尊重的感觉。老人在讲过去的事情、说家长里短时,年轻人需要耐心倾听,切忌三心二意。日常生活中,用平和亲切的语气和老人谈话,让老人感受到温馨祥和的亲子氛围。

(2)陪老人做家务。老人每天做一些力所能及的家务,可以延缓衰老,促进头脑和手脚的协调。年轻人需要根据老年人的身体状况,摸清其做家务的特点,消除安全隐患。有时间应陪老人一起做家务,这样既可以保证安全又可以和老人交流沟通。

(3)为老人护健康。在家时,常给老人按按摩、量量血压,关心老人的心理和身体健康状况。在膳食搭配方面,应照顾到老年人的口味。针对老年人的身体情况,给老人提出一些合理化的建议,等等。在天气好时,陪同老人一起到户外进行一些力所能及的户外活动,护卫老年人的健康,给予老年人关心和温暖。

5.居家净化

居家净化包括绿植养护、居室布置、居室美化等。掌握绿植养护的基本技巧,了解绿植、花卉的生长习性,做到科学管理养护,美化居室,陶冶情操。

以家居绿植养护为例:

(1)了解绿植习性。想要了解绿植、花卉的品种、习性,可以向花卉卖家请教,也可以上网搜索。根据家庭房间布局和面积,选购适合居家放置的绿植。

(2)合理放置绿植。按照客厅、卧室、阳台、厨房、卫生间等不同功能区,合理放置绿植。

(3)掌握养护技巧。一般而言,绿植的养护要注意适量浇水、勤剪黄叶、合理施肥、适当光照等问题。

(三)家务劳动的原则

1.计划性原则

家务劳动应有组织、有计划地进行。每一项家务劳动,都有其可遵循的劳动程序。在尝试做一项新的家务劳动之前，除了应借助日常积累的生活经验外，还可以借助网络平台资源，掌握正确的劳动程序，有计划地做家务。这样不但可以提高劳动效率，而且能够提升家务劳动技能。通过家务劳动的计划安排，能增进家人之间的交流，提高大家劳动的热情和兴趣。

2. 合作性原则

家庭成员应共同承担家务活动，可根据家人的年龄、身高、体质等特点进行合理的分工。家务劳动分工合作，既可以扬长避短，取得良好的家务劳动效果，又可以增进家人之间团结协作的感情。学生在做家务时，宜遵循由易到难的原则，可以先学习做自己有兴趣的、力所能及的家务，逐步提高难度。如果一开始就做自己不能胜任的事，会因无法完成或完成得不理想而丧失信心，进而会厌恶家务劳动。

3. 简化性原则

家务劳动简化性，主要体现在居家生活内容宜简化。家居陈设力求简单大方，不过度装修，节约社会物质资源。要理解父母工作的艰辛，家庭物质财富的来之不易。通过辛勤的家务劳动，养成节约的生活习惯。

4. 环保性原则

通过家务劳动，学生了解了家庭生活中有关文明、环保的各种知识。在日常生活中，勤开窗通风，不过度使用空调；生活垃圾做好分类后投放至相应的垃圾桶，做文明环保的公民。

5. 安全性原则

家务劳动安全包括安全用电、安全用燃气和安全使用厨房刀具。在使用家用电器前，要认真阅读说明书。在做家务劳动的过程中，需要登高攀爬时，应有家人在旁边进行安全防护。

知识链接

国际家庭日

1989年12月8日，第44届联合国大会通过一项决议，宣布1994年为国际家庭年，1993年纽约特别会议提出从1994年起将每年5月15日定为国际家庭日（International Day of Families），以此提高各国政府和公众对于家庭问题的认识，促进家庭和睦、幸福和进步。

2013年5月15日，是联合国确立的第20个"国际家庭日"。"国际家庭日"的主题为"推进社会融合和代际团结"，旨在提醒社会大众重视、关爱家人及重视家庭问题。如今，家人能否团结一心、互相扶持与鼓励，已关系到整个社会能否融合。正如儒家所倡导的"天下之本在国，国之本在家，家之本在身"。

项目五　日常生活劳动

"世界上最遥远的距离,莫过于我们坐在一起,你却在玩手机",这是网上流传很广的一句话。在现实生活中,不少家庭中确有这样的境况:同样吃饭,父母在说话,子女却在玩手机。不少人归咎于科技进步拉开亲子距离,其实不然。不少父母为糊口奔波,难得聚在一起,也很少与子女交流;缺少情感交融和沟通,亲情自然越来越淡薄。面对父母,子女反而感到陌生与尴尬,无话可说。

家庭要发挥在劳动教育中的基础作用

家庭要发挥在劳动教育中的基础作用。注重抓住衣食住行等日常生活中的劳动实践机会,鼓励孩子自觉参与、自己动手,随时随地、坚持不懈地进行劳动,掌握洗衣做饭等必要的家务劳动技能,每年有针对性地学会1至2项生活技能。鼓励学校(家委会)和社区等组织开展学生生活技能展示活动。学生参加家务劳动和掌握生活技能的情况要按年度记入学生综合素质档案。鼓励孩子利用节假日参加各种社会劳动。家庭要树立崇尚劳动的良好家风,家长要通过日常生活的言传身教、潜移默化,让孩子养成从小爱劳动的好习惯。

(摘录:《中共中央　国务院关于全面加强新时代大中小学劳动教育的意见》)

二、实践准备

以"我爱我家,劳动最美"为主题开展家务劳动实践活动,在活动开展前应从活动主题、内容等方面提前筹划和准备,以便活动顺利开展,见表5-1。

表 5-1　　　　　　　　活动准备一览表

项目	详细内容
活动主题	我爱我家,劳动最美
活动意义	1.学会生活技能,和谐家庭关系; 2.珍惜劳动成果,养成勤俭节约的习惯; 3.发扬热爱劳动、孝老敬亲的优良传统
活动地点	教室
活动人员	班级全体同学
活动时间	劳动教育课
活动内容	1.家务劳动技能评估; 2.家务劳动技巧分享; 3.设计家务劳动技能提升清单
物资准备	家务劳动技能评估表　家务劳动技能提升清单
活动要求	1.遵守纪律,听从班级组织安排; 2.团队合作,积极分享做家务的经验和技巧; 3.积极思考做好家务劳动的意义

任务实施

一、劳动技能调查与评估

教师组织学生进行家务劳动技能调查与评估,通过这一活动,学生能了解家务劳动的内容,自我评估做家务劳动的能力,确定自己家务劳动能力提升的方向。

二、家务劳动技巧分享

依据家务劳动技能调查与评估,教师组织有家务劳动经验的同学,分别以卫生清理、厨房烹饪、物品收纳、孝老敬亲、居家净化为主题,以图片、视频、电影等形式进行家务劳动技巧分享,理解家务劳动应遵循的原则。

三、技能提升清单制作

教师将班级学生分为五组,分别以卫生清理、厨房烹饪、物品收纳、孝老敬亲、居家净化为主题,搜集与家务劳动相关的资料,每组制作一份家务劳动技能评估/提升计划表(表5-2)。

四、计划备案活动实践

教师对本次活动进行总结点评,赞扬同学们在参与家务劳动自我评估、技巧分享、技能提升清单制作活动过程中的行动力与执行力,将同学们的家务劳动提升计划保存备案;要求同学们以小组为单位,利用周末和节假日,按技能提升计划进行家务劳动实践,用拍摄照片、视频、文字描述等形式记录劳动的过程,并撰写家务劳动活动报告。

五、家务劳动成果展示

班级在期中和期末举办"我爱我家""劳动最美"两期家务劳动作品成果展,弘扬"崇尚劳动、热爱劳动、辛勤劳动、诚实劳动"的劳动精神。

表5-2　　　　　　　家务劳动技能评估/提升计划表

班级		姓名		性别		年龄	
家务劳动	内容	擅长	一般	没做过	学会做	日期	安全注意事项
卫生清理	客厅						
	卧室						
	厨房						
	阳台						
	卫生间						

项目五 日常生活劳动

(续表)

家务劳动	内容	擅长	一般	没做过	学会做	日期	安全注意事项
厨房烹饪	购买食材						
	炒菜做饭						
	厨房清洁						
	洗菜刷碗						
	……						
物品收纳	衣柜整理						
	书柜整理						
	鞋柜整理						
	衣物收纳						
	整理床铺						
	……						
孝老敬亲	和老人谈谈心						
	陪老人做家务						
	为老人护健康						
	……						
居家净化	绿植养护						
	居室布置						
	居室美化						
	……						
心得体会							

知识链接

　　新时代的大学生,应成为珍惜劳动成果、爱劳动、会劳动、孝老敬亲、负责任的家庭成员。在做好家务劳动的同时,还要注意家务劳动安全,尤其要注意安全用电和安全使用厨房燃气。
　　家庭用电安全防范措施:
　　1.不要购买"三无"、假冒伪劣家用电器。
　　2.使用家电时应有完整可靠的电源线插头。
　　3.金属外壳的家用电器都要采用接地保护。

4. 不要用湿手接触带电设备，不要用湿布擦抹带电设备。
5. 不要私拉乱接电线，不要随便移动带电设备。
6. 检查和修理家用电器时，必须先断开电源。
7. 家用电器的电源线破损时，要立即更换或用绝缘布包裹好。
8. 家用电器或电线发生火灾时，应先断开电源再灭火。

厨房燃气使用安全注意事项：
1. 天然气完全燃烧需消耗氧气，使用时应保持室内通风。
2. 天然气胶管不得穿墙越室，并定期检查、定期更换，发现胶管老化、龟裂、曲折或损坏需及时更换，严禁使用过期胶管。
3. 烹调时，厨房内需随时有专人照料，避免汤水溢出熄灭炉火，导致天然气泄漏。
4. 外出和下班前，牢记关闭气源灶前阀，长期不用燃气，一定要关闭表前阀。
5. 不准在安装燃气表、阀门等设施的房间堆放杂物、住人。
6. 不准在燃气管道上缠绕电线或用绳索悬挂杂物。
7. 应进行日常检漏，常用方法是用毛刷蘸肥皂水涂在燃气管各接口处，如有气泡出现，即说明漏气，切不可用明火检查。发现漏气，应及时采取有效措施，通知燃气公司进行处理。
8. 发现室内燃气设施或燃气器具等泄漏燃气，请按以下步骤操作：
(1) 迅速关闭燃气总开关或阀门，阻止气体泄漏。
(2) 打开门窗，流通空气，使泄漏的燃气浓度降低，防止发生爆炸。
(3) 严禁开、关任何电器或使用电话，切断户外总电源。
(4) 迅速打开门窗，让天然气自然散发到室外。
(5) 在室外安全地点，拨打燃气公司 24 小时报修抢险电话。
(6) 迅速疏散附近人员，防止发生爆炸事故造成人员伤亡。
(7) 常闭式防火门不得处于常开状态，必须保证完好有效；设有通风排烟设施的建筑要保证排风系统能正常启用，以防发生火灾时烟气进入安全通道，影响安全疏散。
(8) 使用灭火器灭火；燃气火灾可用干粉或二氧化碳灭火器扑救。
（资料来源：百度文库）

任务拓展　　家务劳动的价值估算

家务劳动是家庭成员为满足自身生存、维系家庭功能而必须进行的日常生活劳动，家庭成员之间付出的家务劳动，虽然不具备外显的经济价值，但是随着家政服务业的兴起，家庭成员付出的家务劳动愈发彰显出经济价值，应该得到其他家庭成员的认可。

有两种简单估算家务劳动价值的方法。

一是机会成本法。以同样时间内外出工作可能在劳动力市场上得到的工资回报作为标准估算家务劳动的价值。

二是家庭食品法。以家庭不开火做饭而是到饭馆就餐和吃方便食品的方法解决平时的一日三餐。计算公式为：消费支出－家庭户消费成本＝家庭劳动的价值。

咨询你的家人，根据家务劳动的不同内容，用上述两种方法估算你家一周的家务劳动的价值。

（资料来源：檀传宝.劳动创造美好生活[M].北京：中国劳动社会保障出版社，2019.）

思考/实践

1. 在日常生活中，家人分工做家务有什么重要意义？
2. 在进行家务劳动实践时，用拍摄照片、视频、文字描述等形式记录劳动的过程，并撰写家务劳动活动报告一份。

任务二　校园卫生

情境导入　教育部关于深入开展新时代校园爱国卫生运动的通知

各省、自治区、直辖市教育厅（教委），新疆生产建设兵团教育局，部属各高等学校、部省合建各高等学校：

为贯彻落实习近平总书记关于深入开展新时代爱国卫生运动的重要讲话精神，总结运用教育系统新冠肺炎疫情防控斗争经验，大力弘扬爱国主义精神，培育和践行社会主义核心价值观，改善校园环境，提高健康素养，促进学生德智体美劳全面发展，引领带动社会新风尚，我部决定深入开展新时代校园爱国卫生运动。现就有关事项通知如下。

一、弘扬爱国卫生运动精神

要深刻认识爱国是核心、卫生是根本、运动是方式的爱国卫生运动内涵，结合教育工作实际，丰富新时代校园爱国卫生运动的内容和形式，推动校园爱国卫生运动从环境卫生治理向师生健康管理转变。深入开展爱国卫生运动中蕴含的爱国主义和集体主义教育，弘扬新时代伟大抗疫精神，紧密结合校园精神文明创建活动，将文明卫生教育与热爱祖国、热爱家乡、热爱校园、热爱生活相结合，引导广大师生培养爱国之情、砥砺强国之志、实践报国之行。

二、改善校园环境卫生

（一）整治校园整体环境。完善学校基础设施，保障校园饮用水安全，提供充足的洗手设施。加强公共物品及地面、走廊、电梯等公共区域清扫消毒，加强室内区域通风换气。规范开展绿地、楼道、食堂、宿舍等重点区域病媒生物防治。开展校园环境卫生大扫除，彻底清除积存杂物、废弃物、卫生死角，保持校园整体环境干净、整洁。

（二）强化食品安全管理。做好学校食堂从业人员健康检查、食品原料进货查验、食堂和餐饮具清洗消毒，确保从业人员健康、食材安全、餐饮具洁净。严格落实食品操作规范，熟制食品做到烧熟煮透，生熟食品及其工用具分开存放或使用。对每餐成品按规定进行留样。

（三）开展传染病防控。坚持预防为主，大力宣传公共卫生安全、传染病防治和卫生健康知识，提高广大师生传染病防控意识和能力。进一步完善学校传染病联防联控、群防群控工作机制，健全晨午晚检及病因追查与登记制度，确保传染病疫情早发现、早报告、早隔离、早处置。发生传染病时有效控制传染源，切断传播途径。加强学校预防艾滋病教育，采取多种形式动员学校、家庭和社会共同参与校园防艾抗艾行动。

（四）落实生活垃圾分类。宣传生活垃圾分类要求，强化生活垃圾分类意识，配置分类垃圾箱（桶），加强生活垃圾分类管理，完善校内生活垃圾分类投放收集贮存管理制度。

（五）推进厕所革命。加强学校厕所建设，大力推进厕所改造。规范厕所使用管理维护，抓好粪污无害化处理。专人保洁、定期清扫，科学开展预防性消毒，做到厕所干净卫生。

（六）落实控烟措施。落实托幼机构、中小学校、中等职业学校的室内和校园全面禁烟以及普通高等学校教学区、办公区、图书馆等场所室内全面禁烟要求。加大学校控烟宣传教育力度，普及烟草危害知识。

三、提升学生健康素养

（一）倡导健康生活。保持疫情防控期间形成的勤洗手、常通风、少聚集、科学佩戴口罩、保持社交距离、保护野生动物等健康行为和习惯。加强生态文明和环境保护教育，倡导均衡营养、合理膳食，提倡分餐制和使用公勺公筷，减少一次性餐具使用，减少污染和浪费，养成文明健康绿色环保生活方式。

（二）呵护心理健康。持续关注复学复课后学生的心理健康，引导正确认识心理健康问题，完善学校心理健康咨询服务机制，提供方便、可及的心理健康服务，将心理疏导干预机制融入日常生活，帮助学生培养健全人格，做到自尊自信、理性平和、乐观向上。

（三）融入课堂教学。将新时代校园爱国卫生运动的内涵和要求作为学校教育教学重要内容，融入德智体美劳全面培养体系，融入课程教材体系。落实健康教育课程课时要求，多形式、多途径开展健康教育。持续开展"师生健康，中国健康"主题健康教育活动。加强学校体育、美育设施配备，引导学生积极参加体育锻炼和艺术活动。加强劳动教育，培养正确劳动价值观和良好劳动品质。

（四）创建健康学校。营造健康环境，完善健康服务，加强健康管理，培育健康文化，引导各地和学校积极创建健康学校。

四、强化条件保障

（一）加强组织领导。各地教育部门和学校要把深入推进新时代校园爱国卫生运动列入重要议事日程,明确工作重点、工作目标和责任分工,动员引导广大学生、教师、家长积极参与。

（二）完善推进机制。建立健全学校公共卫生体系,完善学校突发公共卫生事件应急响应机制,纳入属地应急管理体系。发挥学校医务室和校医作用。完善学校卫生专业技术人员培养、准入、待遇、评价和激励机制。

（三）加强宣传引导。各地教育部门要采用线上线下结合、多地多校联动等形式,及时启动本地区新时代校园爱国卫生运动,通过新媒体传播、文艺作品创作等方式加强宣传引导,动员广大师生以文字、图片、视频、动漫、微电影等方式宣传校园爱国卫生运动,积极营造良好氛围。

（资料来源：中华人民共和国教育部网站）

任务目标

目标1：了解校园卫生的概念,掌握校园卫生的标准,熟悉校园卫生的范围。

目标2：通过组织学生开展校园卫生的整理实践活动,增强学生的爱校意识和劳动奉献的自豪感,树立主人翁意识,提高策划、合作、组织、实践的能力。

目标3：理解校园卫生对于学生个人成长的积极意义。

任务准备

一、知识准备

（一）校园卫生的概念

校园卫生的概念相对宽泛,从广义的角度来看包括校园环境、校园饮食、学生身体安全与学生心理安全等相关工作;从狭义的角度来看主要是指校园环境。

（二）校园卫生的标准

以校园卫生的概念为落脚点,制定校园卫生的标准。具体应做到：校园环境五个"净、静、景、靓、敬"——"干净整洁的校园,寂静无声的校园,景色可见的校园,靓丽优雅的校园,尊敬师长、文明用语的校园"；校园饮食"三个不"——"不吃变质过期的食物,不浪费粮食,不乱扔食物残渣和包装"；学生身体安全"三个勤"——"勤消毒,勤通风,勤晒阳"。

（三）校园卫生的范围

校园卫生的范围包括校园公共区域、校园广场塑像区、学校餐厅、校园教学楼、校园操场、校园爱心湖区域、校园卫生间、校园垃圾站、校园实训楼、校园图书馆等。

知识链接 常态化疫情防控下做好校园爱国卫生运动的几个着力点

习近平总书记指出:"健全健康教育制度,要从源头上预防和控制重大疾病,实现从以治病为中心转向以健康为中心。"在常态化疫情防控下做好校园爱国卫生运动,要加强教育,注重引导。将新时代校园爱国卫生运动的内涵和要求作为学校教育教学重要内容,融入德智体美劳全面培养体系,并按照课程课时要求,开展多类别健康教育。加强爱国主义和集体主义教育,弘扬新时代伟大抗疫精神;加强公共卫生健康教育,树立科学防疫意识;加强生命健康教育,关爱自我生命和关注、尊重他人生命;加强心理健康教育,科学防范和化解疫后综合征;加强劳动教育,形成正确劳动价值观和良好劳动品质;加强生态文明和环境保护教育,养成文明健康绿色环保生活方式。紧密结合校园精神文明创建活动,将文明卫生教育与热爱祖国、热爱家乡、热爱校园、热爱生活相结合,引导广大师生培养爱国之情、砥砺强国之志、实践报国之行。

习近平总书记指出:"新时代开展爱国卫生运动,要全面改善人居环境,加强公共卫生环境基础设施建设,推进城乡环境卫生整治。"在常态化疫情防控下做好校园爱国卫生运动,要加强整治,改善环境。全力打造干净、整洁、健康、文明的校园新风尚,需要从硬件和软件两方面入手。硬件方面:完善学校基础设施,提高健康服务水平;提供充足洗手设施,保障校园饮用水安全;强化食品安全管理,改善餐饮服务环境卫生条件;深化"文明餐桌"行动,厉行节约、反对浪费;加强学生宿舍管理,保持室内通风换气;加强消毒工作,落实校园消杀全覆盖;开展卫生大扫除,清除卫生死角;推进厕所革命,提升校园文明;做好垃圾分类存放,推进资源节约和循环利用;落实控烟要求,建设无烟学校。软件方面:加强健康管理,完善健康服务,培育健康文化;充分利用图书馆、体育馆等校内文化设施,把德育与智育、体育、美育有机结合起来,不断提升爱国卫生工作质量、水平和整体效能。

必须充分利用好"爱国卫生运动"这一伟大创举和成功实践,大力弘扬伟大抗疫精神,努力改善校园环境,着力提升师生健康素养,用文明健康的校园小环境筑牢常态化疫情防控的社会大防线。总之,新时代校园爱国卫生运动是一项长期性、基础性、保障性工作,需立足疫情防控常态化要求,以提升环境卫生质量、培养文明卫生习惯、强化病媒生物防治等为重点,分步实施、有序推进、持续深入,确保该项行动取得实实在在的效果。

(资料来源:牛彦,梁树志.《常态化疫情防控下做好校园爱国卫生运动的几个着力点》,《健康观察》)

二、实践准备

以校园广场塑像区卫生整理实践为例,在活动开展前,应从活动主题、对象、内容等方面进行筹划和准备,以便活动顺利开展,具体见表5-3。

项目五 日常生活劳动

表 5-3　　　　　　　　　　　活动准备一览表

项目	详细内容
活动主题	擦亮工匠塑像,瞻仰工匠名人
活动对象	校园广场工匠塑像
活动意义	增强学生"爱我学校,美我学校"的意识,通过对工匠塑像区环境卫生的整理,学生可以掌握校园环境整理的技术要点和行之有效的方法以及创造校园环境的五个"净、静、景、靓、敬";并且通过对工匠塑像区的卫生整理,明白技能宝贵,学习这些工匠名人的一丝不苟与精益求精精神
活动地点	校园广场工匠塑像区
活动人员	大学生校园卫生志愿队(24 人)
活动时间	2021 年 06 月 25 日 16:30～18:30
活动内容	对工匠塑像区进行垃圾处理与路边污垢的清理; 对自己喜欢的工匠名人进行塑像的清洗和清洁,清理塑像上多余的杂物; 擦干净工匠名人的塑像,把塑像下部工匠名人的介绍文字擦干净; 对工匠塑像区的草坪进行杂草处理,杂草处理完后适当浇水;还可以给自己喜欢的工匠名人放置鲜花; 每人讲一段自己喜欢的工匠名人的故事
物资准备	卫生工具 10 套、鲜花 20 份、志愿者服装 24 套(含外套、帽子)
活动要求	严格按照校园卫生的整理标准,遵守活动纪律,听从带队教师安排,未经允许不能擅自离队; 统一着装,举止文明,做到对塑像尊重,能体现良好的校园卫生志愿队风貌; 在打扫过程中,做到互帮互助,要发扬不怕脏、不怕累的精神,无私奉献,彰显当代大学生青春本色

任务实施

1. 校园卫生志愿队提前一天进行培训,按照校园卫生的标准进行整理,指导教师召开安全教育培训。

2. 校园卫生志愿队分为 8 组,每三人一组对工匠塑像区周围进行垃圾处理与路边污垢的清理以及塑像的清洗和清洁。

3. 校园卫生志愿队整理完工匠塑像区的环境卫生后,可以进行为工匠名人放置鲜花的活动。

4. 故事分享:每人讲一段自己喜欢的工匠名人的故事。

5. 整理活动物品,集合清点人员,由指导教师对本次活动进行总结和点评。

知识链接

校园雕塑是校园卫生环境中的重要组成部分,作为装饰,它既能丰富和美化校园环境空间,同时又能丰富师生的精神生活,是一个时代精神和文化状态的体现,它体现着学校时代的变迁和办学的精神理念。每一所学校都可以运用自己的雕塑语言形成自己校园独特的人文景观,以致力于精神的表达和环境的改造,从一个侧面体现所处时代、所处地域的文化内容。所以,此时校园雕塑不单是校园文化的组成部分,还是学校文化水平的象征。校园雕塑也正是在其强化物质内容达到精神高度的过程中使自身具有了永恒性。雕塑和建筑一样,在校园里具有不可估量的永恒意义。如图5-3所示为聊城市技师学院工匠文化之名人塑像。

图5-3 聊城市技师学院工匠文化之名人塑像

校园雕塑积累了历史、传统、文化和社会价值,并具有巨大的潜在教育意义。校园雕塑的隐性教育效果体现在很多方面。首先,它体现在对学生价值判断的影响上。校园雕塑作为一种精神载体,既具有文字属性,又体现了"用文字表达真相"的精神。每个校园雕塑都包含一定的道德追求,它可以为学生带来巨大的道德潜能,激发学生对道德原则和道德规范的情感认同,使其产生共鸣,同时又对道德理想和道德建设状况产生向往。在这样的文化影响下,学生自然会积极进取和创新。学生通过擦亮校园中的工匠塑像,体会自己作为职业院校技能人才的荣誉感,培养专注和坚守的意志,培养就就业业、精益求精的"中国制造"的时代精神。

任务拓展

擦亮工匠塑像,瞻仰工匠名人。作为高职院校的学生,你们的任务是求学练技,明白工匠的一份专注,淬炼的是时光的品质;一份坚守,琢磨的是情怀的精致。他们的手,有毫厘千钧之力;他们的眼,有秋毫不放之工。他们就就业业,让平凡有了梦想的温度;他们精益求精,用执着追上灵魂的脚步。他们是大国工匠,是"中国制造"的时代精神,而优秀的你们则是未来"大国工匠"的接班人。

安排学生观看《大国工匠》系列短片,使其深刻理解"大国工匠"和"中国制造"的时代精神,并写观后感以及人生职业规划。

项目五 / 日常生活劳动

思考/实践

1. 如何正确理解校园卫生的整理对于常态化疫情防控的意义。
2. 结合实际情况,组织一次校园图书馆卫生整理、校园餐厅卫生整理实践活动。

任务三　教室清洁

情境导入

　　陈蕃,字仲举,汝南平舆人,其祖上是河东太守。陈蕃十五岁的时候,曾经独自住在一处,庭院和屋舍十分杂乱。他父亲同城的朋友薛勤来拜访他,对他说:"小伙子你为什么不打扫下房间来迎接客人呢?"陈蕃说:"大丈夫处理事情,应当以扫除天下的坏事为己任。怎么能在意一间房子呢?"薛勤当即反问道:"一屋不扫,何以扫天下?"陈蕃无言以对。

（资料来源:360百科）

良好的学习环境对提高学习效率至关重要,整洁的学习环境能让同学们以饱满的学习热情和持续的动力全身心地投入学习中去,也更容易激发出同学们的创新灵感。

任务目标

目标1:了解整洁的教室对更好地学习具有重要意义。
目标2:了解教室各区域打扫的流程、注意事项、验收标准。
目标3:划分班级卫生区域的责任人,使其了解自己的卫生职责。
目标4:能够根据所学知识对教室进行彻底的清理。
目标5:初步养成会劳动、爱劳动的意识。

任务准备

一、知识准备

（一）教室卫生的重要性

整洁优美的班级,不仅可为师生提供赏心悦目的学习环境,而且也对班级成员的品格修养起到潜移默化的影响。教室的环境卫生是这个班级整体风貌的一面镜子,它与班集

111

体的建设紧密相连。良好的环境是保证学生学习生活的基础。走进教室的那一瞬间,干净整洁的环境必然会让听课者和授课者心旷神怡。搞好环境卫生,是培养学生良好卫生习惯和思想品德的有效途径。

(二)教室卫生的清理内容

教室卫生的清理主要包括教室内外清洁,具体包括地面、课桌、讲桌、黑板、玻璃、门窗、垃圾桶、墙面瓷砖等的清洁。

(三)教室卫生标准

地面:干净整洁,无纸屑、粉笔、口香糖、污迹等,无垃圾死角。

桌椅:教室桌椅摆放整齐,桌子前后排成一条线,左右也要排成一条线。

黑板及板槽:黑板擦干净,无粉笔灰的痕迹;板槽内无粉笔灰,保持干净。

讲桌:讲桌摆放整齐并保持干净,除班级纪律表、座位表、黑板擦及粉笔外,讲桌上一律不得放置其他物品。

课桌:放学后,课桌上不得放任何物品,保持桌面干净;上课时,只放与本堂课相关的书本资料。

门窗:门要擦干净,没有灰尘及水痕;窗台无灰尘,上面不得摆放杯子、水瓶等物品,玻璃应保持干净。

垃圾桶:垃圾桶要及时清理,以免污染教室环境。

打扫工具:打扫工具,如拖把、扫帚等摆放整齐,不得东倒西歪。

教室墙面瓷砖:教室墙面瓷砖应定期擦拭,保持清洁。

(四)教室消毒

每次大扫除结束后都应对教室的桌椅、书柜、讲台、门把手、地面、卫生角和窗台等位置进行全面消毒,用大喷雾器(装84消毒液配比)全面喷洒,值日生负责做好消毒记录登记表以备查。

84消毒液配制方法:5%浓度84消毒液按1:49配制,11%浓度84消毒液按1:109配制。用于地面、墙面、门窗、电梯按键、门把手、桌椅、扶手、水龙头、饮水机把手、拖布、抹布、垃圾桶等的消毒,30分钟后可用清水冲净。

酒精消毒液配制方法:500 mL装95%酒精,加133.3 mL水,得到75%酒精。2.5 L装95%酒精,加666 mL水,得到75%酒精。用于手、手机、钥匙、门把手、桌椅、扶手、水龙头、饮水机把手、电梯按键、电脑、键盘、鼠标、废弃口罩、垃圾桶等的消毒。

注意事项:消毒液储存在避光通风处;每种消毒液单独配制、使用,配制和使用时戴好口罩、手套,穿好工作服、水鞋,避开明火。

(五)教室卫生清理方法

1.擦玻璃方法

"干湿结合法",即在擦玻璃的过程中,要分湿与干两步来进行。这样做的好处有两点:一是可以轻易地清除玻璃上的污垢;二是可以防止玻璃变花。

具体的操作步骤如下:首先,准备两块布,较软的一块保持干燥,把另一块浸湿;然后,先用湿布擦拭玻璃,清除其上的污垢,待玻璃未干时,用干布把玻璃擦干。这样擦出来的玻璃会十分明亮。需要注意的是,用这种方法时,不要让玻璃自然干燥,而应用干布擦干。

2. 拖地方法

第一步:用扫帚和簸箕把地板上的非粘连垃圾及灰尘清理干净,比如头发遇水就会粘在地板上,之后就很难拖除了。

第二步:把拖把放在水桶或水池中,让拖把充分吸水,然后稍稍拧干再拖地,注意要一推一收地拖。需要注意的是:稍稍拧干的拖把水分充足,这样拖地时,水可以把粘连物质的黏性降低。

第三步:把拖把表面的灰及内里的脏水洗涮干净,然后用力挤净拖把里的水,进行第二遍拖地。这次可直接收着拖,在先前的准备工作下,粘连的物质很容易被拖除。

第四步:有一些粘连的物质很顽固,可以用拖把头侧面一推一收地拖。因为拖把头侧面可以更加有力地拖除顽固污渍。

第五步:将干净抹布弄湿并拧干,然后将屋里地板的角落擦干净。在拖地板时,会发现有一些角落很难拖到。拖完之后,角落原有的灰尘及拖地时遗留的污水,会让拖地效果大打折扣。所以,用抹布擦一遍是很有必要的。

第六步:最后检查一下,将地板上遗留的小东西彻底拖除。

(六)值日生职责

1. 值日生应提前到校把门窗打开,使教室空气流通,便于同学们能尽早进入教室。此外,还要准备好当日课表,带领同学们进行晨读。

2. 每节课后应及时擦黑板,清理讲台桌面。

3. 维护好室内或室外走廊的卫生,及时把垃圾桶里的垃圾清理掉。

4. 检查课桌椅,看是否排列整齐;卫生工具是否放在门后并排列有序。

5. 值日生有权制止同学在教室内外喧哗等不遵守课间礼的行为。

6. 上课铃响,督促同学保持安静和领诵经典。

7. 有权对班级同学进行文明健康和养成良好卫生习惯的宣传,督促同学做眼保健操,并做好每次监督岗的打分记录,要是有扣分情况要及时反馈。

8. 有权对不遵守校纪班规的同学提出批评,并要求其改正。如不听劝告时,值日生可向班委、班主任反映。

9. 在离开教室时与放学后,要监督水电委员关好电灯、电扇,窗、门要上锁。

二、实践准备

具体活动准备见表5-4。

表 5-4 活动准备一览表

项目	详细内容
活动主题	清洁教室,高效学习
活动意义	教室是同学们学习的大本营,教室的卫生需要大家一起来维护。整洁的教室不仅可以提高学习效率,还能够预防流感
活动地点	教室
活动人员	班级全体同学
活动时间	
活动内容	针对整洁的教室具有哪些意义展开讨论; 介绍班级各区域清洁的步骤、注意事项及验收标准; 划分教室各区域的卫生责任人,做到事事有人干,人人有事干; 分别打扫自己负责区域的卫生; 同学之间互评清扫效果,指导教师进行评价
物资准备	卫生工具,如抹布、拖把等
活动要求	遵守纪律,听从指导教师安排; 认真体会打扫教室卫生的重要意义,谨记自己的责任范围

任务实施

1. 通过一组图片(干净整洁的教室和垃圾遍地的教室)让同学们展开讨论,讨论大家想在哪一种环境下学习,干净整洁的教室有哪些好处。

2. 指导教师向同学们介绍 6S 卫生清洁的意义和标准,同学们共同探讨如何打扫教室的每一个区域,各区域应该按照怎样的顺序和流程进行打扫,应该有怎样的验收标准。

3. 将班级内所有区域进行细致的责任区划分,墙面、地面、玻璃的卫生都责任到人,这样一方面能提高学生的责任意识,另一方面能提高卫生打扫的主动性。

4. 所有同学根据自己的职责划分和 6S 标准对教室进行彻底清洁,在打扫的过程中总结经验,总结出最高效的清洁方式和顺序。

5. 教室打扫完毕,同学之间相互检查、验收,最后指导教师对同学们的劳动成果进行评价。

知识链接 教室管理制度

1. 教室是师生学习的主要场所,要求整洁、大方、优雅。
2. 保持教室整齐。各类设施要按规范要求放好;通知、课程表等应按要求贴好;课桌要排列整齐，非经有关部门或班主任同意，不得搬出教室，不得做其他用途；窗帘要按规定拉好、扎好。

3.保持教室清洁。每节课后，值日生应把黑板、讲台擦干净，并做好室内外保洁工作，做到无纸屑、无灰尘、无杂物、无痕迹，教室内不能放置与教学无关的物品。

4.爱护公物，不得在桌椅上乱刻乱画；保护教室内外一切公共设施，损坏者应予赔偿。

5.教室内电教设备应由学生干部专人管理，其他学生不得随意使用或移动。

6.节约用电。不需要使用电灯时应立即关掉开关；不在教室上课时，值日生或最后离开的人要关好电器开关、关好门窗等。

7.美化课堂环境，营造学习氛围，教室内可根据需要张贴一些激志励学的名言警句。

任务拓展　　企业办公室卫生管理制度

一、明确责任划分

院内各办公房间及其对应的走廊、地面和窗户的卫生由各使用单位负责清扫擦拭；领导办公室及大厅公共卫生及室外环境卫生由专人负责。

二、认真及时清扫

室内卫生清扫包括以下事项：

1.室内办公物品摆放整齐、有序，桌面及文件柜上无杂物，室内无与办公无关的物品；

2.棚顶无灰尘，墙上及其悬挂物上无灰尘，墙上不得乱钉乱挂；

3.门窗及玻璃干净、明亮，室内外无污渍；

4.地面清扫及时、干净；

5.桌椅、板凳、书柜、文件柜等易落灰尘的物品随时擦拭；房门拉手处、灯开关无污渍；

6.饮水机、水杯等物品和微机显示屏、主机、键盘上无灰尘污渍；

7.室内卫生应坚持做到每日清扫地面，擦拭桌椅，办公物品整理摆放有序；每月大扫除中应包括以上所列各项，要物见本色，窗明几净，一尘不染，无卫生死角。卫生清扫要坚持高标准，以积极的态度认真对待，按照要求和时限完成，并自觉维护和保持。

三、自觉维护公共卫生

为保持办公室内优雅整洁的环境，全体人员应自觉维护公共卫生，养成良好的卫生习惯。

1.保持地面清洁干净，严禁随地吐痰，不得乱扔烟头等杂物。办公桌上养花需配托盘。

2.不得从窗户向外倒水、扔杂物。下班前应将办公室窗户关严锁好，防雨、防盗。淘汰清理出的物品应放在垃圾桶内，不要随处堆放。

四、检查与考核

1. 办公楼卫生管理实行定期检查,列入目标考核内容。考核由纪检组长牵头,办公室组织实施,相关科、所参加检查、评分。

2. 评分结果每月进行公布,并由考评小组将其列入岗位目标考核,与考核工资挂钩。

3. 凡违反第二条所列内容之一的,扣发全单位考核工资人均 5 元;凡违反第三条所列内容之一的,扣发责任人考核工资 10 元。

4. 各单位可根据以上考评办法细化、量化并制定切合实际的二级考评办法,并认真加以落实。

思考/实践

1. 如何正确理解通过教室卫生的清洁提升学生综合素养。
2. 结合实际情况,组织一次教室清洁竞赛活动。

任务四　宿舍内务

情境导入

　　干净整洁的宿舍氛围能让同学们觉得这就是家。那一床床干净有型的被子,时刻呵护着我们的身体,温暖着我们的心灵。用心去整理自己的内务,像对待亲人一样去用心呵护,相信你的人生也一样可以有棱有角,有形有状。

　　培养良好的生活习惯,增强吃苦精神,形成严谨细致的生活作风,养成良好的个人习惯,从生活习惯到责任担当,从个人意识到团队精神,内务整理都在帮助我们不断进步与成长。

任务目标

　　目标 1:熟练掌握宿舍 6S 标准内容,能根据 6S 的内容,正确认识标准和规范在社会进步中的意义。

　　目标 2:能把 6S 标准与宿舍整理相结合,将 6S 内化到具体的操作中,让理论物化、细化,提升应用标准的能力。

　　目标 3:了解宿舍按 6S 标准进行整理的意义。

　　目标 4:理解 6S 标准在生活生产中的重要意义。

项目五 日常生活劳动

任务准备

一、知识准备

(一)"6S"的概念

"6S"是指整理(Seiri)、整顿(Seiton)、清扫(Seiso)、清洁(Seiketsu)、素养(Shitsuke)和安全(Safety)这6个词,因均以S开头,简称6S。

(二)6S的由来

对于6S,首先要从5S谈起。5S起源于日本,指的是在生产现场中将人员、机器、材料、方法等生产要素进行有效管理,它针对企业中每位员工的日常行为提出要求,倡导从小事做起,力求使每位员工都养成事事"讲究"的习惯,从而达到提高整体工作质量的目的。5S是日式企业独特的一种管理方法。1955年,日本5S的宣传口号为"安全始于整理整顿,终于整理整顿",当时只推行了前2S,其目的是确保作业空间和安全,后因生产控制和品质控制的需要,逐步提出后续3S,即"清扫、清洁、素养",其应用空间及适用范围进一步拓展。1986年,首本5S著作问世,进而对整个日本现场管理模式起到了冲击作用,并由此掀起5S热潮。日企将5S活动作为工厂管理的基础,推行各种品质管理手法。第二次世界大战后,日本的产品品质得以迅猛提升,奠定了其经济大国的地位。在丰田公司的倡导和推行下,5S对于提升企业形象、安全生产、标准化的推进、创造令人舒适的工作场所等方面的巨大作用逐渐被各国管理界所认识。我国企业在5S现场管理的基础上,结合自身安全生产活动的需要,在原来5S基础上增加了安全(Safety)要素,形成"6S"。

(三)学生宿舍6S管理标准

1. 宿舍整理:要与不要,一留一弃

宿舍内及时清除杂物,无卫生死角;

空床上勿堆放杂物;

在宿舍内、外勿吊挂水瓶等杂物;

统一配置的公物设施保持完备、齐全、无缺损。

2. 内务整顿:科学布局,摆放整齐

被子、枕头按军训要求折叠摆放,床单平整;

床下鞋子按统一方向、成一线排开;

漱口杯、毛巾、牙膏、牙刷等生活用品规范放置;

床上除被褥、床单、枕头外无其他物品;

衣物和其他小物件放在衣柜内;

书桌上物品摆放整齐;

桌、椅、行李箱等大件物品整齐、一致摆放;

宿舍内卫生工具统一放置在盥洗室门的后面;

勿在宿舍内乱贴、乱挂、乱画。

3. 卫生清扫：清除垃圾，美化环境

宿舍地面干净整洁，室内无异味；

卫生间和洗漱间无污垢；

天花板、墙角无蜘蛛网，桌椅、门窗、纱窗、玻璃、柜顶、风扇、灯管无灰尘；

床下无浮尘、垃圾；

宿舍门口无垃圾、污渍；

宿舍内垃圾及时倒掉。

4. 宿舍清洁：形成制度，保持整洁

宿舍内张贴卫生值日表和宿舍长职责制度；

按值日表安排打扫宿舍卫生，保持宿舍整洁；

宿舍成员无不讲卫生、不文明现象，勿向窗外和公共区域乱丢垃圾。

5. 习惯素养：养成习惯，遵守规则

在宿舍内勿喂养宠物；

严禁浏览不文明或反动网站，严禁观看、传播淫秽报刊等；

勿在宿舍使用高分贝物品（如低音炮、扩音器、音箱）或大声喧哗；

勿携带一次性饭盒进宿舍；

晚上就寝后栓门，离开宿舍锁门。

6. 宿舍安全：重视安全，防患于未然

男生不允许进入女生宿舍，女生不允许进入男生宿舍；

勿在宿舍内留宿外人；

勿在宿舍内使用热得快、电炉、电热毯、电吹风等大功率电器；

勿在宿舍内点蜡烛、吸烟、赌博、打麻将、经销食品和推介服务；

勿在宿舍内私拉乱接电源；

勿在宿舍内喝酒；

勿坐在窗口或栏杆上；

勿私藏或拥有任何危险物品或管制刀具、棍棒等；

勿攀爬围墙、电缆线、护栏等进出宿舍；

勿在宿舍内打架、斗殴、谩骂同学等。

二、实践准备

1. 以宿舍内务 6S 整理实践为例，在活动开展前，应从活动主题、对象、内容等方面进行筹划和准备，每个宿舍发放《6S 内务标准扣分细则》和《宿舍 6S 标准》文件，以便活动顺利开展。

2. 每个宿舍准备好卫生用具（洁厕灵、扫帚、拖把、抹布等），每名同学熟知任务，提前通知教学管理人员和宿管人员准备活动场地。

任务实施

一、任务发布

教师负责导入新课,发布3个任务(表5-5)。教师通过对工作任务的分析,把本节课的任务形成理性认识,使学生带着问题探究学习。具体如下:

任务1:整理床铺:将被子叠成方块,放在床铺南边右侧,枕头放在被子内侧;床单拉平整,压在垫子下边,床上不要放其他物品;

任务2:生活用品合理摆放,科学布局;

任务3:桌面、地面整洁,大件物品、卫生工具摆放整齐到位。

二、按 6S 标准整理宿舍内务

教师提示学生先思考再行动;明确活动规则、评价标准;对敷衍的态度加以批评指正。教师把同学们认真劳动的瞬间抓拍下来。

以宿舍为单位,每位同学自主、独立完成,组长负责检查。每人都能掌握物品合理摆放的具体要求。

微课

叠被理铺循规范,
扫屋修身孕匠心
——宿舍内务

表 5-5 任务对照表

任务1 整理床铺		(1)将被子叠成方块,放在床铺南边右侧,枕头放在被子内侧; (2)床单拉平整,压在垫子下边,床上不要放其他物品
任务2 生活用品合理摆放		(1)每个人的漱口杯、毛巾、牙膏、牙刷等都放在统一位置并摆放整齐; (2)床下鞋子按统一方向,成一线排开
任务3 桌面、地面清洁		(1)桌、椅、行李箱等大件物品,整齐一致摆放; (2)桌面、地面清洁无污垢; (3)卫生工具摆放有序

知识链接　　学生宿舍管理制度

宿舍是学生在校期间学习、生活、休息和活动的重要场所,为了保持学生宿舍安全、整洁、舒适的环境,培养合格的社会主义技能人才,必须有严格的纪律和统一的管理,学生宿舍由院学生工作处宿舍管理科代表学院进行统一管理。为此,特修订学生宿舍管理制度。

一、管理规定

1. 做到遵守宿舍各项规章制度,服从管理。
2. 按照院、系分配的房间和床位住宿,不准擅自更换或私自占用房间和床位及随意更换配发的锁具。
3. 学生本人凭胸卡或学生证等有效证件进出宿舍楼。
4. 遵守宿舍作息时间和宿舍楼门开关时间,学生在校期间不得外出住宿,上课期间不得随意回寝室。
5. 宿舍楼关门后因特殊情况要进出的,应向值班人员出示班主任假条及班主任电话确认并予以登记。
6. 在规定的时间和地点会客,外来陌生人员确需入楼者,必须出示证明、核实身份、履行登记手续。
7. 禁止留宿他人,男生不得进入女生寝室,女生不得进入男生寝室;各寝室的学生不得互串寝室,如因事需要,必须经各公寓楼管理员批准。
8. 做到尊重公寓管理人员、服务人员和宿管学生干部,服从他们的管理和指挥。
9. 做到在宿舍内遇到突发情况或发现相关问题时,要及时向公寓管理人员反映情况。
10. 做到爱护宿舍内备品及公共设施设备,保持公共区域卫生整洁干净。
11. 做到节约用水用电。
12. 调换门锁需经过宿管科登记审批,同时上交一把更替的房间钥匙到公寓楼值班室。
13. 禁止在宿舍楼内养宠物。
14. 禁止在宿舍楼内从事推销等商业性活动。
15. 自行车按指定地点整齐摆放,不准放入宿舍楼内及门口。
16. 寒、暑假原则上不安排学生留校住宿,确因学习、备赛等特殊情况需留校住宿者,需经本人申请,所在系同意,学生工作处宿舍管理科审核后方可留校。
17. 禁止在宿舍内大声喧哗,高声播放音响设备,禁止打架、斗殴、打麻将、赌博、酗酒等。
18. 学生自觉搞好个人卫生,每日按要求整理内务,做到卫生清洁,空气清新。
19. 学生自觉保持厕所、洗漱间的清洁,不随地大小便,不乱倒剩饭剩菜。

二、学生住宿、退宿管理

1. 学生按规定缴纳住宿费,未经学生工作处宿舍管理科批准不得私自占用、转让、租赁床位和宿舍。
2. 休学、退学、毕业要以系为单位办理退宿手续。
3. 办理完退宿手续还需在原房间暂住的,需经学生工作处宿管科主要负责人同意,一般不超过三天,续住超过规定时间,超过一天按缴纳二十元计算交财务处一科。

三、作息制度

1. 按时就寝:宿舍熄灯后,不讲话,不吃东西,不得随便出入寝室,不在寝室和走廊高声喧哗、嬉笑打闹,不做与就寝无关的事情。
2. 下晚自习后,迅速回寝室洗漱,做好就寝准备。
3. 按时起床:不睡懒觉,按时起床出操或准备上课。

四、内务要求

1. 被子叠放整齐,朝门放置,床单铺面平整,与床沿成直线,无褶皱。
2. 床下物品摆放有序。鞋子置于床下,鞋跟朝外直线摆放;盆子置于床下,摆放规则。
3. 桌子保持干净,无灰尘、杂物,桌面物品摆放整齐。
4. 书橱物品摆放整齐。
5. 地面无脏污,垃圾桶置于墙角;晒放的鞋子置于墙根。
6. 窗台暖气片无灰尘、杂物。
7. 门窗玻璃洁净无尘土、无污迹。
8. 墙壁无乱涂、乱画、乱挂现象。
9. 室内无乱扯、乱挂现象。
10. 不向窗外、楼下和走廊上倒水,扔垃圾。
11. 灯、电风扇、墙角无蜘蛛网,无灰尘。
12. 宿舍门口干净整洁;阳台物品摆放整齐。

五、安全制度

1. 防火灾:
(1)严禁在宿舍内喝酒、抽烟、打麻将。
(2)严禁使用明火(含使用卡式炉、煤气炉、酒精炉等),燃放烟花爆竹,焚烧废弃物。
(3)严禁存放易燃易爆、有毒、有腐蚀性等危险品。
(4)不得在寝室内、走廊上生火燃烧杂物。
(5)爱护消防设施和灭火器材,保障消防通道畅通。

2. 防遗失:
(1)现金、银行卡、电脑等贵重物品妥善保管,携带电脑等贵重物品进出宿舍楼,要在值班室登记。

(2)离开宿舍必须随手锁门并保管好钥匙。

(3)未经批准,学生不得留宿他人。

3.防事故:

(1)严禁从宿舍楼向外投掷杂物。

(2)严禁私接电器。

(3)严禁攀爬走廊和楼道护栏。

(4)严禁在床上蹦跳、打闹,住上床的学生要小心谨慎,不得跳跃上下。

4.查违规用品:

(1)禁止使用电暖气、电热毯、电熨斗、热得快、电热杯、电热水瓶、电磁炉、电饭锅、电吹风等加热和电炊器具。

(2)禁止使用伪劣电器及设备。

5.查违规用电:

(1)禁止私拉电线,电源周围不准堆放杂物。

(2)离开宿舍前应关闭所有电器,拔掉所有充电器等。

(3)严禁宿舍内充电动车电瓶。

6.查其他危险用品。铁具、管制刀具、蚊香、蜡烛等,有毒有害和易燃易爆物品。

7.生活安全。同学们要学会生活、学会做人、学会与他人友好相处,要与人为善、与邻为伴,杜绝打架斗殴等恶性事件的发生。舍长要观察宿舍动态,化解矛盾,防患于未然,教育和引导大家逐步建立起积极向上、和谐健康的人际安全关系。

六、用电和公物保护

1.学生宿舍实行定时供电制度,学生应遵守安全用电、节约用电有关规章制度。

2.宿舍的生活服务、消防安全等公共设施属于学院财产,禁止私自改装、拆卸、破坏和处置。

3.严禁在宿舍公共设施上乱涂、乱刻、乱画。

4.宿舍公共设施如损坏应及时上报物业,属于保管或使用不当的,照价赔偿。

5.节约用电、用水,人离关灯、水断流。

6.学院统一规定学生用电时间,学生应按时就寝。

7.学生宿舍内出现用电故障应及时向宿管员或宿管科报修,并由其派人维修,学生不得擅自拆修。

七、文化建设

1.宿舍文化建设,要求内容健康向上,风格清新雅致,富有知识性、先进性。

2.宿舍学生之间团结友爱,互帮互学,开展丰富多彩的文化活动,营造和谐宿舍氛围,繁荣宿舍文化。

3.宿舍文化的开展要有计划、有组织地进行。每年举办宿舍文化艺术节,由学生工作处宿舍管理科主办,各系承办。营造浓厚公寓育人氛围。

八、奖励与处分

1. 学工处宿管科会同各系定期对学生宿舍进行检查评比，评出文明宿舍若干并给予表彰奖励，宿舍成员在综合素质测评中按规定加分。
2. 对维护住宿秩序和卫生做出突出贡献的学生，给予表彰奖励。

有以下情形之一者，除批评教育外，视情节按《聊城市技师学院学生违纪处分暂行规定》给予处分；

（1）未经批准，违反作息时间规定、男女生互串宿舍、私自调换房间、私自更换锁具，经教育不改者，给予警告或严重警告处分。

（2）宿舍楼值班管理过程中，出现辱骂、威胁宿舍楼值班教师者，涉事系团总支安排调解工作，并出具处分决定后报学工处宿管科备案。视情节严重程度给予学生个人严重警告或停课、记过直至开除学籍处分。学工处宿管科给予系部宿舍总量化扣除50分。

（3）晚自习放学后及周末休息按时回宿舍就寝休息，严禁饮酒。对于在宿舍内饮酒及不服从宿舍值班教师管理者，电话通知系团总支负责人或分管学管副主任安排人员到场协助管理，必要时联系学院保卫处或拨打"110"电话。视情节轻重，对学生个人给予严重警告或停课、记过直至开除学籍处分。系部给予处理意见报学工处宿管科，学工处宿管科给予系部宿舍总量化扣除30～50分。

（4）私自留宿外来人员者，给予警告或严重警告处分；因留宿外来人员造成恶劣后果者，给予记过直至开除学籍处分；容留异性住宿或在异性宿舍留宿者，给予记过直至开除学籍处分；对本寝室同学留宿异性行为不抵制、不反对、不报告者，给予警告或严重警告处分。

（5）未经批准，关闭楼门后晚归者必须逐一登记，无故晚归30分钟内给予通报并每人次扣2分；无故晚归30分钟以上者给予警告或记过处分并每人次扣5分；夜不归宿者经批评教育有效者给予留校察看处分，每人次扣30分并通知家长领回协助教育。一学期有2次夜不归宿者勒令退学，未经批准，在校外租房住宿者，视情节轻重给予记过以上直至开除学籍处分，以上相应处分决定由各系团总支交学工处宿管科备案。

（6）在宿舍内违章使用明火者，给予严重警告处分；经教育不改或造成恶劣后果者，给予记过直至开除学籍处分。

（7）在宿舍内违章使用电器者，给予严重警告或记过处分；多次使用或造成恶劣后果者，给予记过直至开除学籍处分。

（8）在宿舍内存放电炊器具、违章电器、管制刀具、有毒有害和易燃易爆物品，经调查确实未使用者，给予警告或严重警告处分；已使用且情节严重者，给予记过以上留校察看以下处分；在宿舍内养宠物者，视情节轻重由涉事系团总支给予警告或严重警告处分。

（9）对损坏宿舍区域公共设施者，按《聊城市技师学院学生宿舍公物损坏赔偿制度》进行赔偿。

（10）宿舍楼门关闭或熄灯后，攀爬窗户、攀爬围墙外出，按情节严重程度给予严重警告或勒令退学处分，各系团总支处分决定交学工处宿管科备案。

（11）宿舍内售卖香烟属违法行为，发现一次即给予留校察看处分，情节严重者给予勒令退学处分，处分决定交宿管科备案。

（12）其他违反学生公寓有关管理规定而本规定未列举的行为，若情节轻微，由宿舍管理部门给予全院通报批评；情节严重可参照类似条款执行。

（13）违反以上规定造成严重事故者，交由司法部门处理。

九、宿舍应急处置方案

1. 宿舍失火：立即疏散人群并逐级汇报，汇报完毕在安全区域将宿舍楼内人员集中查看是否安全逃出，如缺少人员，立刻联系，并汇报给处置灾情的人员，然后维护现场秩序，禁止拍照以网络的形式发送灾情消息。

2. 人员生病：病情较轻者可由舍友陪同送至学院医务室治疗；病情较重者应立刻拨打120电话告知准确位置及病情后向教师及楼管员汇报，不要轻易移动伤员。

3. 宿舍传销：立刻联系楼管及保卫处并向校领导汇报。

本制度解释权归属学生工作处宿舍管理科，本制度在公布之日起正式实施。

任务拓展

宿舍是学生的重要生活场所，是大学隐性教育的重要场所。建设高雅的宿舍文化是落实党的十八大提出的"办好人民满意的教育"的重要组成部分，是教育战线推进立德树人、走好群众路线的必要渠道，是高水平办学的具体外在特征，也是大学教育理念和高校办学特色的展现平台，更是实现德智体美劳全面育人不可缺少的关键环节。

随着学校发展规模的不断扩大，校园内的住宿资源越来越紧缺，学生对宿舍分配与管理的要求也不断提升。如何让宿舍育人落到实处，让学生自觉担当起宿舍文化的建设者，是摆在我们面前的一个重要问题。为此，我们引用"6S"现场管理法，对大学生宿舍建设进行宣传、发动、管理、实践，经过半年的摸索、总结，逐步找到一条适合大学生健康成长的发展路径。

一、"6S"标准管理

"6S"起源于日本，是指在生产现场对人员、机器、材料、方法等生产要素进行有效管理的方法，是日本企业的一种独特的管理办法。有关6S的相关概念前边已经介绍过，这里不再详述。

"6S"体现三个原则：

第一，自我管理的原则，由当事人自己动手为自己创造一个整齐、清洁、方便、安全的工作环境；

第二，勤俭的原则，开展"6S"活动，会从现场清理出很多无用之物，应本着废物利用、变废为宝的精神，妥善处理；

第三，持之以恒的原则，避免出现一紧、二松、三垮台、四重来的现象。

"6S"现场管理法能够营造一种"人人积极参与，事事遵守标准"的良好氛围。这种氛围，容易获得学生的支持和配合，有利于调动学生的积极性，形成强大的推动力。

二、"6S"宿舍文化建设实践

"6S"宿舍建设历时一年，是以学院2014级某系中的三个班为实验对象。通过调查研究、宣传发动、效果检查、奖励激励、总结推广等环节，宿舍环境大为改观，学生集体意识增强，和谐宿舍氛围逐渐养成。在推进"6S"宿舍的建设过程中，主要分三步走：第一步是启动、认知阶段，第二步是执行、推进阶段，第三步是固化、推广阶段。

第一阶段的工作：

1.成立推行组织。为了有效地推进"6S"活动，应建立一个务实负责的推进组织——"6S"推行委员会。推行委员会的成员包括学院主管学生工作的领导、辅导员、学生会主席及各班班长。

2.组织全体宿舍长参加"6S"启动大会，并在会上进行宣传。在班级广泛动员，在宿舍学习、讨论"6S"计划，结合宿舍实际情况和"6S"建设目标，让学生认识到"6S"宿舍建设切实可行。

第二阶段的工作：

1.制订工作计划及实施方法。以宿舍为单位，制订年度"6S"实施计划，可以先从"3S"开始，逐步向"4S""5S""6S"目标迈进。实施计划要逐步推进，既要科学合理，又要切实可行。

2.实施。经过前期充分酝酿后，准备开始实施，在宿舍开展彻底的大扫除，将宿舍里不要、不用的物品清理掉，将常用物品分类、划定区域，摆放整齐，分工明确、责任到位。

3.自评及奖惩。依"6S"活动竞赛办法，对照"6S"标准进行"6S"宿舍申报，推进学生会及班委对所在宿舍进行现场查看、比对、核实，依照困难系数、人数系数、面积系数、教养系数等打分，最后公布成绩，实施奖惩。

4.检讨与修正。宿舍间展开"6S"建设反馈意见讨论，对缺点项目进行改善，不断提高，进入下一轮建设周期。

第三阶段的工作：

1.制定制度标准。依据建设情况，结合学生宿舍及学习生活特点，制定"6S"宿舍建设标准和制度，将"6S"宿舍建设纳入学生日常管理及思想教育体系中，并与其他宿舍文化建设内容相结合，共同营造一个美好的宿舍环境；

2.依据标准，客观评价。以自我评价为主，相互评价为辅，设定不同评价周期，保证"6S"宿舍建设质量；

3. 把"6S"理念引申到学习、工作当中,融入每个人的生活,以提升个人文化内涵、自身修养和人格魅力。

[资料来源:罗楚新."6S"宿舍文化建设的实践与探索[J].河南教育(高教),2017(2).]

思考/实践

1. 如何正确理解"6S"标准在实践中的意义。
2. 结合实际情况,组织一次宿舍卫生评比活动。

任务五　垃圾分类

情境导入

随着我国工业化和城市化的逐步推进,城市生活垃圾问题越来越受到人们的关注。当前,我国城市垃圾每年产生量已经接近2亿吨,平均每人每年生产垃圾量约300千克,而且增长势头不减,近几年来基本上是以10%的增速在增长。诸多资料显示,我国的大中型城市中约有三分之一被垃圾所"包围",影响了人们生活质量。如何将这些垃圾变废为宝,是我们亟须解决的问题。

任务目标

目标1:了解垃圾分类的重要性,认识垃圾分类标识。
目标2:认识垃圾是宝贵的再生资源,学会垃圾分类的方法。
目标3:能够准确地将生活垃圾进行分类。
目标4:树立节约资源和保护环境的意识,以实际行动做好垃圾的分类工作。

任务准备

一、知识准备

(一)垃圾分类的概念

垃圾分类是指按一定规定或标准将垃圾分类储存、投放和搬运,从而转变成公共资源的一系列活动的总称。分类的目的是提高垃圾的资源价值和经济价值,力争物尽其用,减少垃圾处理量和处理设备的使用,降低处理成本,减少土地资源的消耗,具有社会、经济、生态等方面的效益。

(二)垃圾分类的原则

1. 分而用之

分类的目的是将废弃物分流处理,利用现有生产制造能力,回收、利用回收品,包括物质利用和能量利用,填埋处置暂时无法利用的无用垃圾。

2. 因地制宜

各地的地理、经济发展水平,企业回收利用废弃物的能力,居民来源,生活习惯,经济与心理承担能力等各不相同。

3. 自觉自治

我们要逐步养成"减量、循环、自觉、自治"的行为规范,创新垃圾分类处理模式,成为垃圾减量、分类、回收和利用的主力军。

4. 减排补贴,超排惩罚

制定单位和居民垃圾排放量标准,低于这一排放量标准的给予补贴;超过这一排放量标准的则予以惩罚。减排越多补贴越多,超排越多惩罚越重,以此在源头提高人们实行减量和排放控制的积极性。

(三)生活垃圾分类

生活垃圾主要分为以下四大类:可回收物、有害垃圾、厨余垃圾、其他垃圾。生活垃圾分类标识,如图 5-4 所示。

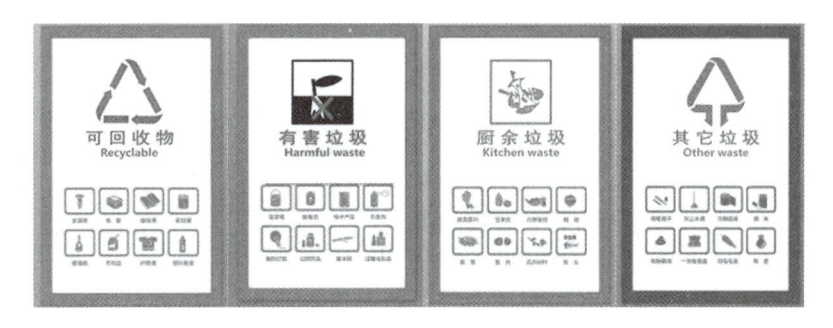

图 5-4　生活垃圾分类标识

1. 可回收物

可回收物是指适宜回收和可资源化利用的生活垃圾,包括纸制品、塑料制品、玻璃制品、纺织品、金属和小型废弃家电等。

可回收物该如何投放?

(1)应尽量保持清洁、干燥,避免污染;

(2)废纸及废包装物应折好、压平、捆牢;

(3)废塑料容器、金属易拉罐应进行清除残留物、压扁等处理;

(4)废玻璃容器应清除残留物,并应防止破损;

(5)有尖锐边角的,应用硬纸包裹捆绑后投放;

(6)旧纺织物宜清洗干净,打包后投放至旧纺织物回收箱。

2. 有害垃圾

有害垃圾是指纳入《国家危险废物名录》中的家庭源危险废物,属于有害物质、需要特殊安全处理的生活垃圾,包括对人体健康或自然环境造成直接或潜在危害的灯管、家用化学品和医药用品等。

有害垃圾应如何投放?

(1)投放时应保持物品的完整性;

(2)废电池投放应保持完好,破损的电池应封装后再投放;

(3)破碎的灯管应用较厚的纸张包裹并用胶带缠好后投放;

(4)弃置药品及药具应保持原包装,并连同包装一并投放;

(5)废杀虫剂、清洁剂、油漆等均应与原容器一起密封投放。

3. 厨余垃圾

厨余垃圾是指以有机质为主要成分,具有易腐烂、发酵发臭等特点的生活垃圾,包括家庭产生的厨余垃圾和餐饮服务、机关单位食堂、集贸市场等产生的厨余垃圾和其他厨余垃圾,也包括家庭产生的小型树枝、花草、落叶等。

厨余垃圾应如何投放?

(1)去除包装物后分类投放;

(2)滤干液体后投放;

(3)外卖盒、酒水饮料容器等不得混入厨余垃圾;

(4)餐饮服务、机关单位食堂应配置油水分离装置和收集容器;

(5)集贸市场、标准化超市等场所的厨余垃圾应投放至厨余垃圾收集容器或指定投放点。

4. 其他垃圾

其他垃圾是指除可回收物、厨余垃圾、有害垃圾以外的其他生活垃圾。

其他垃圾应如何投放?

(1)尽量沥干水分;

(2)暂时不明确具体分类类别的垃圾,应放入其他垃圾收集容器内。

二、实践准备

具体活动准备见表5-6。

表5-6　　　　　　　　　活动准备一览表

项目	详细内容
活动主题	垃圾分类,物尽其用
活动意义	践行垃圾分类理念,增强学生对各类垃圾的识别、分类能力,树立节约资源和保护环境的意识

项目五 日常生活劳动

(续表)

项目	详细内容
活动地点	教室
活动人员	班全体同学
活动时间	
活动内容	开展垃圾分类模拟活动,正确识别垃圾图案卡片上垃圾的种类,并按垃圾桶上的标识正确分类投放; 组织垃圾分类知识竞赛; 组织同学在垃圾分类承诺书上签字
物资准备	垃圾图案卡片6套,模拟垃圾分类垃圾桶模型6套,知识竞赛试题若干
活动要求	遵守纪律,听从教师安排; 认真学习垃圾分类的重要意义,掌握垃圾分类的依据

任务实施

1. 观看垃圾污染环境的视频,认识到垃圾对环境的污染是非常严重的,从而认识到垃圾分类的重要性。

2. 由教师介绍我国现行垃圾分类的种类以及分类依据,讲解生活中常见垃圾的种类。

3. 每个小组通过讨论,识别垃圾图案卡片上垃圾的种类,并将其投入对应的垃圾桶模型中,结束后统计每个小组的正确率。

4. 组织全班同学进行垃圾分类知识竞赛,对成绩较好的同学颁发"垃圾分类能手"奖项。

5. 组织同学在垃圾分类承诺书上签字并张贴到教室,时刻提醒同学们要牢记承诺,践行垃圾分类。最后,教师对本次活动进行总结和点评。

知识链接

1. 我国生活垃圾现状

2019年我国337个一至五线城市的生活垃圾产生量约为3.43亿吨,2020年我国大陆城市垃圾产生量达3.6亿吨。

随着生活水平的提高,我国"垃圾围城"问题日益严重。尤其是随着互联网的高速发展,快递包装垃圾以及外卖餐盒垃圾问题尤为突出。同时,随着科技的进步,人类活动范围的扩张,海洋垃圾正在占领着人类和其他生物赖以为生的海洋。根据国家邮政管理局披露的数字,2017年快递行业包装使用量达400亿件。产生的固体废物:塑料快递袋80亿个,快递包装箱40亿个。全国一年纸箱包裹所需要的瓦楞纸箱原纸多达4 600万吨。换算成造纸用的树木,约等于7 200万棵树,相当于用掉足足46.3个小兴安岭的林木。

我国美团、百度、饿了么三家外卖平台日订单量在700万单左右，按照每单外卖用1个塑料袋，每个塑料袋0.06平方米计算，每天所用的塑料袋可覆盖42万平方米，大约相当于59个足球场，大约15天即可覆盖一个西湖的面积。

2. 我国垃圾处理的主要方法

（1）卫生填埋法

生活垃圾卫生填埋是一种将垃圾填入经过防渗、导排等处理后的谷地、平地或地坑内，经压实覆土后使其发生物理、化学、生物等变化，分解成有机物质，达到无害化目的的一种处理方式，也是一种最终处理方式。其生产工艺主要分为三部分：填埋作业——库区倾倒、摊平、压实、覆土等；渗沥液处理——库区渗沥液引排、预处理、处理；填埋气处理——库区填埋气导引、排放。

（2）焚烧及焚烧发电

经过高温燃烧，使可燃物氧化分解，转变为惰性残渣，高温可以灭菌消毒，热能可以回收利用。焚烧是实现无害化、减量化、资源化的最好途径。焚烧场的生产系统由以下环节组成：垃圾准备及预处理，垃圾焚烧系统，烟气处理系统，灰渣处理系统，废水处理系统及助燃空气系统和自动控制系统。焚烧厂的炉渣可作为建筑材料混合料，否则需进行卫生填埋。烟道灰因含有危毒物质，应做固化处理后再进行卫生填埋。

（3）堆肥法

利用微生物在适宜条件下可提高活性的特性，将垃圾中的有机物质进行分解，使之转化为稳定的腐殖质的有机肥料。

3. 常见的生活垃圾的分类

（1）可回收物

可回收物主要包括废纸、塑料、玻璃、金属物和布料五大类。

废纸：主要包括报纸、期刊、图书、各种包装纸等。但是，要注意纸巾和厕所纸由于水溶性太强不可回收。

塑料：各种塑料袋、塑料泡沫、塑料包装（快递包装纸是其他垃圾/干垃圾）、一次性塑料餐盒餐具、硬塑料、塑料牙刷、塑料杯子、矿泉水瓶等。

玻璃：主要包括各种玻璃瓶、碎玻璃片、暖瓶等。（镜子是其他垃圾/干垃圾）

金属物：主要包括易拉罐、罐头盒等。

布料：主要包括废弃衣服、桌布、书包等。

（2）厨余垃圾（湿垃圾）

厨余垃圾（湿垃圾）包括剩菜剩饭、骨头、菜根菜叶、果皮等食品类废物。

（3）有害垃圾

有害垃圾含有对人体健康有害的重金属、有毒的物质或者对环境造成现实危害或者潜在危害的废弃物。包括电池、荧光灯管、灯泡、水银温度计、油漆桶、部分家电、过期药品、过期化妆品等。

（4）其他垃圾（干垃圾）

其他垃圾（干垃圾）包括除上述几类垃圾之外的砖瓦陶瓷、渣土、纸巾等难以回收的废弃物及尘土、食品袋（盒）。

（资料来源：根据搜狐网、百度文库相关资料汇编）

任务拓展

《生活垃圾分类制度实施方案》摘要

随着经济社会发展和物质消费水平大幅提高，我国生活垃圾产生量迅速增长，环境隐患日益突出，已经成为新型城镇化发展的制约因素。遵循减量化、资源化、无害化的原则，实施生活垃圾分类，可以有效改善城乡环境，促进资源回收利用，加快"两型社会"建设，提高新型城镇化质量和生态文明建设水平。为切实推动生活垃圾分类，根据党中央、国务院有关工作部署，特制定以下方案。

一、总体要求

（一）指导思想。全面贯彻党的十八大和十八届三中、四中、五中、六中全会精神，深入贯彻习近平总书记系列重要讲话精神和治国理政新理念新思想新战略，统筹推进"五位一体"总体布局和协调推进"四个全面"战略布局，牢固树立和贯彻落实创新、协调、绿色、开放、共享的发展理念，加快建立分类投放、分类收集、分类运输、分类处理的垃圾处理系统，形成以法治为基础、政府推动、全民参与、城乡统筹、因地制宜的垃圾分类制度，努力提高垃圾分类制度覆盖范围，将生活垃圾分类作为推进绿色发展的重要举措，不断完善城市管理和服务，创造优良的人居环境。

（二）基本原则。政府推动，全民参与。落实城市人民政府主体责任，强化公共机构和企业示范带头作用，引导居民逐步养成主动分类的习惯，形成全社会共同参与垃圾分类的良好氛围。

因地制宜，循序渐进。综合考虑各地气候特征、发展水平、生活习惯、垃圾成分等方面实际情况，合理确定实施路径，有序推进生活垃圾分类。

完善机制，创新发展。充分发挥市场作用，形成有效的激励约束机制。完善相关法律法规标准，加强技术创新，利用信息化手段提高垃圾分类效率。

协同推进，有效衔接。加强垃圾分类收集、运输、资源化利用和终端处置等环节的衔接，形成统一完整、能力适应、协同高效的全过程运行系统。

（三）主要目标。到2020年底，基本建立垃圾分类相关法律法规和标准体系，形成可复制、可推广的生活垃圾分类模式，在实施生活垃圾强制分类的城市，生活垃圾回收利用率达到35％以上。

二、部分范围内先行实施生活垃圾强制分类

……

日本的垃圾分类特点

一、分类精细,回收及时

最大分类有可燃物、不可燃物、资源类、粗大类、有害类。这几类可再细分为若干子项目,每个子项目又可分为孙项目,依次类推。

可燃类:简单地讲就是可以燃烧的——但不包括塑料,橡胶制品、剩菜剩饭和一些可燃的生活垃圾都属于可燃垃圾。

不可燃类:废旧小家电(电水壶、收录音机),衣物,玩具,陶瓷制品,铁质容器。

资源类:报纸,书籍,塑料饮料瓶,玻璃饮料瓶。

粗大类:大的家具,大型电器(电视机、空调),自行车。

有害类:电池,医用垃圾,对人体有害的物质。

前几年,横滨市把垃圾类别由原来的五类细分为十类,并给每个市民发了长达27页的手册,其条款有518项之多。试看几例:口红属可燃物,但用完的口红管属小金属物;水壶属金属物,但12英寸以下的属小金属物,12英寸以上的则属大废弃物;袜子,若为一只属可燃物,若为两只并且"没被穿破、左右脚搭配"则属旧衣料;领带也属旧衣料,但前提是"洗过、晾干"。不过,这与德岛县上胜町相比,那就是小巫见大巫了。该町已把垃圾细分到44类,并计划到2020年实现"零垃圾"的目标。

在回收方面,有的社区摆放着一排分类垃圾箱,有的则没有垃圾箱而是规定在每周特定时间把特定垃圾袋放在特定地点,由专人及时拉走。如在东京都港区,每周三、周六上午收可燃垃圾,周一上午收不可燃垃圾,周二上午收资源垃圾。很多社区规定早8点之前扔垃圾,有的则放宽到中午,但都是当天就拉走,不致污染环境或引来害虫和乌鸦。

二、管理到位,措施得当

外国人到日本后,要到居住地政府进行登记,这时往往就会领到当地有关扔垃圾的规定。当你入住出租房时,房东也许会在交付钥匙的同时一并交予扔垃圾规定。有的行政区年底会给居民送上来年的日历,上面一些日期上标有黄、绿、蓝等颜色,下方说明每一种颜色代表哪天可以扔何种垃圾。在一些公共场所,也往往会看到一排垃圾箱,分别写着纸杯、可燃物、塑料类,每个垃圾箱上还写有日文、英文、中文和韩文。

三、人人自觉,认真细致

养成良好习惯,非一日之功。日本的儿童打小就从家长和学校那里受到正确处理垃圾的教育。如果不按规定扔垃圾,就可能受到政府人员的说服和周围舆论的压力。日本居民扔垃圾真可谓一丝不苟,非常严格:废旧报纸和书本要捆得非常整齐,有水分的垃圾要控干水分,锋利的物品要用纸包好,用过的喷雾罐要扎一个孔以防爆炸。

四、废物利用,节能环保

分类垃圾被专人回收后,报纸被送到造纸厂,用以生产再生纸,很多日本人以名片上印有"使用再生纸"为荣;饮料容器被分别送到相关工厂,成为再生资源;废弃电器被送到专门公司分解处理;可燃垃圾燃烧后可作为肥料;不可燃垃圾经过压缩无毒化处理后可作为填海造田的原料。日本商品的包装盒上就已注明了其属于哪类垃圾,牛奶盒上甚至还有这样的提示:要洗净、折开、晾干、折叠以后再扔。

在垃圾分类方面,日本走在了世界前列。21世纪60年代的严重环境污染"逼"出了他们掌握了一流的环保技术,70年代的深刻石油危机又促成他们形成了良好的节能技术。

(资料来源:中华环保联合会网站)

思考/实践

1. 如何正确理解"垃圾是放错位置的资源"这一理念。
2. 结合实际情况,将学到的垃圾分类知识应用在生活中。

课后阅读　新中国劳动者典型事例

铁人——王进喜

王进喜,甘肃玉门人,是新中国第一批石油钻探工人,全国著名的劳动模范。1938年,15岁的王进喜进入玉门石油公司当工人,新中国成立后历任玉门石油管理局钻井队队长、大庆油田1205钻井队队长、大庆油田钻井指挥部副指挥。1956年,王进喜加入中国共产党。他率领1205钻井队艰苦创业,打出了大庆第一口油井,并创造了年进尺10万米的世界钻井纪录,展现了大庆石油工人的气概,为我国石油事业立下了汗马功劳,成为中国工业战线一面火红的旗帜。王进喜以"宁可少活二十年,拼命也要拿下大油田"的顽强意志和冲天干劲,被誉为"铁人"。1959年,王进喜在全国"群英会"上被授予全国先进生产者称号。王进喜是中共第九届中央委员,第三届全国人大代表。

1960年,我国石油战线传来喜讯——发现大庆油田,一场规模空前的石油大会战随即在大庆展开。王进喜从西北的玉门油田率领1205钻井队赶来,加入了这场石油大会战。一到大庆,呈现在王进喜面前的是许多难以想象的困难:没有公路,车辆不足,吃和住都成问题。但王进喜和同事们下定决心:有天大的困难也要高速度、高水平地拿下大油田。钻机到了,吊车不够用,几十吨的设备怎么从车上卸下来?王进喜说:"咱们一刻也不能等,就是人拉肩扛也要把钻机运到井场。有条件要上,没有条件创造条件也要上。"他们用滚杠加撬杠,靠双手和肩膀,奋战3天3夜,38米高、22吨重的井架迎着寒风矗立荒原。这就是会战史上著名的"人拉肩扛运钻机"。要开钻了,可水管还没有接通。王进喜振臂一呼,带领工人到附近水泡子里破冰取水,硬是用脸盆水桶,一盆盆、一桶桶地往井场端了50吨水。经过艰苦奋战,仅用5天零4小时就钻完了大庆油田的第一口生产井。在重重困难面前,王进喜带领全队以"宁可少活二十年,拼命也要拿下大油田"的顽强意志和冲天干劲,苦干5天5夜,打出了大庆第一口喷油井。在随后的10个月里,王进喜率领1205钻井队和1202钻井队,在极端困苦的情况下,克服重重困难,双双达到了年进尺10万米的奇迹。在那些日子里,王进喜身患重病也顾不上去医院;几百斤重的钻杆砸伤了他的腿，他拄着双拐继续指挥；一天，突然出现井喷，当时没有压井用的重晶粉，王进喜当即决定用水泥代替。成袋的水泥倒入泥浆池却搅拌不开，王进喜就甩掉拐杖，奋不顾身跳进齐腰深的泥浆池，用身体搅拌，井喷终于被制服，可是王进喜却累得站不起来了。房东大娘心疼地说："王队长你可真是铁人啊！""铁人"的名字就是这样传开的。王进喜为发展祖国的石油事业日夜操劳，积劳成疾，于1970年病逝，年仅47岁。

王进喜身上显现出来的"铁人精神"，激励了一代又一代石油工人。铁人不仅是工人阶级的先锋战士、共产党人的楷模，更是为国家分忧解难、为民族争光争气、顶天立地的英雄。

（资料来源：新华网，有删减）

项目六

服务公益劳动

学习目标

目标1：熟悉劳动周各岗位工作要求，锻炼劳动技能。

目标2：掌握志愿服务的概念、原则、类型，积极开展志愿服务活动。

目标3：掌握勤工助学的概念及意义，培养勤工助学意识。

目标4：掌握高校学生社团的概念、基本任务、分类以及成立和运行的相关规定，参加高校学生社团服务实践，提高服务意识。

目标5：了解"三下乡"活动的概念、意义及类型，积极参与"三下乡"服务实践活动。

劳动名人名言

1. 埋头苦干是第一，发白才知智叟呆。勤能补拙是良训，一分辛苦一分才。
   ——华罗庚

2. 最有幸福的，只是勤劳的劳动之后。劳动能给人以完全的幸福，幸福——劳动。
   ——瞿秋白

3. 世间没有一种具有真正价值的东西，可以不经过艰苦辛勤劳动而能够得到。
   ——爱迪生

任务一 劳动周

情境导入

中共中央 国务院关于全面加强新时代大中小学劳动教育的意见（节选）

全面构建体现时代特征的劳动教育体系

设置劳动教育课程

整体优化学校课程设置，将劳动教育纳入中小学国家课程方案和职业院校、普通高等学校人才培养方案,形成具有综合性、实践性、开放性、针对性的劳动教育课程体系。

根据各学段特点,在大中小学设立劳动教育必修课程,系统加强劳动教育。职业院校以实习实训课为主要载体开展劳动教育,其中劳动精神、劳模精神、工匠精神专题教育不少于16学时。除劳动教育必修课程外,其他课程结合学科、专业特点,有机融入劳动教育内容。大中小学每学年设立劳动周,可在学年内或寒暑假自主安排,以集体劳动为主。高等学校也可安排劳动月,集中落实各学年劳动周要求。

根据需要编写劳动实践指导手册,明确教学目标、活动设计、工具使用、考核评价、安全保护等劳动教育要求。

确定劳动教育内容要求

根据教育目标,针对不同学段、类型学生特点,以日常生活劳动、生产劳动和服务性劳动为主要内容开展劳动教育。结合产业新业态、劳动新形态,注重选择新型服务性劳动的内容。

中等职业学校重点是结合专业人才培养,增强学生职业荣誉感,提高职业技能水平,培育学生精益求精的工匠精神和爱岗敬业的劳动态度。高等学校要注重围绕创新创业,结合学科和专业积极开展实习实训、专业服务、社会实践、勤工助学等,重视新知识、新技术、新工艺、新方法应用,创造性地解决实际问题,使学生增强诚实劳动意识,积累职业经验,提升就业创业能力,树立正确择业观,具有到艰苦地区和行业工作的奋斗精神,懂得空谈误国、实干兴邦的深刻道理;注重培育公共服务意识,使学生具有面对重大疫情、灾害等危机主动作为的奉献精神。

健全劳动素养评价制度

将劳动素养纳入学生综合素质评价体系,制定评价标准,建立激励机制,组织开展劳动技能和劳动成果展示、劳动竞赛等活动,全面客观记录课内外劳动过程和结果,加强实际劳动技能和价值体认情况的考核。建立公示、审核制度,确保记录真实可靠。把劳动素养评价结果作为衡量学生全面发展情况的重要内容,作为评优评先的重要参考和毕业依据,作为高一级学校录取的重要参考或依据。

家庭要发挥在劳动教育中的基础作用

注重抓住衣食住行等日常生活中的劳动实践机会,鼓励孩子自觉参与、自己动手,随时随地、坚持不懈地进行劳动,掌握洗衣做饭等必要的家务劳动技能,每年有针对性地学会1至2项生活技能。鼓励学校(家委会)和社区等组织开展学生生活技能展示活动。学生参加家务劳动和掌握生活技能的情况要按年度记入学生综合素质档案。鼓励孩子利用节假日参加各种社会劳动。家庭要树立崇尚劳动的良好家风,家长要通过日常生活的言传身教、潜移默化,让孩子养成从小爱劳动的好习惯。

学校要发挥在劳动教育中的主导作用

学校要切实承担劳动教育主体责任,明确实施机构和人员,开齐开足劳动教育课程,不得挤占、挪用劳动实践时间。明确学校劳动教育要求,着重引导学生形成马克思

项目六 服务公益劳动

主义劳动观,系统学习掌握必要的劳动技能。根据学生身体发育情况,科学设计课内外劳动项目,采取灵活多样形式,激发学生劳动的内在需求和动力。统筹安排课内外时间,可采用集中与分散相结合的方式。组织实施好劳动周,小学低中年级以校园劳动为主,小学高年级和中学可适当走向社会、参与集中劳动,高等学校要组织学生走向社会、以校外劳动锻炼为主。

社会要发挥在劳动教育中的支持作用

充分利用社会各方面资源,为劳动教育提供必要保障。各级政府部门要积极协调和引导企业公司、工厂农场等组织履行社会责任,开放实践场所,支持学校组织学生参加力所能及的生产劳动、参与新型服务性劳动,使学生与普通劳动者一起经历劳动过程。鼓励高新企业为学生体验现代科技条件下劳动实践新形态、新方式提供支持。工会、共青团、妇联等群团组织以及各类公益基金会、社会福利组织要组织动员相关力量、搭建活动平台,共同支持学生深入城乡社区、福利院和公共场所等参加志愿服务,开展公益劳动,参与社区治理。

(资料来源:中华人民共和国中央人民政府网站)

任务目标

目标1:充分认识劳动教育的意义。
目标2:熟悉劳动周各岗位工作要求,锻炼劳动技能。
目标3:培养劳动精神,提高职业素养。

任务准备

一、知识准备

劳动周作为在校大学生集中开展劳动实践的主要组织形式,是培养学生劳动观念的重要手段,有助于提高学生劳动实践能力和培育劳动协作精神,实现"以劳树德、以劳增智、以劳强体、以劳育美、以劳创新"的育人目标。高校组织学生参加劳动周主要应以劳为主,将劳育结合,开展校园绿化、教室清洁、文明宿舍建设等教育活动,培养学生良好的日常生活技能与良好行为习惯。如图6-1所示为劳动周绿化校园活动。

图6-1 劳动周绿化校园活动

以山东轻工职业学院(原山东省丝绸工业学校)为例,学校于1994年通过《关于实施正常劳育的意见》。由学生、教务、总务等部门共同组织实施劳育教学,将劳育正式作为一门课程列入了教学计划,并制订劳育实施计划,将劳育课分为课堂教学和劳动实践两个部分,明确了劳育岗位设置、岗位要求和评分标准等方面内容。1996年9月,学校成立"劳育管理部",进一步加强劳动教育工作。

现阶段,学校成立劳动教育工作领导小组并下设劳动教育中心(挂靠党委学生工作部),该中心负责制定劳动周相关制度、确立劳动周的具体目标与任务分工及劳动周课程建设与管理,通过制定《劳动教育》课程标准(表6-1),组织课程实施(图6-2)。

表6-1　　　　　　　　　　　《劳动教育》课程标准

模块名称	教学内容与要求		实践项目与要求	
	教学内容	教学要求	实践项目	实践要求
劳动基础单元	1.劳育目的和意义的认知; 2.劳育流程的认知; 3.劳育岗位的分配; 4.职业素养的认知	1.能够正确理解进行劳育的意义; 2.能够理解并掌握劳育的流程,树立良好的职业态度; 3.能够掌握劳育岗位分配的原则,并运用规则完成岗位分配; 4.能够掌握职场基本礼仪知识,加深对职业素养的认知和了解	1.了解劳育的目的和意义; 2.了解体验流程; 3.掌握岗位分配的原则; 4.熟悉职业礼仪	1.能够正确理解进行劳育的真正意义; 2.能够理解并掌握劳育的流程,树立良好的职业态度; 3.能够掌握职场基本的礼仪知识,加深对职业素养的认知和了解; 4.能够掌握劳育岗位分配的原则,并运用规则完成岗位分配
劳动体验单元	1.角色体验岗位的认知; 2.角色体验岗位的实践	1.熟知劳育的工作流程,并做好相应的上岗准备; 2.熟知岗位工作特性,并做好岗前培训和上岗工作	1.管理岗位体验类; 2.后勤岗位体验类	1.熟悉实践岗位的工作特性和工作标准; 2.按时上岗,遵守工作纪律,履行岗位职责
总结提升单元	1.劳育的交流和分享; 2.劳育的考核和奖惩	1.能够归纳总结劳育工作中的经验和感想,并进行交流和分享; 2.能够熟悉劳育的考核和奖惩的相关制度,并做好相关考核和奖惩工作	1.劳育的交流和分享; 2.劳育的考核和奖惩	1.能够归纳总结劳育工作中的经验和感想,并进行交流和分享; 2.能够熟悉劳育的考核和奖惩的相关制度,并做好相关考核和奖惩工作

劳动周的岗位应贴合日常生产劳动、专业时间和生活技能等方面,充分体现高职教育职业性、开放性和实践性的特点,提高学生的职业意识和职业能力,具体岗位设置见表6-2。

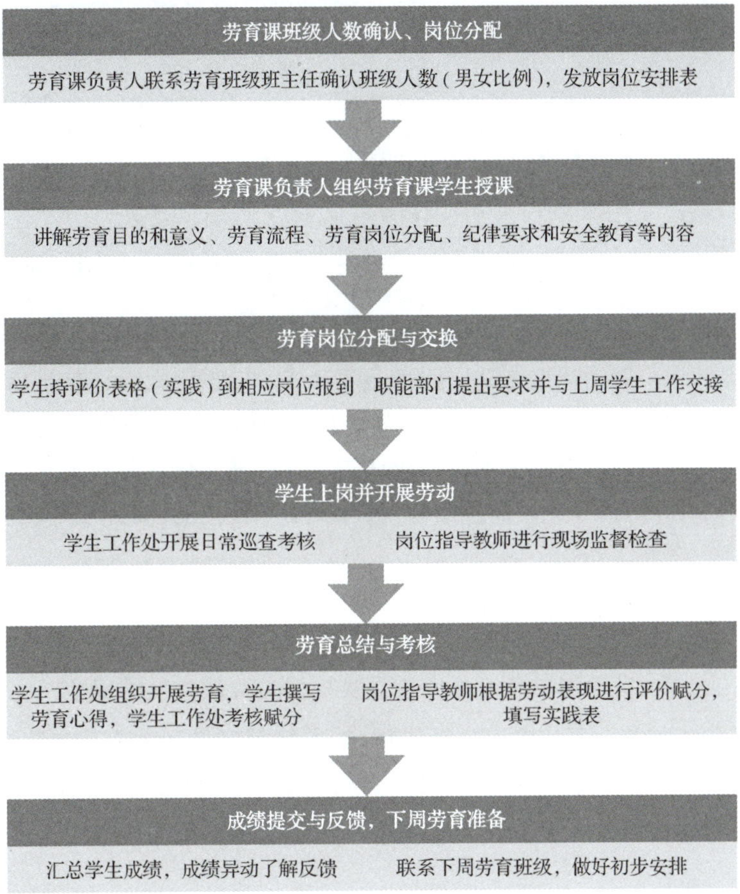

项目六 服务公益劳动

```
┌─────────────────────────────────────────────┐
│ 劳育课班级人数确认、岗位分配                  │
│ 劳育课负责人联系劳育班级班主任确认班级人数    │
│ (男女比例),发放岗位安排表                    │
└─────────────────────────────────────────────┘
                    ↓
┌─────────────────────────────────────────────┐
│ 劳育课负责人组织劳育课学生授课                │
│ 讲解劳育目的和意义、劳育流程、劳育岗位分配、  │
│ 纪律要求和安全教育等内容                      │
└─────────────────────────────────────────────┘
                    ↓
┌─────────────────────────────────────────────┐
│ 劳育岗位分配与交换                            │
│ 学生持评价表格(实践)到相应岗位报到  职能部门 │
│ 提出要求并与上周学生工作交接                  │
└─────────────────────────────────────────────┘
                    ↓
┌─────────────────────────────────────────────┐
│ 学生上岗并开展劳动                            │
│ 学生工作处开展日常巡查考核  岗位指导教师进行  │
│ 现场监督检查                                  │
└─────────────────────────────────────────────┘
                    ↓
┌─────────────────────────────────────────────┐
│ 劳育总结与考核                                │
│ 学生工作处组织开展劳育,学生撰写  岗位指导教师│
│ 劳育心得,学生工作处考核赋分  根据劳动表现进行│
│                              评价赋分,填写实践表│
└─────────────────────────────────────────────┘
                    ↓
┌─────────────────────────────────────────────┐
│ 成绩提交与反馈,下周劳育准备                  │
│ 汇总学生成绩,成绩异动了解反馈  联系下周劳育  │
│ 班级,做好初步安排                            │
└─────────────────────────────────────────────┘
```

图 6-2 《劳动教育》课程实施流程

表 6-2　　　　　　　　　　劳动周岗位设置

岗位设置	岗位职责
办公室学生劳动岗位	协助完成会议室、办公室卫生清洁工作;协助各办公室做好日常辅助工作;认真完成教师安排的其他服务工作
档案室学生劳动岗位	协助做好档案整理工作(文件粘贴、缝制、编写页码等);协助做好档案排序、装盒工作;协助做好档案系统录入工作;协助做好照片档案核对、整理工作;协助做好档案日常安全维护工作;协助做好档案扫描工作;协助做好档案清点统计工作
学生公寓学生劳动岗位	协助做好门厅值班、外来人员登记工作;协助清理公寓门厅、周边环境卫生并保持整洁;协助进行内务卫生检查、安全巡视、就寝检查等工作;协助完成各项报修、维修工作
图书馆报刊阅览室学生劳动岗位	协助报刊阅览室管理人员维护好报刊阅览室和自修室的卫生环境;协助管理人员整理报刊;协助管理人员维持自修室学习秩序
机房学生劳动岗位	协助机房管理员维护机房日常运行,可简单维修、维护电脑,可以进行简单的软件操作

(续表)

岗位设置	岗位职责
实训室学生劳动岗位	辅助管理员开展实训实践课,熟悉实训流程和注意事项,可简单辅导学生开展实训课程,维护好实训室日常卫生清理
校园绿化学生劳动岗位	了解校园绿植品种;绿篱修剪;绿化场地浇水;绿化带清理
后勤室外学生劳动岗位	做好地面(路面、广场)整洁工作;做好绿化带整洁工作;做好劳动组织协助工作;做好垃圾桶管理工作

> 微课
>
> 生命在于绿色
> 希望在于绿色
> ——植树节

劳动周以劳动实践为主要手段,以培养学生的劳动意识、能力素养为主线,学生在进行有关岗位工作基础知识学习的前提下,通过劳动实践活动加强对工作岗位的认知、体验,进而树立劳动观念,熟悉劳动岗位标准,遵守劳动岗位纪律,锻炼劳动岗位技能,提升学生职业能力和职业素养。

二、实践准备

劳动周准备工作由辅导员根据实践教学安排提前一周组织开展,着重对劳动周各岗位种类和工作要求进行讲解,按照统筹安排和个人意向相结合的原则进行岗位分配,由岗位指导教师带领学生进行实地认知活动,帮助学生提前了解和熟悉劳动岗位。本次任务以学生公寓学生劳动岗位为例组织实施,岗位具体要求如下。

(一)劳动时间

7:00~22:00,岗位设置3人,2人在岗,1人轮休,每人轮休7小时/班次。

(二)劳动内容

1. 劳动地点为学生公寓及周边,值班地点为门厅和值班室。
2. 协助完成公寓日常内务管理,协助完成日常消防安全巡查。
3. 协助完成访客登记,熟悉公寓管理系统操作,更新公寓内宣传栏内容。
4. 协助完成公寓内外公共区域卫生清理,检查公共设施使用情况。
5. 协助完成维修报修,工作资料整理归档,撰写劳育心得。

(三)劳动要求

1. 遵守学院劳育课相关规定,按时出勤,不迟到、不早退、不偷懒,有事要提前请假。
2. 服从管理,发扬吃苦耐劳、团结协作的劳动精神。
3. 坚守岗位不脱岗,认真工作不松懈,不做与工作无关的事情。
4. 不擅动公寓钥匙,不随意打开各公寓门和宿舍门。
5. 衣着整齐得体,不准穿奇装异服或短衣短裤、拖鞋等。

项目六 服务公益劳动

任务实施

1. 辅导员根据劳动周岗位设置和学生特点，结合劳动意向进行岗位分配。

2. 劳动周岗位指导教师带领学生熟悉学生公寓整体布局，学习如何维护各类生活设施，介绍内务、安全检查注意事项，对岗位要求进行说明，开展劳动安全教育，制定轮班次序。

3. 指导教师根据工作需要及学生特点，合理安排每天工作任务，1人为大厅值班岗，主要负责日常访客登记、公寓维修报修、资料归档等工作；1人为日常巡查岗，主要负责内务、安全检查、公寓内外公共区域卫生清理等工作，参与制作和布置公寓宣传材料，熟悉公寓管理系统床位调整操作。指导教师每天工作结束后及时和辅导员反馈学生劳动情况并做好记录。

4. 劳动周结束后，指导教师对参加劳动学生的劳动表现进行点评并根据评分标准进行评分，见表6-3。

表6-3 学生公寓学生劳动岗位评分标准

评分项目	分值	评分标准
劳动态度	20	服从指导教师安排，不迟到、不早退、不旷课，积极承担力所能及的劳动任务，吃苦耐劳，不怕脏、不怕累；认真完成劳育总结
劳动能力	40	能认真进行内务、安全检查，做好外来人员登记，积极主动为同学解决问题，维护好公寓生活设施及周边环境
劳动成效	20	通过劳动周锻炼，劳动技能有所提升，劳动意识得到加强
小组评议	10	同小组同学间对劳育工作表现进行互评
加分项	10	能积极主动承担岗位之外工作任务；刻苦钻研劳动技能并有创新思路；在服务师生方面表现突出

任务拓展 大中小学劳动教育指导纲要（试行）（节选）

劳动教育性质

劳动是创造物质财富和精神财富的过程，是人类特有的基本社会实践活动。劳动教育是发挥劳动的育人功能，对学生进行热爱劳动、热爱劳动人民的教育活动。当前实施劳动教育的重点是在系统的文化知识学习之外，有目的、有计划地组织学生参加日常生活劳动、生产劳动和服务性劳动，让学生动手实践、出力流汗，接受锻炼、磨炼意志，培养学生正确劳动价值观和良好劳动品质。

劳动教育是新时代党对教育的新要求，是中国特色社会主义教育制度的重要内容，是全面发展教育体系的重要组成部分，是大中小学必须开展的教育活动。它具有鲜明的思想性，必须将马克思主义劳动观贯彻始终，强调劳动是一切财富、价值的源泉，劳动者是国家的主人，一切劳动和劳动者都应该得到鼓励和尊重；倡导通过诚实劳动创造美好生活、实现人生梦想，反对一切不劳而获、崇尚暴富、贪图享乐的错误思想。具有突出的社会性，必须加强学校教育与社会生活、生产实践的直接联系，发挥劳动在个人与社会之间的纽带作用，引导学生认识社会，增强社会责任感；同时注重让学生学会分工合作，体会社会主义社会平等、和谐的新型劳动关系。具有显著的实践性，必须面向真实的生活世界和职业世界，引导学生以动手实践为主要方式，在认识世界的基础上，获得有积极意义的价值体验，学会建设世界，塑造自己，实现树德、增智、强体、育美的目的。

劳动教育基本理念

强化劳动观念，弘扬劳动精神。将劳动观念和劳动精神教育贯穿人才培养全过程，贯穿家庭、学校、社会各方面。注重让学生在学习和掌握基本劳动知识技能的过程中，领悟劳动的意义价值，形成勤俭、奋斗、创新、奉献的劳动精神。

强调身心参与，注重手脑并用。把握劳动教育的根本特征，让学生面对真实的个人生活、生产和社会性服务任务情境，亲历实际的劳动过程，善于观察思考，注重运用所学知识解决实际问题，提高劳动质量和效率。

继承优良传统，彰显时代特征。在充分发挥传统劳动、传统工艺项目育人功能的同时，紧跟科技发展和产业变革，准确把握新时代劳动工具、劳动技术、劳动形态的新变化，创新劳动教育内容、途径、方式，增强劳动教育的时代性。

发挥主体作用，激发创新创造。关注学生劳动过程中的体验和感悟，引导学生感受劳动的艰辛和收获的快乐，增强获得感、成就感、荣誉感。鼓励学生在学习和借鉴他人丰富经验、技艺的基础上，尝试新方法、探索新技术，打破僵化思维方式，推陈出新。

职业院校劳动教育要求

重点结合专业特点，增强职业荣誉感和责任感，提高职业劳动技能水平，培育积极向上的劳动精神和认真负责的劳动态度。组织学生持续开展日常生活劳动，自我管理生活，提高劳动自立自强的意识和能力；定期开展校内外公益服务性劳动，做好校园环境秩序维护，运用专业技能为社会、为他人提供相关公益服务，培育社会公德，厚植爱国爱民的情怀；依托实习实训，参与真实的生产劳动和服务性劳动，增强职业认同感和劳动自豪感，提升创意物化能力，培育不断探索、精益求精、追求卓越的工匠精神和爱岗敬业的劳动态度，坚信"三百六十行，行行出状元"，体认劳动不分贵贱，任何职业都很光荣，都能出彩。

（资料来源：中华人民共和国教育部网站）

思考/实践

1. 谈一谈劳动周在大学生涯中的重要意义。
2. 结合实际情况，规划一次适合自己的劳动周实践活动。

项目六 服务公益劳动

任务二 志愿服务

情境导入

大学生志愿服务该怎么做
——重庆大学生创新暑期志愿服务方式回应社会质疑

回应社会质疑——志愿者服务该怎么做

"我不支持带着随意的态度来参加志愿者服务,为了搞活动而搞活动,或者是想要借此出来玩一玩,那收获不了什么东西。"来自重庆青年职业技术学院、参加"三下乡"活动的志愿者赵伟说。

回应社会对大学生志愿服务的质疑,赵伟显得底气十足。在北碚区两江名居南社区,他已经度过了3个暑假。虽然今年已经毕业留校,他还是带着师弟师妹们,坚持在这个社区的市民学校开展"社区快乐学堂"活动,为居住在本社区、白天父母上班的小学生服务。

"一会儿想学舞蹈的小朋友跟着这个姐姐,想学手工的可以去那边。"赵伟给孩子们讲完《弟子规》后,招呼小朋友们进入下一阶段的课堂学习。此时,已经下午3点40分了,他一天的课程也结束了。他拿起杯子,一口气喝了一杯水,坐在教室的后排,静静地看着前面的孩子们上课。

在重庆青年职业技术学院所办的这所社区市民学校中,课程丰富多彩,不仅给低年级的孩子们安排画画、手工、舞蹈、折纸等课程,还给稍大的孩子开设了数学、语文、英语辅导课程。而开设这些课程,都是重庆青年职业技术学院学生志愿者们事前对社区居民做的调研结果。

"赵伟不仅带着我们将活动搞得有声有色,他还有'暖男'的一面——'买菜达人'哟。"一同参加活动的大一女生杨巧在一旁主动"爆料"。

赵伟擅长于买菜,源于非常"抠门"。参加活动的8名学生,学校给每人每天10元的补助。既要让同学们吃饱,也要让大家吃好,成为赵伟每天的"功课"。买菜的次数多了,他与菜贩也熟络。所以,花一样的钱,他总能买到比别人更多的菜。

"买菜达人"也有难处,最近重庆的天气比较热,社区提供的宿舍没有冰箱,所以不敢买太多菜。有时候遇到菜不够吃,男生就主动把菜让给女生,他们却用酱油拌饭。

他们所做的一切,被周围的居民看在眼里,有孩子的家长们时不时地送块腊肉给他们"打牙祭",还有热心的居民经常拉着"老师"去家里吃饭,王怀强就是其中的一位,他特地腾出家中的一个房间,让两位志愿者免费住在他家,时不时地还帮衬着做饭。

"他们人生地不熟,也挺不容易的,有时候看他们实在忙不过来,我就过来帮一帮忙。"社区居民王怀强说,"刚开始觉得他们的活动坚持不了多久,但后来发现他们非常用心,他们来4年了。去年,受他们的影响,我也加入到社区志愿者服务的队伍中。"

志愿者服务何去何从——大环境引导不可缺位

"我喜欢两个姐姐陪我玩,很开心!"家住重庆江北区身患智力障碍的家俊一边玩着五子棋,一边对记者说。陪他玩五子棋的两个女生杨道梨和詹思,来自重庆工商大学教育关爱服务团。该校每年暑假都会派不同的同学来陪家俊,今年已经是第九年了。

詹思说:"之前的师兄师姐都来过,我今年暑假是第一次过来。学校每年都会选拔学生过来,不然我也不会认识家俊。"

今年,除了坚持传统的项目外,重庆团市委鼓励和倡导青年志愿者在暑假期间,走进城乡社区的市民学校,开展政策宣讲、医疗服务、敬老助残、社区服务等10个大类的志愿服务活动。

与以往有所不同,团市委根据社区的要求,向全市范围内的志愿者服务团队进行招标。一共有1 300多支大学生志愿者服务团队报名,共筛选出400支市级优秀队伍进行立项。其中,40支队伍派往农村的集中安置点社区,另外360支队伍留在离学生家或大学就近就便的社区。如此,让大学生志愿服务与社区的需要实现"优化配对",最大限度地达到供需平衡。

"目前社会上对大学生志愿服务存在争议,这不是偶然的,恰恰是反映了当下大学中的实践活动与社会需要没有真正'对接'起来。"西南大学团委副书记坦言。他举例说,就在去年,他带领着学生去重庆的一个新农村参加社会实践。出发之前,不少学生就想当然地认为,农村的面貌比较落后,村干部工作都很悠闲。但是,学生实地调查之后,他们"触摸"到了真正的基层情况,原来的观念就被"解构"了。

重庆青年职业技术学院的团委老师,也非常注重使用引导式的教育。她提到:"在平时,同学们都叫我姐姐,我也觉得很亲切,在策划志愿者服务活动的过程中,我都是用交流的语气与同学们一起商量,运用朋辈教育,学生接受起来更加容易。"

在她看来,现在95后的学生们都颇有个性,作为高职院校的老师,逐步引导学生参与志愿活动,从策划、实施到反馈,放手让同学自己去完成和体验,遇到问题再探讨解决,"反而比手把手教得效果更好,无形之中也挖掘了同学们的潜力,为他们进入就业市场夯实基础"。

共青团重庆市委学校部部长介绍,近几年,重庆团市委正在推行"城乡社区市民学校",这个"学校"不仅动员志愿者就近就便深入社区为青少年做好事,而且还要让大学生的"爱心"有处安放。截至2014年6月,重庆学校团组织共创建市民学校573所,323名专兼职团干部领导创办市民学校432所,188 748名学生在"爱心储蓄银行"系统注册成为青年志愿者,志愿服务总时长291 578.5小时。

张柯认为,可以尝试着开展志愿服务活动的制度化、学分化,"比如,大学每个学期中,规定至少参加一次志愿服务活动,并成为必修的学分。这不仅是对学生的带有强制力的引导,也是对队伍的保障,让更多原本不了解志愿服务的同学能够参与进来,体验志愿服务的魅力"。

项目六 服务公益劳动

目前,重庆邮电大学移通学院已经开始尝试这种做法,学生在本科期间必须参加20次志愿服务,才能达到毕业的条件。重庆就有16所高校,已经把志愿服务纳入第一课堂、第二课堂学分中。

(资料来源:人民网,2014-09-08)

任务目标

目标1:掌握志愿服务的概念、原则、类型。

目标2:通过敬老爱老志愿服务实践活动,培养感恩、奉献精神,提高学生组织、协作能力。

目标3:了解我国志愿服务发展历史。

任务准备

一、知识准备

(一)志愿服务的概念

志愿服务是指志愿者、志愿服务组织和其他组织自愿、无偿地向社会或者他人提供的公益服务,志愿服务以"奉献、友爱、互助、进步"为精神内涵。如图6-3所示为社区卫生整治志愿服务活动。

图6-3 社区卫生整治志愿服务活动

(二)志愿服务的原则

开展志愿服务,应当遵循自愿、无偿、平等、诚信、合法的原则,不得违背社会公德、损害社会公共利益和他人合法权益,不得危害国家安全。

(三)志愿服务的类型

志愿服务主要包含扶贫、济困、扶老、救孤、助残、救灾、助医、助学和大型社会活动等类型。

> **知识链接** 中国志愿服务网
>
> 全国志愿服务信息系统(中国志愿服务网)是面向各行业志愿服务管理部门,面向广大社会公众、志愿服务组织、志愿服务队伍的社会化服务平台。通过该系统,社会公众可以便捷注册为志愿者参与志愿服务;志愿者可以参与自己感兴趣的志愿队伍和项目,记录、转移、接续自己的志愿服务时间;志愿队伍可以按照规范的流程发布项目、招募管理志愿者、开展服务,实现供需有效对接;全国各行业各区域志愿服务数据实时或定时汇集,党政管理部门可以全面了解志愿服务情况、开展数据决策分析。
>
> (资料来源:中国志愿服务网)

二、实践准备

以敬老爱老志愿服务实践为例,在活动开展前,应从活动主题、对象、内容等方面进行筹划和准备,以便活动顺利开展,具体见表 6-4。

表 6-4 活动准备一览表

项目	详细内容
活动主题	金辉助老,情满夕阳
活动对象	市敬老院孤寡老人(25 名)
活动意义	弘扬敬老爱老的中华民族传统美德;在志愿服务活动中,锻炼自身才干,提高组织协调能力;感恩社会,服务弱势群体
活动地点	市敬老院
活动人员	大学生志愿者(25 人)
活动时间	2020 年 10 月 25 日 8:30~11:30
活动内容	开展"四个一"爱心帮扶活动,唠一次家常,整理一次家务,赠送一件小礼物,清洗一次衣物;组织文艺会演,包含诗朗诵、武术、独唱和小合唱等节目;开展防电信诈骗宣传
物资准备	卫生工具 10 套、手工小礼物 25 份、志愿者服装 25 套(含外套、帽子)、防电信诈骗宣传彩页 100 张
活动要求	遵守活动纪律,听从带队教师安排,未经允许不能擅自离队; 统一着装,举止文明,能体现良好的志愿者风貌; 要发扬不怕脏、不怕累精神,无私奉献,彰显当代大学生的青春本色; 活动开始前,通过志愿服务网申请加入本项目

任务实施

1. 志愿者完成线上申请,加入项目,由指导教师进行安全教育培训,统一乘坐公交车前往目的地。

2. 志愿者分为五组,每组对应五名老人,分别开展唠家常、整理家务、赠送礼物和清洗衣物爱心帮扶活动。

3. 志愿者在敬老院礼堂布置完场地后,按照诗朗诵、武术、独唱和小合唱的顺序进行文艺演出,演出结束后,收拾场地卫生。

4. 志愿者对敬老院老人开展防电信诈骗宣传,对"冒充公检法""虚假购物""幸运获奖"等常见骗术进行讲解,提醒老人保管好自己的身份证、银行卡账号等个人重要信息。

5. 整理活动物品,集合清点人员,由指导教师对本次活动进行总结和点评,集体返回学校。

爱心献社会,
真情暖人间
——志愿服务

知识链接

1. 志愿服务现状

截至2021年5月,全国实名注册志愿者人数为2.06亿,志愿队伍总数为99万,志愿项目总数为570万,服务时间总数为27.737 5亿小时,通过中国志愿服务网记录时间人数为4 401万。(来源:中国志愿服务网)

2. 志愿服务相关术语

志愿者

以自己的时间、知识、技能、体力等从事志愿服务的自然人。

志愿服务组织

依法成立,以开展志愿服务为宗旨的非营利性组织,志愿服务组织可以采取社会团体、社会服务机构、基金会等组织形式。

志愿服务团体

经社区或单位同意成立的,以开展志愿服务为宗旨,尚未依法登记的团体,大多采取志愿服务队等形式组建,一般也称为志愿服务团队。

志愿服务项目

在一定的周期内,面向特定服务对象或领域开展的,具有明确的服务目标、服务时间、服务内容和服务保障的志愿服务活动。

志愿服务品牌

服务成效显著,具有广泛的社会影响力、公信力和美誉度的志愿服务。

志愿服务活动

志愿者可以参与志愿服务组织开展的志愿服务活动,也可以自行依法开展志愿服务活动。志愿服务组织可以招募志愿者开展志愿服务活动；招募时，应当说明与志愿服务有关的真实、准确、完整的信息以及在志愿服务过程中可能发生的风险。

需要志愿服务的组织或者个人可以向志愿服务组织提出申请，并提供与志愿服务有关的真实、准确、完整的信息，说明在志愿服务过程中可能发生的风险。志愿服务组织应当对有关信息进行核实，并及时予以答复。

志愿者、志愿服务组织、志愿服务对象可以根据需要签订协议，明确当事人的权利和义务，约定志愿服务的内容、方式、时间、地点、工作条件和安全保障措施等。

志愿服务组织安排志愿者参与志愿服务活动，应当与志愿者的年龄、知识、技能和身体状况相适应，不得要求志愿者提供超出其能力的志愿服务。

志愿服务组织安排志愿者参与的志愿服务活动需要专门知识、技能的，应当对志愿者开展相关培训。

开展专业志愿服务活动，应当执行国家或者行业组织制定的标准和规程。法律、行政法规对开展志愿服务活动有职业资格要求的，志愿者应当依法取得相应的资格。

志愿服务组织应当为志愿者参与志愿服务活动提供必要条件，解决志愿者在志愿服务过程中遇到的困难，维护志愿者的合法权益。

志愿服务组织开展志愿服务活动，可以使用志愿服务标志。

志愿服务组织安排志愿者参与志愿服务活动，应当如实记录志愿者个人基本信息、志愿服务情况、培训情况、表彰奖励情况、评价情况等信息，按照统一的信息数据标准录入国务院民政部门指定的志愿服务信息系统，实现数据互联互通。

志愿者需要志愿服务记录证明的，志愿服务组织应当依据志愿服务记录无偿、如实出具。

记录志愿服务信息和出具志愿服务记录证明的办法，由国务院民政部门会同有关单位制定。

志愿服务组织、志愿服务对象应当尊重志愿者的人格尊严；未经志愿者本人同意，不得公开或者泄露其有关信息。

志愿服务组织、志愿者应当尊重志愿服务对象人格尊严，不得侵害志愿服务对象个人隐私，不得向志愿服务对象收取或者变相收取报酬。

志愿者接受志愿服务组织安排参与志愿服务活动的，应当服从管理，接受必要的培训。

志愿者应当按照约定提供志愿服务。志愿者因故不能按照约定提供志愿服务的，应当及时告知志愿服务组织或者志愿服务对象。

国家鼓励和支持国家机关、企业事业单位、人民团体、社会组织等成立志愿服务队伍开展专业志愿服务活动，鼓励和支持具备专业知识、技能的志愿者提供专业志愿服务。

国家鼓励和支持公共服务机构招募志愿者提供志愿服务。

发生重大自然灾害、事故灾难和公共卫生事件等突发事件，需要迅速开展救助的，有关人民政府应当建立协调机制，提供需求信息，引导志愿服务组织和志愿者及时有序开展志愿服务活动。

项目六 服务公益劳动

> 志愿服务组织、志愿者开展应对突发事件的志愿服务活动,应当接受有关人民政府设立的应急指挥机构的统一指挥、协调。
>
> 任何组织和个人不得强行指派志愿者、志愿服务组织提供服务,不得以志愿服务名义进行营利性活动。
>
> 任何组织和个人发现志愿服务组织有违法行为,可以向民政部门、其他有关部门或者志愿服务行业组织投诉、举报。民政部门、其他有关部门或者志愿服务行业组织接到投诉、举报,应当及时调查处理;对无权处理的,应当告知投诉人、举报人向有权处理的部门或者行业组织投诉、举报。
>
> (资料来源:中华人民共和国中央人民政府网)

任务拓展　我国志愿服务的发展历史

1963年3月,全国掀起学习雷锋同志全心全意为人民服务的活动热潮,以学雷锋活动为主要形式的志愿服务活动相继出现。

1983年10月,共青团中央与全国学联组织开展"社会实践活动周",探索落实高等教育如何与生产劳动即社会实践相结合的问题。次年,中宣部、教育部印发《关于高等学校学生参加生产劳动的若干规定》,明确公益劳动是学生生产劳动的重要内容,要求公益劳动时间不少于2周。

1987年,国家教委、共青团中央印发《广泛组织高等学校学生参加社会实践活动的意见》,规定社会实践内容主要为参观访问、咨询服务、智力扶贫、科技服务、公益劳动及勤工助学等,其中包含了服务地方经济社会发展、服务他人的志愿服务内容。

1993年12月,共青团中央推出"中国青年志愿者行动",得到大学生的踊跃参与,"大学生志愿者社区援助"等活动蓬勃开展。

1994年12月5日,中国青年志愿者协会成立。

2000年,共青团中央确定每年的3月5日为"中国青年志愿者服务日"。

2001年,志愿者招募注册制度实施。

2003年,共青团中央、教育部等部门联合发起"大学生志愿服务西部计划"。

2005年3月,中国社会工作协会社区志愿者工作委员会正式成立。

2006年2月,中共中央组织部、人事部、教育部等多部门联合发布《关于组织开展高校毕业生到农村基层从事支教、支农、支医和扶贫工作的通知》,每年通过公开招募、自愿报名、组织选拔、统一派遣等方式,招募高校毕业生到农村基层从事支农、支教、支医和扶贫工作。

2008年,北京奥运会期间,十余万大学生志愿者积极投身各项工作,大学生群体作为志愿者重要组成部分,发挥的作用日益显著。

2008年10月,《中央精神文明建设指导委员会关于深入开展志愿服务活动的意见》发布,进一步完善了社会志愿服务体系。

2017年,《志愿服务条例》发布,其在保障志愿者、志愿服务组织、志愿服务对象的合法权益时,鼓励和规范志愿服务活动,为发展志愿服务事业等方面提供了制度保障。

(资料来源:1.刘长生.大学生志愿服务发展历程、价值意蕴与发展趋向[J].北京青年研究,2020(1);2.陈国维.大学生劳动教育[M].北京:高等教育出版社,2020.)

思考/实践

1. 如何正确理解志愿服务对大学生素质提升的促进作用。
2. 结合实际情况,组织一次助残、救孤、美化环境等类型的志愿服务活动。

任务三 勤工助学

情境导入 合肥工业大学扎实做好勤工助学工作

合肥工业大学以"立足校园、服务社会"为宗旨,坚持夯实基础、强化管理、改革模式,扎实做好勤工助学工作,持续发挥勤工助学的育人功能,助力学生成长成才。

加强体制机制建设,做到"四到位"

坚持组织到位,成立学生奖助工作领导小组,全面领导资助工作。坚持保障到位,逐年增加勤工助学专项经费,由2010年的约100万元增加至2019年的550万元。坚持制度到位,制定《学生勤工助学管理办法》《岗位培训管理办法》等制度,促进勤工助学工作的规范开展。坚持考核到位,规范勤工助学岗位设置和考核工作。

构建精细化管理体系,实施"四措施"

实施勤工助学岗前培训考核制度,学生参加勤工助学活动需经岗前培训,考核合格后取得《勤工助学上岗证》方可上岗。实施勤工助学"团队服务"模式,发挥团队平台的育人优势。实施勤工助学常态化督查,了解学生工作及各单位日常管理等情况,听取各单位的意见和建议。实施勤工助学典型选树评优,大力宣传先进典型和励志故事,为广大学生提供榜样的力量和德行的滋养。

探索管理新模式,实现"四创新"

创新服务模式,每年办理3 000余人国家助学贷款、近万余人次校内外勤工助学等工作。创新开展团队文化建设,积极营造爱岗敬业、团结奉献的团队文化。创新育人模式,在学生资助服务大厅成立临时党支部,设立"党员示范岗",制定《学生党员示范岗工作标准》,积极发挥党员先锋模范作用。创新资助模式,努力推动资助模式从保障型资助向发展型资助转变,使学生从"资助"到"自助"再到"助他"转变。

(资料来源:中华人民共和国教育部网站,2020-08-28)

项目六 服务公益劳动

任务目标

目标1:掌握勤工助学的概念及意义。
目标2:了解勤工助学的发展历程。
目标3:掌握勤工助学岗位的设置及要求。

任务准备

一、知识准备

(一)勤工助学的概念

勤工助学即学生在学校的组织下利用课余时间,通过劳动取得合法报酬,用于改善学习和生活条件的实践活动。

(二)勤工助学的原则

勤工助学活动应坚持"立足校园、服务社会"的宗旨,按照学有余力、自愿申请、信息公开、扶困优先、竞争上岗、遵纪守法的原则,由学校在不影响正常教学秩序和学生正常学习的前提下有组织地开展。

微课

勤者自助
达者自强
——勤工助学

(三)勤工助学的意义

勤工助学是学校学生资助工作的重要组成部分,是提高学生综合素质和资助家庭经济困难学生的有效途径,是实现全程育人、全方位育人的有效平台。

(四)勤工助学的保障

在校内开展的勤工助学活动,学生及用人单位须遵守国家及学校勤工助学相关管理规定。学生在校外开展勤工助学活动,勤工助学管理服务组织必须经学校授权,代表学校与用人单位和学生三方签订具有法律效力的协议书。签订协议书并办理相关聘用手续后,学生方可开展勤工助学活动。协议书必须明确学校、用人单位和学生三方的权利和义务,以及提供开展勤工助学活动的学生如发生意外伤害事故的处理办法以及争议解决方法。

在勤工助学活动中,若出现协议纠纷或学生意外伤害事故,协议各方应按照签订的协议协商解决。如不能达成一致意见,按照有关法律法规规定的程序办理。

(五)勤工助学岗位的设置及要求

1. 校内勤工助学岗位

学校应积极开发校内资源,保证学生参与勤工助学的需要。校内勤工助学岗位设置应以校内教学助理、科研助理、行政管理助理和学校公共服务等为主。按照每个家庭经济困难学生月平均上岗工时原则上不低于20小时为标准,测算出学期内全校每月需要的勤工助学总工时数,统筹安排、设置校内勤工助学岗位。勤工助学岗位既要满足学生需求,又要保证学生不因参加勤工助学而影响学习。学生参加勤工助学的时间原则上每周不超过 8 小时，每月不超过 40 小时。寒暑假勤工助学时间可根据学校的具体情况适当延长。

校内勤工助学岗位分固定岗位和临时岗位。固定岗位是指持续一个学期以上的长期性岗位和寒暑假期间的连续性岗位；临时岗位是指不具有长期性，通过一次或几次勤工助学活动即完成任务的工作岗位。

如图 6-4、图 6-5 所示分别为图书馆助学岗、档案室助学岗。

图 6-4　图书馆助学岗　　　　　　　　图 6-5　档案室助学岗

2.校外勤工助学岗位

学校勤工助学管理服务组织统筹管理校外勤工助学活动，并注重岗位与学生学业的有机结合。

校外用人单位聘用学生勤工助学，应向学校勤工助学管理服务组织提出申请，提供法人资格证书副本和相关的证明文件。经审核同意，学校勤工助学管理服务组织推荐适合工作要求的学生参加勤工助学活动。

二、实践准备

根据学校发布的勤工助学岗位及要求，结合自身时间情况，选择合适岗位开展勤工助学实践，具体见表 6-5。

表 6-5　　　　　　　　　校内勤工助学岗位一览表

岗位名称	岗位内容	岗位要求
图书馆助学岗	协助教师完成图书入库、日常整理、登记借阅和归还工作	工作认真负责，服从工作安排，能熟练使用Office办公软件，从事过相应兼职者优先
机房助学岗	协助教师开展日常电脑维护，整理机房卫生，做好使用登记，定时开关门	掌握一定的计算机软硬件专业知识
公寓助学岗	协助教师进行日常巡查、出入登记、报修服务，公共设施维护	工作认真负责，能熟练使用Office办公软件，能接受晚自习工作时间，有公寓值周经验优先
食堂助学岗	维护就餐秩序，清洁卫生，回收餐具，分发饭菜等	身体健康，体检合格，积极主动，吃苦耐劳，责任心强，能按时完成各项任务

任务实施

1. 认真对照岗位内容和岗位要求,根据假期自身时间情况,确定适合自己的岗位。
2. 按照规定准确填写勤工助学岗位申请表,体现与岗位匹配的个人情况。
3. 提交申请表(表6-6),审核通过后,签订勤工助学协议书,参加岗前安全教育和业务培训。
4. 根据岗位要求,和岗位指导教师进行对接,开展勤工助学实践,遵守相关纪律要求,服从工作安排。在勤工助学工作中,增长才干,提高业务水平,树立服务师生的意识。
5. 勤工助学结束后,撰写工作心得,和指导教师做好工作交接。

表6-6　　　　　　　　　　　勤工助学岗位申请表

姓名		性别		民族		出生日期	
系(院)			班级			学号	
电话			政治面貌			班级职务	
特长		申报部门(单位)及岗位			家庭经济困难等级		
个人简介							
勤工经历							
辅导员意见			签名:		年	月	日
系(院)意见			负责人签名:		年	月	日
用人部门(单位)意见			负责人签名:		年	月	日
资助管理中心意见			负责人签名:		年	月	日
备注							

任务拓展　　我国勤工助学的发展历史

我国勤工助学的历史可追溯到20世纪初期的留洋勤工助学运动。

19世纪末,清朝政府的洋务派出于"洋为中用"的考虑,向国外派遣留学生。

1914年,在留美学生中首先出现工读会性质的组织。

1915年,巴黎成立"留法学生俭学会",掀起一股勤工助学的风潮。

1919年至1920年,勤工助学运动逐步兴起。

1958年,共青团中央发布《关于在中学生中提倡勤工俭学的决定》,第一次明确提出:勤工助学是具体实现知识分子和工农相结合、脑力劳动和体力劳动相结合的一个重要途径。同时,教育部发出通知,大力支持共青团的决定,肯定了勤工助学的意义和作用。

1958年9月,毛泽东同志在视察武汉大学时,鼓励学校实行半工半读。此后,勤工助学的教育改革尝试在全国范围内兴起,出现过"半工半读""两条腿走路"的办学模式,推广过"燎原计划""农科教结合"等改革经验,在当时的学校人才培养中起到了积极作用。

从20世纪80年代开始,大学生响应国家号召,参与社会变革,继承、发展了勤工助学活动,掀起了一股新的勤工助学热潮。

1982年8月1日至10日,全国中小学勤工助学工作会议召开。这次会议讨论制定了《中小学勤工俭学暂行工作条例》,于1983年2月以文件形式发布。

微课
勤俭朴素、自强自立——勤工助学发展史

1993年9月,国家教育委员会和财政部联合发文,要求高校把勤工助学作为"改革的配套措施"和"学校重要的常规工作"认真对待。

1994年,国家教委又发布了《关于进一步做好高等学校勤工助学工作的通知》,提出勤工助学是学生社会实践的重要方式,作为中国高校学生工作的一项重要内容,要有组织地实施,逐步实现规范化、制度化。

2004年,中共中央、国务院发出《关于进一步加强和改进大学生思想政治教育的意见》,提出高校要"积极组织学生参加社会调查、生产劳动、志愿服务、公益活动和勤工助学等社会实践活动。引导学生深入社会、了解社会、服务社会,在社会实践中成长成才并实现社会化"。

2005年,共青团中央、教育部又联合下发了《关于进一步做好大学生勤工助学的意见》,明确指出"要挖掘校内勤工助学岗位,拓展校外勤工助学资源,强化管理体制,健全管理机构,完善管理办法,加大专项投入,维护学生权益,建立长效机制",进一步指明了高校勤工助学工作的基本方向。

2007年,教育部、财政部又联合下发了《高等学校勤工助学管理办法》,对学校职责、勤工助学管理服务组织职责、校内外岗位设置、勤工助学酬金标准及支付以及学生安全等问题做了明确规定,要求学校设置的岗位数量既要满足学生的工时需求,又要保证学生不因为参加勤工助学而影响学习,原则上每周不超过8小时,每月不超过40小时,校外勤工助学活动必须由学校学生勤工助学管理服务组织统一管理,并注重与学生学业的有机结合。

2018年,根据当前学生勤工助学工作的新特点和新需要,教育部、财政部对《高等学校学生勤工助学管理办法》进行了修订。

(资料来源:梁艳珍.大学生劳动教育实用教程[M].成都:电子科技大学出版社,2020.)

思考／实践

1. 简述勤工助学对在校大学生成长成才的促进作用。
2. 结合实际情况，参加一次勤工助学实践。

附件：

勤工助学协议书（样本）

甲方：（用人单位）

乙方：（勤工助学学生姓名）

为更好地为学生提供勤工助学服务，确保甲方设置的勤工助学工作有效开展，根据《高等学校学生勤工助学管理办法》等相关规定，甲方经考核选拔同意乙方到甲方岗位参加勤工助学工作，特签订如下协议：

一、甲方权利及义务

（一）甲方应为乙方提供良好的安全生产条件和环境，保障学生在勤工助学过程中的安全和健康。发生学生伤亡事故，由用人单位参照工伤保险有关规定给予一次性赔偿。甲方不得向乙方收取押金或其他预付费用。

（二）甲方聘用乙方报酬为_____，由学校/用人单位支付。

（三）甲方应根据本单位岗位特点制定岗位管理规定，负责学生的日常管理、考勤及考核。甲方无考勤或考核，资助管理中心有权拒绝给乙方发放报酬。

（四）甲方不得擅自解除与乙方的协议，但乙方因勤工助学而影响学习或违反校规、校纪，甲方有权调整或终止其勤工助学活动。严重者，将建议学校相关系（院）给予相应的纪律处分。

二、乙方权利及义务

（一）乙方有根据自己的劳动获取相应报酬的权利。

（二）乙方应认真遵守国家法律法规、学校的规章制度和甲方的岗位管理规定，认真履行岗位职责，不得无故旷工，如有特殊原因不能继续从事该项工作，应提前提出申请，以便甲方更换其他同学。

（三）乙方如果出现以下情况之一，将予以解聘。情形恶劣的，将取消其在校期间由学校提供的所有勤工助学岗位竞聘资格。

1. 在参加勤工助学的当学期内受到纪律处分的；
2. 有吸烟、酗酒、铺张浪费等高消费行为的；
3. 私自旷工的；
4. 由于工作不认真造成较大损失的。

（四）乙方应认真完成教学计划规定的学习任务，不能以工作为由影响正常的学习，不得利用工作之便擅自利用、破坏学校的各种资源。

三、报酬支付

校内甲方须于次月3日前，将相关资料报送资助管理中心。资助管理中心审核审批后,财务处统一发放。校外甲方,按协议支付。

四、资助管理中心保留随时监督甲方用工情况和乙方工作情况的权利。

五、本协议一式三份,甲、乙方和资助管理中心各持一份,自签订之日起有效,有效期至　　年　　月　　日止。

甲方:　　　　　　　　　　　　　　岗位管理员签字:

乙方学号:　　　　　　　　　　　　乙方签字:

资助管理中心:　　　　　　　　　　负责人签字:

　　　　　　　　　　　　　　　　　　　　年　　月　　日

任务四　社团服务

情境导入　山东大学加强学生社团建设,促进学生全面发展

　　山东大学立足学生发展需求推进学生社团建设,着力加强规范管理、创新发展模式、强化育人功能,切实将学生社团建设成为繁荣校园文化、服务学生成长成才的重要阵地,促进学生全面发展。

完善制度规范,保障社团有序发展

　　制定学生社团管理工作指南,规范学生社团管理,构筑学生社团健康发展的长效机制。完善社团年审、活动备案、"星级评定"考核等制度,对学生社团的成立、注销、组织建设、活动管理、经费使用等提出规范化要求,明确社团活动"负向清单",保障学生社团健康有序发展。严格规范学生社团骨干成员选拔与教育培养,将社团骨干培养纳入"青年马克思主义者培养工程"培训体系,开设"社团骨干培训班",全面提升社团骨干政治素养与业务水平。加强学生社团指导,配齐配强社团指导教师,开展领导干部、教工党支部等与学生社团结对、帮扶和共建工作,推进学生社团特色规范发展。

组建社团联盟,提升社团育人成效

　　组织成立社团联盟,优化社团资源配置,推动社团协同发力,促进社团有效发挥育人功能。马克思主义理论社团联盟以理论学习促德育,定期举办经典读书会、"青年宣讲团"宣讲等活动,强化思想引领,营造良好的马克思主义理论学习与传播氛围;传统文化社团联盟、艺术社团联盟以文化艺术促美育,依托齐鲁优秀传统文化资源,传承红色基因,丰富校园文化生活;体育社团联盟以健康锻炼促体育,通过校园健康跑、"山大杯"五球联赛等活动,提高学生身体素质及运动技能;公益社团联盟以公益实践促劳育,强化服务导向和实践育人,构建多元化、全员式实践体系;职业发展社团联盟结合社会需求和学生特点,开展职业发展与就业指导培训,联系企业开展见习和实习实践,促进学生就业力提升。

培育理论社团，构建自主学习体系

以学习宣传贯彻习近平新时代中国特色社会主义思想为主线，将"讲学""研学""践学"融为一体，充分发挥理论社团辐射带动作用，探索形成以"青年马克思主义者培养工程"特色培养班——"成仿吾英才班"为龙头、数十支理论社团"青年宣讲团"为生力军、近百家学生马克思主义理论社团为载体、上千名社团成员为先锋的"一十百千"学生马克思主义自主学习体系。"习近平新时代中国特色社会主义思想青年学习会"作为一支以马克思主义学院博士、硕士为主体成立的理论社团，围绕学懂、弄通、做实习近平新时代中国特色社会主义思想持续开展系列活动，覆盖20余个学院、近2 000名学生。各个理论社团利用寒暑假时间，组建数十支"青年宣讲团"深入全国各地开展主题宣讲，践行青年责任与担当，自觉成长为青年马克思主义的模范践行者和传播者。

（资料来源：中华人民共和国教育部网站，2019-07-05）

任务目标

目标1：掌握高校学生社团的概念和基本任务。
目标2：了解高校学生社团成立和运行的相关规定。
目标3：参加高校学生社团服务实践，提高服务意识。

任务准备

一、知识准备

（一）高校学生社团的概念

高校学生社团是指由高校学生依据兴趣爱好自愿组成的，为实现成员共同意愿，按照其章程自主开展活动的群众性学生组织。

高校党委统一领导本校学生社团工作，要把加强和改进学生社团工作，作为高校贯彻党的教育方针、推进素质教育的重要组成部分，纳入高校整体工作中。高校团委履行本校学生社团工作的主要管理职能，应设立专门管理机构，配备工作人员，切实承担起学生社团的成立、年审、注销、组织建设、活动管理、经费管理和工作保障等工作。可根据实际工作需要，设立学生社团团工委，建立健全团组织。高校学生会组织要在校内学生组织中发挥枢纽作用，配合团组织加强对学生社团的引导、服务和联系。

（二）高校学生社团的基本任务

遵循和贯彻党的教育方针，坚持立德树人的基本导向，团结和凝聚广大学生，按照自愿、自主、自发原则，利用网络技术和新媒体，开展主题鲜明、健康有益、丰富多彩的线上和线下课外活动，繁荣校园文化，培养学生的社会责任感、创新精神和实践能力，提升学生综合素质，促进学生成长成才。

(三)高校学生社团的分类

高校学生社团一般分为思想政治类、学术科技类、创新创业类、文化体育类、志愿公益类、自律互助类及其他类。学生群众性组织(含团队运营的网络新媒体社团)须按学生社团登记注册。

(四)高校学生社团的成立和运行

学生社团登记成立时,须按照一定类别向高校团委进行申请登记,按程序批准筹备成立的学生社团,应在相应工作日内召开社团会员大会,批准成立的学生社团应尽快以公告或其他方式宣布成立。要实行年审制度,及时做好学生社团事项变更的登记、章程的修改和注销等工作。

学生社团的成员应当是该校具有正式学籍的学生。社团成员有权了解所在社团的章程、组织机构和财务制度,有权对社团的管理和活动提出建议和质询,有权按照章程自由加入或退出该社团;社团成员应当定期注册,按章程缴纳会费,积极参加社团的各项活动。学生社团会员大会是学生社团的最高权力机构,依照本社团的章程行使职权。学生社团负责人应通过会员大会民主选举产生。社团指导教师必须是本校在职教职工。学生社团主要活动经费应来自高校拨款、社会赞助和会员会费等合法渠道,社团经费必须用于社团集体活动,任何单位和个人严禁侵占、私分或挪用。

学生社团举办活动须遵守高校相关规章制度,并按照相应的审批程序进行,不得在学生中散布违背宪法、法律、法规和党的路线方针政策的错误观点和言论,不得开展与其宗旨不符的活动,不得开展纯商业性活动。参与人数较多或在校外举办的学生社团活动,要有预案,确保活动安全、有序地进行。同时,加强对来自校外支持学生社团开展调研、交流、访问、培训等活动的审核和管理。原则上,企业、社会机构不得在学校建立特定冠名的学生俱乐部、协会等社团。对于与企业、社会机构联系紧密的创新创业类社团,确需冠名的,须经高校相关部门批准。高校团委要加强学生社团网络化建设管理工作,要加强对社团运营网站、新媒体平台、印发刊物的管理和指导,注重培养社团成员的网络文明意识,践行社会主义核心价值观,传播向上向善正能量,要重视对网络新媒体社团的管理和引导。

二、实践准备

学校颐心居学生公寓服务社团拟开展宿舍走访活动,听取、收集学生对公寓管理服务的建议,协助学生公寓管理部门进行整改和提升工作,整理公寓洗衣房卫生。你作为社团成员,负责组织本次活动,首先应制定走访活动计划,具体见表6-7。

表 6-7　　　　　　　　　宿舍走访活动计划

项目	详细内容
活动主题	我为同学办实事
活动目的	了解和反馈学生公寓内同学们日常生活诉求,帮助构建学生和公寓管理部门沟通的桥梁,为公寓管理部门决策提供支撑,整理公寓洗衣房卫生,为学生办实事

（续表）

项目	详细内容
活动对象	在8栋公寓楼中选择40个宿舍
活动时间	
活动内容	1.收集学生对日常洗浴、洗衣、用水、用电及空调使用等方面的建议； 2.收集学生对公寓管理员日常工作的建议，并及时反馈给公寓管理员； 3.整理公寓洗衣房卫生，营造干净整洁的卫生环境
活动准备	1.向学校公寓管理中心提出走访申请，进行活动备案； 2.确定40个走访宿舍名单，对走访人员按照2人/组进行分组； 3.制作40份走访反馈登记表，采购40份小礼品； 4.准备笤帚、拖把、刷子、清洗液等卫生用品
活动要求	1.在走访过程中，佩戴工作牌，着装规范，言行得体； 2.服从公寓管理员指导，不进入异性公寓； 3.如实记录学生建议，及时向公寓管理中心反馈并做好后续跟踪； 4.在整理公寓洗衣房卫生前，联系公寓管理员进行断电

任务实施

1.指导教师及社团负责人针对本次走访活动召开专题会议，布置相关任务，进行安全教育，树立服务意识，加强劳动观念。

2.2人/组，共分为8组，每组负责走访5个宿舍，发放走访反馈登记表，包含宿舍号、学生班级及姓名等内容以便精准开展工作。

3.分组实施走访活动，征集学生意见并进行分类汇总。

4.向学校公寓管理中心进行反馈，并制定任务清单，设定整改期限并进行持续跟踪。

5.对公寓洗衣房地垫、洗衣机表面、休闲区等部位进行清洁，掌握清洁技巧，提高劳动技能水平。

6.根据任务清单，定期回访相应宿舍，进行满意度测评。

7.通过公众号、抖音等平台进行宣传报道，进行工作总结，撰写活动总结并存档。

知识链接　　赋予传统染缬技艺现代符号

染缬是一种古老的纺织品染色工艺，也是古代丝绸印染工艺的总称。山东轻工职业学院染缬项目作为山东省第三批职业教育技艺技能传承创新平台，吸引了越来越多同学的好奇和兴趣。城市染缬艺术社团依托染缬平台在创立之初就吸引了一大批同学积极参与，在指导教师的带领下，将染缬技艺与现代美学相融合，社团经常深入社区、中小学开展技艺传习活动。同时，社团发挥专业特长，在第三届山东省黄炎培职业教育创新创业大赛中获得一等奖（如图6-6、图6-7所示）。

图 6-6　城市染缬艺术社团开展活动　　　　　图 6-7　获奖证书

任务拓展　如何提高大学生社团教育和服务水平

一、完善社团管理模式,保障教育与服务功能的发挥

目前,大学生社团运作主要由校内党委以及团委进行统一管控,组建的学生团体联合组织需要接受团委管理。社团联合会是团委直接管理全校学生社团的有力组织,社团联合会中学生干部的工作与管理服务能力直接影响着社团活动的开展及社团的健康发展,因此,提升社团联合会学生干部的管理、协调、服务等方面的工作能力是必不可少的环节。同时,在高科技发展迅猛的时代,要管理好社团,使其发挥教育与服务功能,不仅需要培养一批得力的社团联合会学生干部,还可根据现阶段大学生的生活方式和兴趣,开发一些适用于社团联合会管理与社团自己发展需要的软件或 APP,这样既能方便社团联合会的管理,提升大学生对社团的重视度,也能提高他们参与社团活动的积极性。

二、注重社团活动合理化管理,增强教育与服务效能

在大学校园里,无论你走到哪里都会发现总有社团在开展不同形式的活动。在这些活动中,开展的质量、成效和影响各不相同。面对如此多的活动,学校有限的活动经费及场地支持的合理分配就显得十分重要。因此,需要我们挖掘特色活动,铸造品牌项目,对于这些活动和项目学校要给予重点支持。同时,也要兼顾社团平常的细小活动,给予一般支持,争取在校园内形成以特色活动为龙头,各种日常活动兼顾开展的百花齐放局面。

三、巩固与提高社团的自我发展能力,促进教育与服务功能的提升

社团的健康持续发展离不开学校的大力支持与团委的科学管理,更离不开社团的自我发展,只有社团自我发展能力的提高,才能促进教育与服务功能的提升。首先,要明确社团定位,根据社团的定位要求,挖掘和发展特色活动;其次,考察与培养得力的学生干部,激发他们的想象力和创造力,使他们更好地服务并管理会员,推动活动顺利开展;再其次,注重培养会员参与活动的兴趣,增强会员的凝聚力与向心力;最后,打造与传承社团的良好特色文化氛围,形成良性循环。

大学生社团这一组织通过长期发展,已成为学生活动的基础性组织,它是各高校有效促进学生综合素养发展的良好平台,为大学课堂外教育提供助力并具有服务性价值,同时也具有个体教育和服务功能,是实践教育和服务的重要平台。通过教育性和服务性两方面来研讨大学生社团所具备的基本教育功能,以及基础性服务功能,对比不同功能所体现出的差异性,经过深入研究,提出能够促进社会教育功能有效发展的良性建议。在对学生社团活动进行案例分析时,应以高校的服务理念及科学分析方式为基础,期望此研讨结果能有效提升高校内学生团体的管理运作效果,并对组织社团活动内容具有一定借鉴意义,有利于进一步充实校园文化生活,提升学生的综合素养。

[资料来源:唐显锋,张静.大学生社团教育与服务功能提升的实践探索[J].林区教学,2017(4)]

思考/实践

1. 如何正确理解社团服务对大学生素质提升的促进作用。
2. 结合实际情况,参加一次社团服务活动。

任务五 "三下乡"服务

情境导入 "三下乡"社会实践,为乡村振兴汇聚青春才智

青春孕育无限希望,青年创造美好明天,新时代的中国青年学生肩负着实现中华民族伟大复兴的历史责任与时代使命。今年6月开始,为引导和帮助广大青年学生上好与现实相结合的"大思政课",在社会课堂中"受教育、长才干、作贡献",中央多个部门组织开展"喜迎二十大 永远跟党走 奋进新征程"全国大中专学生暑期"三下乡"社会实践活动。全国3 600余所大中专院校600万余名学生组成30万余支队伍,围绕理论宣讲、党史学习、国情观察、乡村振兴、民族团结等5个方面,就近就便,深入基层一线开展"三下乡"社会实践活动。

暑期"三下乡"社会实践活动,自1997年在全国正式开展,到现在已经走过了26个年头。据不完全统计,全国参加"三下乡"的大中专学生已经超过1亿人次,服务企业300余万家,帮助贫困人口1 000余万人次。走进工厂车间、街道社区,深入农家小院、田间地头,新时代的青年大学生热火朝天地当起了小教员、小专家、小主播。广大青年用脚步丈量祖国大地,用眼睛发现中国精神,用耳朵倾听人民呼声,用内心感应时代脉搏,把对祖国血浓于水、与人民同呼共命运的情感贯穿学业全过程、融汇在事业追求中。这些平日里在象牙塔里畅想未来的莘莘学子,没有了往日的稚嫩、娇气和高傲,多了几

分"力拔山兮气盖世"的豪气和"出水才见两腿泥"的朴实,在火热的实践里懂得了"纸上得来终觉浅,绝知此事要躬行"的道理。

用脚步丈量祖国大地。"三下乡"社会实践活动,击穿了学校教育与社会教育的壁垒,将知识传授的小课堂与社会行知的大课堂相结合,实现了理论与实践、育人与育才、专业与人文的无缝连接,打通了"三全育人"的最后一公里。活动中,青年学生走进基层、走进生活、走进群众,用自己的亲身经历感受自然、感知社会、感悟知识,学会做人、做事、做学问的本领。他们通过"技能+特长+志愿服务"的模式,建起一个个党史学习室、政策小讲堂、法律服务站、农家科技小院等,在社会实践活动中了解社会实际、服务人民群众、增强时代责任、提高社会化能力。对于新时代的中国青年来说,不仅要读好有字之书,更要深入基层、深入生活、深入百姓,在社会大课堂中用心感受"中国速度""中国力量""中国奇迹",探析中国之路、中国之治、中国之理,在乡村振兴的火热实践里,发挥所学所长,壮大农村新产业新业态,带动农民增收致富,让山乡换新貌、展新颜。

用眼睛发现中国精神。千百年来,中华民族之所以能够历经磨难而不衰,饱尝艰辛而不屈,千锤百炼而愈加坚强,离不开跨越时空、历久弥新的中国精神。放眼当代中国,无论是新冠肺炎疫情防控一线还是卫国戍边前线,无论是体育竞技赛场还是科技创新前沿,以爱国主义为核心的民族精神和以改革创新为核心的时代精神随处可见。"三下乡"将思政教育和社会实践的紧密结合,探索思政教学引导专业实践,专业实践滋养思政教学的新思路、新方法、新模式,有利于推进人才链、创新链、产业链、价值链的有机衔接,有助于提高青年学生知行合一的能力和水平。面对第二个百年奋斗目标和中华民族伟大复兴重任,各学校应当以暑期"三下乡"社会实践为突破口,推进实践育人从"活动"走向"课程",从"碎片化"迈向"规范化",从"运动式"转向"常态化",进而引导青年大学生在社会实践中砥砺爱国情怀、担当青春使命,不断增强做中国人的志气、骨气、底气。

用耳朵倾听人民呼声。在"三下乡"实践活动中,新时代大学生牢记让人民生活幸福这个"国之大者",用耳朵倾听人民呼声,用青春才智推动实施更多有温度的举措,落实更多暖民心的行动,用心、用情解决好人民群众的"急、难、愁、盼",积极探索共同富裕的途径。一方面,从百姓日常的枝叶小事做起,让百姓获得感更足、幸福感更可持续、安全感更有保障;另一方面要把"课堂教室"搬到田间地头、房前屋后、塞边坝上,问需于民、问计于民,让党的创新理论飞入寻常百姓家。

用内心感应时代脉搏。继续为乡村全面振兴积蓄青春动能,各学校要在"严实新细"上下功夫,组织青年学生开展社会实践活动,引导青年学生实践出真知、实践长真才。一是牢牢把握正确政治方向,进一步坚定信心、奋发作为,为实现第二个百年奋斗目标、实现中华民族伟大复兴的中国梦凝聚起强大青春力量。二是贴近学生、贴近基层,切实让学生利用所学知识解决人民群众在生产、生活中遇到的现实问题,让过程锻炼学生,让成果惠及百姓。三是善于借助新技术、新方法、新手段、新技能,在活动方式及内容上不断创新,增强青年学生、社会组织和人民群众的参与度和积极性;要善于结合数字经济、乡村振兴、产业策略等,进行"云调研""云访谈""云直播"等开展"云实践",

项目六 服务公益劳动

把社会观察、知识积累、实践思考等成果转化为实实在在的建设性意见和举措。四是在不断总结中提炼实践育人的新思路、新方法、新成效,力争推出一大批"一地一品""一校一品""一院一品"等亮点特色项目,让"实践育人"工作形成百花齐放的新格局。

(资料来源:光明网,2022-09-15)

任务目标

目标1:了解"三下乡"活动的概念、意义及类型。
目标2:组织并参与"三下乡"服务实践活动。

任务准备

一、知识准备

(一)"三下乡"的概念

"三下乡"即有关文化、科技、卫生方面的内容知识在农村普及,促进农村文化、科技、卫生的发展。大力开展文化、科技、卫生"三下乡"活动,是我们党全心全意为人民服务宗旨的具体体现。

20世纪80年代初,共青团中央首次号召全国大学生在暑期开展"三下乡"社会实践活动。1996年12月,中央宣传部、国家科委、农业部、文化部等十部委联合下发《关于开展文化科技卫生"三下乡"活动的通知》。1997年,"三下乡"活动在全国正式开展。

(二)"三下乡"的意义

"三下乡"活动使大学生能够将自己在校所学的先进的、科学的生活观念在广大农村传播,紧密结合他们所学专业技术知识,在农村开展多种形式的先进科技文化知识和生活观念的宣讲活动。大学生参与新农村建设的进程,为大学生了解中国国情开启了一扇窗户,密切了高等教育与新农村建设的关系,同时提高了大学生的社会实践能力和综合素质,为国家未来的发展培养了优秀人才。

大学生是我国科学技术发展的后备军,应该发挥知识技能的优势,为农村建设服务,为农民群众服务。广大的农村需要大学生去发挥聪明才智,大学生也需要到农村去,在服务农民群众的实践中接触社会,了解国情,增强社会责任感和历史使命感。通过"三下乡"活动,大学生可以改造世界观、价值观,把农村建设的需要和青年学生的成长很好地结合起来,走正确的成长成才道路。此外,"三下乡"活动架起了党和政府与农民群众之间的又一座桥梁,通过青年学生的下乡服务,体现出党和政府对农民群众生产生活的关心。

微课
将"小我"
融入"大我"——
"三下乡"服务

(三)"三下乡"的类型

1. 党史学习实践团

主要依托各地红色资源,组织青年学生开展重走红色足迹、追溯红色记忆、访谈红色人物、挖掘红色故事、体悟红色文化等形式的实践活动,引导青年学生学史明理、学史增信、学史崇德、学史力行,更好地传承红色基因,担当时代责任。学生党员要积极开展"我为群众办实事"实践活动,展示新时代青年共产党员的良好风貌。

2. 理论宣讲实践团

紧密围绕学习宣传贯彻习近平新时代中国特色社会主义思想,组织引导青年学生将理论学习与社会实践相结合,同时将学习党的历史与讲述党的故事结合起来,深入一线基层、深入人民群众,面对面开展小规模、互动式、有特色、接地气的宣讲活动。

3. 国情观察实践团

注重以疫情防控重大战略成果、脱贫攻坚历史性成果、全面建成小康社会决定性成就等为现实教材,组织青年学生开展参观考察、国情调研、学习体验等活动,引导青年学生领悟党的领导、领袖领航、制度优势、人民力量的关键作用,形成正确认识,坚定理想信念。

4. 乡村振兴实践团

着眼于帮助和引导更多青年学生了解当前的乡村状况、在未来踊跃参与乡村振兴战略实施,面向广大乡村特别是中西部地区、少数民族聚居地区和欠发达地区乡村,组织开展科技支农、科普宣讲、调研献策、志愿服务等形式的实践活动。

5. 民族团结实践团

贯彻落实第三次中央新疆工作座谈会和中央第七次西藏工作座谈会精神,组织内地新疆籍、西藏籍大学生开展"民族团结我践行"社会实践活动,组织内地大学生到新疆、西藏等地开展国情考察、地球第三极保护行动等社会实践活动。

二、实践准备

临近暑假,学校团委通知各支部积极准备暑期"三下乡"活动,并提供了党史学习、理论宣讲、国情观察等实践参考类型供大学生选择。你作为一名团支书,通过支部大会共同决定开展党史学习实践,开展"三下乡"活动,实践准备事项具体见表6-8。

表6-8　　　　　　　　　　"三下乡"实践准备一览表

项目	详细内容
实践主题	青春逐梦,礼赞祖国
实践时间	
实践地点	淄博市红色教育基地
实践人员	1名指导教师,14名成员(由入党积极分子、学生干部通过统一考试选拔构成)

(续表)

项目	详细内容
实践内容	1.对淄博市党史学习教育基地进行调研分析,结合实践主题、路线和前期沟通,确定实践地点、时间、人员及方式; 2.制定实践方案,开展安全教育,组织实施; 3.对实践活动进行梳理总结,形成书面调研报告; 4.围绕学校驻地社区开展党史理论宣讲,分享实践成果; 5.召开实践总结大会,对实践活动进行宣传报道
实践要求	服从指导教师管理,统一着装,举止文明,安全出行,不私自离队,具备一定的课件制作和演讲能力
物资准备	党旗、国旗、车辆、志愿者服装、音响器材等

任务实施

1.根据前期调研,选定黑铁山抗日武装起义纪念馆、淄博市历史展览馆、淄博市革命烈士陵园三个地点作为党史学习实践地点,协调学习时间及形式、规划学习路线。

2.制定党史学习实践活动方案,包括现场学习、党史宣讲、总结宣传等内容,并针对实践活动开展安全教育。

3.由指导教师带队前往三个党史教育基地开展现场学习并交流分享。

在黑铁山抗日武装起义纪念馆,集体参观抗战爆发、高举义旗、日军暴行、军民鱼水情、从黑铁山走出的将领们、前事不忘后事之师等板块内容,瞻仰革命烈士纪念壁和纪念碑。

在淄博市历史展览馆,集体学习淄博概况、古代淄博、近代风云、峥嵘岁月、崭新纪元、改革开放、淄博荣耀等方面内容,深刻了解在党的领导下,淄博市的光荣历史和辉煌成就。

在淄博市革命烈士陵园,集体向革命先烈敬献花圈,学习他们为国家奋不顾身、不畏艰难的英勇事迹。

4.整理学习资料,制作党史理论宣讲课件。结合学校驻地社区,面向社区工作者和居民开展三场理论宣讲。

5.召开总结大会,实践团代表进行活动分享交流,指导教师进行总结。通过学校网站、三下乡官网、微信公众号等平台,对学生在党史学习实践活动中撰写的新闻稿进行宣传报道。

任务拓展 如何提高"三下乡"实践活动质量

一、加强实践成效与提高思想认识相结合

"三下乡"实践活动重在实践,青年大学生在实践过程中要不断强化认知和提升思想觉悟,这就要求学校层面在组织开展"三下乡"实践活动时,将思想政治引领放到实践活动导向的首要位置,明确实践活动方向和组织规范,帮助青年大学生通过"三下乡"实践活动形成正确、全面和理性的社会认知。

二、统筹与特色相结合

"三下乡"实践活动的组织开展应杜绝广撒网、任务式等现象,这就需要学校对实践活动的主题、形式及范围进一步统筹安排,在实践活动的组织、人员选拔和活动保障等方面做到有序开展、稳步推进。同时,"三下乡"实践活动也要充分考虑实践地点的文化特色、发展水平和地域特点,全面做好前期调研工作,突出实践活动特色。

三、线下和线上相结合

"三下乡"实践活动开展要秉持求真务实的原则,不为完成任务而活动,鼓励青年大学生真正深入实践对象中去,通过亲身观察和了解,不断凝练活动成果,同时通过多种媒体平台,用形象生动和易于传播的表现形式进一步加强实践活动的成果推广和影响力。

四、做好"三下乡"社会实践后期的总结与表彰工作,树立典型

广大学生应积极参与"三下乡"社会实践,通过互相激励的政策来营造"三下乡"社会实践育人的良好氛围。现阶段大学生自我意识较强,常常以自我为中心,很难认识到"三下乡"社会实践中的问题,虽然大学生具备一定的分析问题的能力,但缺乏相应的经验,导致部分同学片面看待问题,在遇到问题时不能冷静沉着应对。因此,可以通过树立典型的方法引导广大学生向榜样看齐,激励学生正确看待"三下乡"社会实践。在评选优秀方面,使用最多的模式是校院两级根据相应评分条目进行评分,但是由于大多数参与评选的教师对于有些实践团队的实践内容处于不了解状态,致使这种评比难免有失公正与客观。因此,建议高校共青团增加多方面评估人员,例如服务地的乡村党支部书记或相应负责人、外校"三下乡"社会实践项目负责人以及相应方面专家等。此外,还应保证评选人员的独立性,评选人员应当与实践团成员无直接关系。选取榜样还应秉承多元化的原则,每个大学生都是独立的个体,都有自己的发展方向,树立多个方面的榜样,这样推选的榜样更具代表性与普遍性。此外,推选的榜样要贴近学生生活,这种榜样会更有利于激励学生向榜样看齐。最后,高校共青团要做好榜样的宣传工作,通过融合传统媒体与现代媒体对榜样进行宣传,发挥榜样的积极作用。

大学生群体在我国占有重要地位,是我国科技进步以及国家富强的后备军,当代大学生应该积极发挥自身优势,到农村与基层去传播先进文化,锻炼自己。此外,大学生需要在农村与基层的锻炼中接触群众、了解群众、服务群众。在服务群众的过程中,了解国情,增强社会责任感和历史使命感。大学生"三下乡"社会实践将高校的高等教育与基层的建设很好地联系起来,通过"三下乡"社会实践,大学生可以进行很好的锻炼,可以很好地培养与改造世界观、价值观,提高社会实践能力和综合素质,在实践中成长为我国新一代优秀人才。工科高校"三下乡"社会实践育人效果提升路径研究有利于高校社会实践更加系统化、标准化、科学化、高效化,探索"三下乡"社会实践育人效果提升的路径能从根本上提升高校学生素质和学生实践效率,进而推进工科高校培养社会主义建设者和接班人的根本任务进程,以人才培养为中心,服务大局。同时,提升学生的综合素质也是促进工科高校学术科研、党团建设、文化艺术等各方面发展的有效途径。

[资料来源:张东东.工科高校"三下乡"社会实践育人效果提升路径研究[J].农村经济与科技,2021(5)]

思考/实践

1. 如何理解"三下乡"实践活动对大学生成长成才的重要作用。
2. 结合学校暑期社会实践要求和"三下乡"类型,组织并参与其中一类实践活动。

课后阅读　　种下一颗种子,点亮梦想

"秋风月色入疆去,行囊在身热血燃。未成教书育人匠,不敢回首望故乡。"出发前往新疆支教的当天,2020年西部计划志愿者杨畅写下了这四句话。结束西部计划志愿工作后,她将自己一年的支教经历写成了近10万字的小说《我的西部日志》,在网络上连载。很多同学深受触动:"看了你的经历,我也想到西部去。"

日前,在《中国青年报》"温暖一平方"合作伙伴安徽师范大学的校园里,一堂以"喜迎二十大 永远跟党走 奋进新征程"为主题的安徽省大学生"青春思政课"受到大家关注。在这堂特别的思政课上,杨畅和许多志愿者一起,用自己的经历向更多年轻人传递心系西部、扎根基层的温暖力量。

"到西部去、到基层去,到祖国最需要的地方去。"2003年,大学生志愿服务西部计划在全国正式启动。近20年来,安徽省累计组织选派了4 119名西部计划志愿者和563名研究生支教团志愿者赴西部进行志愿服务,他们在祖国西部的大地上留下了青春的足迹。

"志愿服务是担使命的过程,也是促成长的过程。"安徽师范大学团委书记对中青报、中青网记者表示,志愿者们在锻炼个人综合能力的同时,做到了把脚踩进泥土里,了解中国西部基层的国情,将祖国的未来与自己的前途命运更紧密地联系在一起。

在读本科期间去西藏进行短期支教时,安徽师范大学音乐学院舞蹈表演专业的邵敏一度产生过困惑:"我们支教的时间那么短,真的能给西部的孩子们带来帮助吗?"与当地孩子的聊天,让邵敏获得了答案。"她也想成为我们这样的人,想成为一名大学生。"那一刻,邵敏感觉很欣慰。"可能我做的事情不能影响到所有人,但有人因为我们做的事,在心里埋下了一颗种子,让我感觉很温暖。"

在"青春思政课"上,作为服务地受助学生代表,来自四川省凉山彝族自治州普格县的姑娘拉马莫日歪也分享了心底那颗"种子"萌发、成长、开花的过程。

拉马莫日歪从初二开始受到4位安徽师范大学研究生支教团志愿者的接续帮助。在志愿者宁嘉惠的语文课堂上,拉马莫日歪梦想的种子发芽了:她想成为主持人,用流利的普通话向大家讲述大凉山的故事。

"支教团老师们的到来,改变了我们生活和学习的心态。"拉马莫日歪说,"我们不再局限于课本,也不再局限于凉山这个地方,我们更想走出去看看更大的世界。"

在几位志愿者的接力帮助下,拉马莫日歪被四川电影电视学院录取,成为播音主持专业的一名学生。上大学后,她还担任班级团支部书记,在寒假期间担任凉山脱贫攻坚博物馆的志愿讲解员。

"老师经常告诉我们,离开大山不是因为家乡不好,而是为了学习更多的知识和拥有更大的能力,凭借自己的努力让家乡变得更好。感恩志愿者们的到来,点亮了我们的梦想。"

西部计划志愿服务期满后,邵敏作了一个决定:留在西藏。2019年,邵敏通过了留藏考试,并在2020年3月至2021年4月,担任那曲市巴青县雅安镇帮琼囊村第一书记。日常工作中,邵敏走访群众、组织人口普查、参与巡山……尽力保障村民权益。

"藏族同胞真的特别乐观。"邵敏常常听到藏族同胞边放牧边唱歌,村里的年轻人会在摩托车上用音响放着紧随潮流的动感音乐。有时候,邵敏工作中遇到了不如意的事情,但看着当地人乐观向上的生活态度,负面情绪也随之消散。

对于邵敏而言,留藏工作是了解和认识世界的一个独特窗口。"大家都说了解世界要往外走,要看向大城市、看向国际。但我觉得不一定都是这样,当你深入基层之后,也能看到很多不一样的东西。"只有亲身经历后,才能扎根于祖国大地。

"参与西部计划的经历是我人生中最宝贵的财富。"杨畅说,"它让我对于教师肩上的责任有了更深刻的理解。我也希望能够向大家传递最真实的西部生活,帮助更多同学了解西部,用自己的方式帮助西部的孩子们。"

"教育不是灌输而是点燃。"安徽师范大学团委书记表示,本次"青春思政课"希望通过身边人说身边事,向更多青年传递"奉献、友爱、互助、进步"的志愿服务精神,真正做到让思政课入脑、入心、入情。他希望,未来可以继续发挥"温暖一平方"的实体作用,聚焦青年成长,凝聚向上、向善、向美的社会正能量,让更多人感受到温暖的力量。

(资料来源:中国青年网,2022-06-14)

项目七

生产职业劳动

学习目标

目标1：熟悉技能竞赛流程，积极参加职业技能竞赛。
目标2：掌握创新创业政策，锻炼创新创业技能。
目标3：掌握实习的概念，加强理论和实践的结合。
目标4：熟悉顶岗实习流程，积极完成顶岗实习任务。

劳动名人名言

❶ 只能永远把艰辛的劳动看作是生命的必要。即使没有收获的指望，也心平气静地继续耕种。

——路遥

❷ 生产劳动和教育的早期结合是改造现代社会的最强有力手段。

——马克思

❸ 劳动是社会中每个人不可避免的义务。

——卢梭

任务一 技能竞赛

情境导入　　大赛助我成长　技能成就梦想

> 梦想是什么？梦想不是现成的粮食，而是一粒种子，需要我们去播种；梦想不是绘就的画卷，而是一张白纸，需要我们去描画；梦想不是葱茏的绿洲，而是一片荒漠，需要我们去开垦。山东工业职业学院就是梦想起航的地方，今天让我们怀揣梦想一起认识这样一个他。

他，是老师心目中的学习标兵，在各类技能大赛中获得了优异的成绩；他，是同学们眼里的最强大脑，能够在眼花缭乱间还原魔方；他，还是运动达人，不但在学校运动会中斩获佳绩，还在多个赛事中夺得奖牌。他，就是我们本期的主角——王高阳，山东工业职业学院物联网应用技术专业2020届毕业生。

王高阳是一个阳光、自信的男生，无论是学习还是生活，做任何事情都要精益求精。在校期间，他和他所在的团队多次参加校、省、国家级大学生职业技能大赛，并获得了优异的成绩，为学校争得了荣誉：第十届山东省大学生科技节"赛冠杯"第五届山东省大学生电子与信息技术应用大赛三等奖（如图7-1所示）；2019年全国职业院校技能大赛高职组"四合天地杯"软件测试比赛中获得团体一等奖；第十五届山东省大学生机电产品创新设计竞赛二等奖；第十三届全国高等职业院校"发明杯"大学生创新创业大赛二等奖；山东省电子信息大赛一等奖；全国创新创业大赛连续两年荣获一等奖；等等。

图7-1 王高阳同学获奖照片

采访期间，在被问及参加技能大赛过程中印象最深刻的事情时，他说："2018年初，我和同学们代表学校参加了软件测试赛项的备赛。软件测试赛项考验的不仅是参赛选手的技能水平，还有对技能的熟练程度。在参赛过程中，我们的团队牺牲了自己所有的假期和休息时间，每天都奋战到半夜，团队保证每天不低于十六个小时的训练时间。在老师的悉心指导下，从最初四个小时勉强完成测试任务，到后来两个半小时就能完成测试。"正是靠着这样的努力与坚持，2018年初，王高阳及团队凭借过硬的专业知识和良好的临场发挥，最终以全国第一名的成绩荣获软件测试赛项的一等奖，实现了学校技能大赛获奖的历史性突破。

他不仅专业技能过硬，还热衷于体育运动，通过自己的努力和坚持，获得了国家一级运动员证书，并多次在学校运动会、各级马拉松比赛中获得了不错的成绩。采访的最后，王高阳深刻感悟道：回首过去的三年，通过一次次的备赛、竞赛，让我练就了钢的意志、铁的纪律和火的热情。这些品质为我应对生活和学习中遇到的一次又一次困难和

项目七 生产职业劳动

挑战提供了帮助。大赛助我成长,技能成就梦想,感谢母校和所有老师对我的辛勤培育和付出,让我距离自己的梦想越来越近!

现在的王高阳,已经是一所本科院校的学生,踏入新的学校,他以一种"认真投入"的态度继续着他的学习和生活。如今,凭借技能大赛的积累和过硬的专业知识,他顺利拿到了北京某知名网络公司的聘用通知。但是他并不满足,他对自己的人生规划是进入更高的学府继续深造,成为行业中的顶尖人才。相信他只要坚守初心,拼搏奋斗,就一定会实现自己的梦想!

任务目标

目标1:掌握技能大赛的概念、原则、类型。
目标2:通过学习技能大赛相关知识,培养学生的实践技能、专业素养。
目标3:了解参加技能大赛所需具备的条件。

任务准备

一、知识准备

(一)技能大赛的概念

技能大赛是依据国家职业技能标准,结合生产和经营工作实际开展的以突出操作技能和解决实际问题能力为重点的、有组织的群众性竞赛活动。

(二)技能大赛的原则

参加技能大赛应坚持社会效益为主和公开、公平、公正的原则,并与职业技能培训、职业技能鉴定、业绩考核、技术革新和生产工作紧密结合。各种职业技能行业可在职业技能鉴定的基础上开展职业技能大赛。

微课

技能成就精彩人生——技能竞赛

(三)技能大赛的类型

具体包括:机器人技术、光伏发电系统安装与调试、芯片级检测维修与信息服务、英语口语、零部件测量、储配方案、汽车维修等类型。

知识链接　2021年全国职业院校技能大赛

2021年全国职业院校技能大赛于5月至6月,在北京、天津、河北、山西、辽宁、吉林、江苏、上海、浙江、安徽、福建、江西、山东、河南、湖北、湖南、广东、广西、海南、重庆、

171

四川、贵州、云南、陕西、甘肃、青海、宁夏27个赛区举行,共设102个赛项。大赛开幕式于5月20日职业教育活动周期间在山东济南举行。

全国职业院校技能大赛是国家职业教育的重大制度设计与创新,是推动职业教育高质量发展的重要抓手,也是贯彻落实全国职业教育大会精神的重点工作,各赛区要按照大赛制度要求开展工作,加强疫情和风险防控,确保大赛"精彩、高效、廉洁"。

(资料来源:全国职业院校技能大赛官网)

二、实践准备

以2020年"外研社·国才杯"全国英语演讲大赛为例:第一步成立技能大赛训练领导小组并确定人员构成和工作职责;第二步制定与实施技能大赛的训练目标,选择大赛官网的"选手自主报名"。具体活动准备见表7-1。

表7-1　　　　　　　　　　　活动准备一览表

项目	详细内容
活动主题	"外研社·国才杯"
活动对象	在校学生,含英语专业,35周岁以下,中国国籍
活动意义	给学生提供了一个更好的展现自己风采的舞台,激发广大学生学习英语的热情,提高学生对英语口语的兴趣,营造一个良好的英语学习氛围,为更多的学生提供一个尽情挥洒创意,展现英语风采的舞台;提高、规范学生的口语,与此同时,也锻炼了学生的英语表述能力,使学生积累了演讲比赛的经验,不仅让学生发挥了自己的潜能,向所有人展示了自己,而且为今后参加专业性比赛奠定了基础
活动地点	(1)预赛地点:请关注QQ群内通知 (2)决赛地点:请关注QQ群内通知
活动人员	在校大学生
活动时间	(1)预赛时间:2020年9月26日 晚上7:00 (2)决赛时间:2020年10月14日 下午2:00
活动内容	预赛:3分钟定题演讲(要求:脱稿演讲) 决赛:定题演讲、即兴演讲、回答问题三部分 定题演讲:每位选手演讲时间为3分钟,可自拟小标题; 即兴演讲:赛题保密,选手上场前20分钟抽题,即兴演讲时间为3分钟; 回答问题:演讲后由外教评委提问,选手当场回答,每个问题回答时间不超过1分钟
活动要求	在活动时间内完成报名,曾获得往届"外研社·国才杯"全国英语演讲大赛、"外研社·国才杯"全国英语辩论赛出国及港澳交流奖项的选手不包括在内

任务实施

1.参赛人员登录报名网站端口进行报名。第一步:选择大赛官网的"选手自主报名";

请前往大赛官网(www.uchallenge.unipus.cn)"选手报名/参赛"页面进行注册报名,点击"演讲地赛场报名"并上传演讲稿。第二步:加入我校"2020 校演讲大赛"QQ 群(群号:×××××××××××,群名:2020 校演讲大赛,随时关注群内比赛通知,群二维码)。

2.报名时间:

即日起截至 2020 年 9 月 20 日(选手必须完成上述两步才能参赛)

3.预赛时间:2020 年 9 月 27 日 晚上 6:00

预赛地点:请关注 QQ 群内通知

4.决赛时间:2020 年 10 月 9 日晚上 6:00

决赛地点:请关注 QQ 群内通知

5.定题演讲题目:Challenge to All

6.比赛形式:

预赛:3 分钟定题演讲(要求:脱稿演讲)

决赛:定题演讲、即兴演讲、回答问题三个部分

定题演讲:每位选手演讲时间为 3 分钟,可自拟小标题;

即兴演讲:赛题保密,选手上场前 20 分钟抽题,即兴演讲时间为 3 分钟;

回答问题:演讲后由外教评委提问,选手当场回答,每个问题回答时间不超过 1 分钟。

知识链接 2021 年全国职业院校技能大赛高职组"市场营销技能"

一、数字营销

(一)分值:15 分

(二)竞赛时间:90 分钟

(三)背景资料

参赛团队在给定的营销预算范围内,在相同的竞争环境下,为同一家企业开展一系列的数字营销活动,需分析平台给定的企业网站信息、企业产品或服务信息等数据,结合目标受众的偏好,借助推荐引擎进行推荐引擎营销;结合目标受众的搜索行为,借助搜索引擎进行搜索排名优化与搜索竞价营销。通过搜索引擎与推荐引擎可以增加网站展现量和点击量,提升品牌认知度,达到品牌传播的目的。

1.网站介绍

2.冰箱

3.洗衣机

4.空调

5.热水器

6.电视

（四）具体考核要求

1. 推荐引擎营销

参赛选手根据企业网站介绍与产品或服务介绍，结合营销预算，制定并实施推荐引擎营销策略，通过人群标签定向，圈定目标受众，以付费方式获得不同广告位置网页（注：以下内容中，网站首页和产品或服务介绍页统称为网页）信息的强势展现机会，并带来更多的点击，将信息传递给目标受众，促进品牌认知度与商业价值变现。包括设置推广计划、设置推广单元、设置精准投放条件、创意添加等操作。

（1）设置推广计划。

（2）设置推广单元。

（3）设置精准投放条件。

（4）创意添加。

2. 搜索竞价营销

参赛选手需根据营销预算、企业信息及企业商品，进行搜索引擎竞价营销，通过关键词定位主动搜索的目标受众，以付费方式获得目标受众检索关键词时网页的展现机会，并带来更多的点击，将信息传递给目标受众，促进品牌认知度与商业价值变现。参赛选手需进行推广计划、推广单元、关键词添加与出价、创意添加等操作。

（1）推广计划。

（2）推广单元。

（3）关键词添加与出价。

（4）创意添加。

3. 搜索排名优化

参赛选手需根据企业网站介绍与产品或服务介绍，进行网站主页标题、关键词的优化与产品或服务页的标题、关键词优化，并通过搜索中心对每个关键词进行检索，查看网页的实时排名，以免费的方式获得目标受众检索关键词时尽可能多地将信息传递给目标受众。参赛选手可根据排名反馈继续优化，尽可能多地增加网站首页和产品或服务介绍页的展现机会。

（1）关键词排名得分。

（2）流量增量得分。

（3）关键词覆盖得分。

二、方案策划

（一）分值：25 分

（二）竞赛时间：70 分钟

（三）背景资料

长瑞油脂股份有限公司，成立于 1984 年，主要致力于芝麻产业的经营和发展，是农业产业化省重点企业，目前公司产品已在全国 70 多个大中城市、近 3 万个分销网点和代理商组建了线上、线下销售渠道。凭借传统的小磨香油生产技术和成熟的专业水平,长瑞油脂的产品生产、开发能力执行业领域之牛耳。公司主导产品"香字牌"小磨香油,承袭600多年历史的传统小磨香油生产工艺,在业界享有盛誉。"香字牌"小磨香油,是中华老字号、绿色食品、山东省非物质文化遗产。

1. 产品介绍:"香字牌"小磨香油选用优质芝麻为原料,采用传统的小石磨工艺生产,无机榨工序,无高压工序,无真空工序,最大限度地保留了小磨香油的自然工艺风味和特有的营养价值,产品不添加任何化学添加剂。

产品规格:香字牌无添加纯白芝麻油香油 448mL

零售价:32元

2. 请以品牌推广和产品促销为目的,为"香字牌"小磨香油产品制定符合企业特点的本年度"春节促销活动"整合营销活动策划方案。在竞赛当日1小时内,借助Word完成方案撰写,并制作PPT。

三、情景营销

(一)分值:60分

(二)竞赛时间:300分钟

(三)背景资料

根据P1产品在五个市场未来三年的销售价格、销售数量的预测资料,参赛团队组成企业营销的核心团队,负责一个生产制造型企业的产品销售。企业拥有1911万资产,以销售P1产品为主营业务,资金充裕,银行信用良好,但是产品单一,只在本地市场销售,竞争越来越激烈,预计未来几年销售收入将持续下降。参赛团队通过目标市场分析与选择、营销策略组合和财务报表分析,使企业的效益最大化。

(资料来源:全国职业院校技能大赛官网)

任务拓展　职业技能大赛的发展历史

一、确立背景

2005年7月,教育部与天津市人民政府签订共建国家职业教育改革试验区协议,该试验区是全国首个职业教育改革试验区,试验区的建立为天津职业教育提供了先行先试的政策优势和保障,同时也为天津职业教育改革和发展提供了难得的发展机遇。此后,诸多职业教育改革政策在天津落地生根。经过两年的酝酿和准备,在2007年天津召开的国家职业教育改革试验区领导小组会议上,教育部和天津市人民政府为全面贯彻落实党中央、国务院大力发展职业教育的总体部署,议定从2008年起,每年举办一次全国性的由职业院校学生参加的技能大赛,经反复酝酿协商定名为"全国职业院校技能大赛"并将天津市确定为大赛的永久举办地。

二、发展简介

自2008年起至2018年,大赛已经成功举办11届。纵观11届的发展历程,大赛从无到有、从小到大,已经成为展示广大师生风采和改革创新成果的重要窗口,成为推进产教融合、校企合作和人才培养模式改革的重要手段,成为扩大社会影响和国际合作的重要平台。

1.大赛规模逐年扩大。参赛选手已经从2008年的2 000多人增至2018年的近16 000人,指导教师从1 000余人增至11 000余人,主办单位由最初的11家增至35家,合作企业由最初的10余家增至100余家。赛项由2008年的24项增至100项,从2017年大赛开始加入行业特色赛项,进一步丰富了赛项设置。赛区到2018年增至23个。关键数据的成倍增长,体现了全国各地区、各院校的广泛参与,也体现了大赛的扩展度、认可度在不断加强,大赛的普惠性、辐射性得到了充分的展现。

2.体系制度日趋完善。经过多年的发展,大赛逐步构建起"校赛、省(市)赛、国赛"三级选拔体系,形成了"普通教育有高考、职业教育有大赛"的人才选拔制度。以大赛为载体,一条职业教育院校内部"人人参与、专业覆盖、层层选拔"的人才培养选拔系统链条已搭建完成。在国家设计层面,大赛也经历了两个重要的发展期,即2008年至2012年的初创期,2013年至2015年的三年规划期。在制度设计层面,2018年大赛前夕,教育部等35家主办单位正式印发《全国职业院校技能大赛章程》,同时教育部根据大赛章程和规划制定了大赛制度汇编,并每年进行征求意见及修改,极大地保证了大赛在制度规范下合理运行发展。大赛自2008年成功举办以来,得到了党和国家领导人的高度重视,获得社会广泛认可且影响力显著提升。2017年第十届大赛前夕,中共中央政治局常委、国务院总理李克强对第十届大赛做出重要批示。在已举办的11届大赛里,党和国家领导人多次出席大赛相关活动并发表讲话,肯定大赛在职业教育改革和发展中所取得的突出成绩。通过11年的发展,大赛已经成为一张彰显我国职业教育特色的靓丽名片。特别是2014年全国职业教育工作会后,国务院印发了《关于加快发展现代职业教育的决定》,其为大赛在新时期发展指明了方向。2015年,国务院同意设立职业教育活动周。2016年,教育部结合实际情况将大赛作为重要板块整体并入职业教育活动周。整体并入后,借助活动周的宣传、展示、交流、分享平台,大赛得以进一步发展壮大,整体社会效应更加凸显,社会关注度和参与度也随之大幅提升。

(资料来源:搜狐网)

思考/实践

1.如何正确理解职业技能大赛对大学生素质提升的促进作用。

2.结合实际情况,积极参与全国职业技能大赛并分享赛后感受。

任务二　创新创业

情境导入　勇担青春使命　助力乡村振兴

窦广磊，龙山树莓创始人，山东工业职业学院2008届毕业生。他不仅是章丘龙翔树莓生物科技有限公司总经理，还担任着龙山街道龙山一村党支部书记、村委会主任，兼任共青团章丘区委副书记、山东经济林协会树莓分会副会长、章丘树莓产业协会会长等职务，同时还是济南市人大代表。获得全国农村青年致富带头人、中国乡村旅游致富带头人、山东省四星级创业青年、济南市青年创业之星、济南市乡村好青年、第七批济南市优秀农村实用人才（乡村之星）、济南市第二十三届青春榜样、章丘市第十一届十大杰出青年等荣誉称号。

心怀梦想　开启创业新征程

2012年，他从国有企业辞职回乡创业，成功引种风靡世界的第三代黄金水果——树莓。窦广磊带领团队在树莓引种时，引进国内外20多个品种进行试验，他积极联系技术专家开展技术攻关，不断优化技术手段。通过进行土壤改良、品种对比试验、采用冬暖棚设施栽培等多项技术攻关，经过五年多的探索，实现了重大突破，选育出适合本地发展的树莓优良品种四个，创新应用了乔木化和密植栽培技术，实现了本地化树莓产量的翻倍生产，总结出一套树莓种植、繁育、丰产栽培技术，填补了省内黄莓、紫莓等特色浆果的市场空白。目前，窦广磊创办的龙山莓园建成了以美洲黑莓、欧洲红莓、澳洲黄莓、智力蓝莓、匈牙利紫莓为特色的小浆果采摘休闲园，获评山东省农业旅游示范点、济南市现代农业示范园区、章丘市农业旅游示范园等荣誉。历经艰辛，终于建成省内第一个以莓果采摘为主题的休闲园区，成立树莓产学研科创中心，开发树莓果汁、果酒、果粉和果茶等系列产品，从而开启了他以全产业链思维开发生态树莓的新征程。

不忘初心，打造济南莓子梦工厂

在窦广磊的带领下，龙一村积极开展招商引资，促进村落发展，2018年年底开始与济南百合园林公司联合开发村庄雪花桥水库到姑子庵桥片区，致力于打造雪花桥水库湿地公园，实现环境优美、生态有效、产业兴旺的目标。围绕环境整治和产业提升，龙一村着手打造铁路沿线产业风貌带，打造一村一品，打造树莓、蓝莓等特色产业带，既实现了铁路沿线的美化绿化，又实现了村庄的集体增收。为了让大众了解树莓，促进产业提升，窦广磊带领团队成功举办了章丘市首届龙山树莓采摘节、龙山树莓文化旅游节等多个民事节日。紧紧围绕乡村旅游，开展了"到章丘龙山莓园采摘鲁迅笔下的覆盆子""红莓花儿开摄影大赛"等教学科普实践活动。建设莓子主题文化体验馆，通过制作树莓酒、树莓鲜榨果汁、树莓糕点等DIY体验活动，让游客进一步了解国内外树莓的发展历史、认识到树莓（覆盆子）的营养保健价值，积极打造济南本地的莓子梦工厂（如图7-2所示）。

图 7-2　莓子梦工厂

勇于担当，推动乡村振兴

"作为一名农村青年，同时作为一名党员干部，在乡村振兴最关键的时期，在家乡和人民最需要的时候，我们就应该回乡创业、上山下乡、艰苦奋斗、勇于担当、开拓进取，这是我们唯一的选择。"窦广磊感慨地说。在自身发展的同时，他带领团队积极响应政府号召，扎实开展精准扶贫工作。2017年年底，他被选为龙山街道龙山一村党支部书记，从此又走上了带领家乡群众创业致富的大道。以他创办的基地为核心，联合中国林科院等科研机构，通过公司＋协会(合作社)＋农户模式，推进山东地区树莓产业的发展进程，实现了良好的经济效益和社会效益。实施乡村振兴战略，是党中央做出的重大决策部署，是新时代做好"三农"工作的总抓手。窦广磊始终牢记初心和使命，在一次次的困难和挫折面前实现了一次次的超越和进步。他不断传承红色基因，勇担时代责任，团结奋进，投身乡村振兴行列，为家乡的发展，贡献青春力量。

任务目标

目标1：掌握创新创业的概念、内涵，及与传统创业的区别。
目标2：通过学习创新创业相关知识，培养学生的实践技能、专业素养。
目标3：了解创新创业所需具备的条件。

任务准备

一、知识准备

(一)创新创业的概念

创新创业是指基于技术创新、产品创新、品牌创新、管理创新、组织创新、市场创新、渠道创新等方面的某一点或几点创新而进行的创业活动。

微课

大众创业
万众创新
——创新创业

项目七 生产职业劳动

创新创业的特质是创新,强调开拓性与原创性;目标是创业,强调通过实际行动获取利益的行为。其具有高风险、高回报、促进上升三个特点。

(二)创新创业的内涵

创新创业是基于创新基础上的创业活动,既不同于单纯的创新,也不同于单纯的创业。创新强调的是开拓性与原创性,而创业强调的是通过实际行动获取利益的行为。因此,在创新创业这一概念中,创新是创业的基础和前提,创业是创新的体现和延伸。

微课

让梦想照进现实
——创新创业

(三)创新创业与传统创业的区别

创新创业与传统创业的根本区别在于创业活动中是否有创新因素。这里的创新不仅是指技术方面的创新,还包含管理创新、知识创新、流程创新、营销创新等方面。总之,只要能够给资源带来新价值的活动就是创新。在某一方面或者某几个方面进行创新并进而创业的活动,就是创新创业。在任何方面都没有进行创新的创业就属于传统创业。

知识链接

"大众创业、万众创新"对经济发展的促进作用已被实践证明,这里不必赘言。需要指出的是,"双创"战略看似纯经济政策,但其影响和意义却绝不止于经济领域。各地政府不应仅将其视作稳增长的短期政策工具,更要用长远的眼光,重视其在转变政府职能、提升社会治理、保障社会公平等方面的溢出效应。

正是从这些意义上说,我们重视"大众创业、万众创新"稳经济作用的同时,还要密切跟踪其可能产生的其他积极效果。因此,我们为越来越多的大学生愿意赴基层实现梦想而喝彩,为大量城市"白领""金领"有勇气从头创业而叫好,为已经取得成功却再起航的创业者而鼓掌,更期待着政府部门能够与创新创业者良性互动,使我们的经济社会发展充满动力与活力。

影响创新创业的因素有很多,包括国民素质、基础研究水平、科研基础设施条件、体制政策环境等方面,但核心是人的因素,关键是创新型企业的发展壮大。从某种程度上讲,推动创新发展,就是要坚持以人为本推进创新,要提高国民的教育水平,充分调动和激发人的创新创业基因;就是要坚持以企业为主体推进创新,要大力推动企业发展,强化企业作为创新发动机的作用。

大众创业、万众创新的提出把创新、创业与人、企业这几个关键要素紧密结合在一起,不仅突出要打造经济增长的引擎,而且突出要打造就业和社会发展的引擎,不仅突出精英创业,而且突出草根创业、实用性创新,体现了创新、创业、人和企业"四位一体"的创新发展总要求,揭示了创新创业理论的科学内涵和本质要求,为创新创业理论和实践研究开辟了崭新的新天地。

(资料来源:《国务院关于大力推进大众创业万众创新若干措施的意见》)

二、实践准备

以创新创业活动为例,在活动开展前,应从活动主题、目的、形式等方面进行筹划和准备,以便活动顺利开展,具体活动准备见表7-2。

表 7-2　　　　　　　　　　活动准备一览表

项目	详细内容
活动主题	自强不息,自主创业
活动目的	通过举办大学生创业一条街,努力拓展大学生就业、创业的视野,增强大学生创业意识和风险意识,为大学生打造一个创业实践成长平台,提升大学生就业、创业综合素质及能力,营造校园创业氛围
活动形式	1.建设大学生创业一条街; 2.商品展卖; 3.跳蚤市场
活动地点	学校广场
活动人员	全体师生
活动意义	1.方便大家把闲置不用的东西以低价交换的形式处理给其他需要这些东西的同学,发展循环经济,各取所需,为建设节约型社会尽一份力; 2.节约是中华民族的传统美德,体现了求真务实的品质。大学生要从节约入手提高自己的思想道德素质; 3.以跳蚤市场的形式,提供一个学生之间互利互惠的交易平台,也借此宣扬勤俭朴素的生活作风
活动要求	1.申请摊位须交纳 100 元保证金并签订协议书; 2.经审核通过的商家,由学校颁发经营许可证,执证营业; 3.每个摊位提供两张桌子、两张椅子、一个雨棚; 4.商家摊位划分好具体区域并标记摊位号,摊位费按摊位号的不同而具体商谈

任务实施

1.形成初步的策划方案,并获得校方的支持。

2.向学校申请此次活动的审批。

3.对场地进行规划,召集部门人员开会,介绍场地与分配工作。

4.确定活动所需桌椅的来源、数量以及如何摆放。

5.与校广播站取得联系,希望他们可以帮忙做滚动的宣传。

6.在各个院系的教室外墙上、校内宿舍和食堂以及学校主干道边张贴宣传海报,尽量让所有在校生都能看到活动的主要信息。

知识链接　《国务院办公厅关于进一步支持大学生创新创业的指导意见》(节选)

……

二、提升大学生创新创业能力

(一)将创新创业教育贯穿人才培养全过程。深化高校创新创业教育改革,健全课堂教学、自主学习、结合实践、指导帮扶、文化引领融为一体的高校创新创业教育体系,增强大学生的创新精神、创业意识和创新创业能力。建立以创新创业为导向的新型人才培养模式,健全校校、校企、校地、校所协同的创新创业人才培养机制,打造一批创新创业教育特色示范课程。(教育部牵头,人力资源和社会保障部等按职责分工负责)

(二)提升教师创新创业教育教学能力。强化高校教师创新创业教育教学能力和素养培训,改革教学方法和考核方式,推动教师把国际前沿学术发展、最新研究成果和实践经验融入课堂教学。完善高校双创指导教师到行业企业挂职锻炼的保障激励政策。实施高校双创校外导师专项人才计划,探索实施驻校企业家制度,吸引更多各行各业优秀人才担任双创导师。支持建设一批双创导师培训基地,定期开展培训。(教育部牵头,人力资源和社会保障部等按职责分工负责)

(三)加强大学生创新创业培训。打造一批高校创新创业培训活动品牌,创新培训模式,面向大学生开展高质量、有针对性的创新创业培训,提升大学生创新创业能力。组织双创导师深入校园举办创业大讲堂,进行创业政策解读、经验分享、实践指导等。支持各类创新创业大赛对大学生创业者给予倾斜。(人力资源和社会保障部、教育部等按职责分工负责)

三、优化大学生创新创业环境

(四)降低大学生创新创业门槛。持续提升企业开办服务能力,为大学生创业提供高效便捷的登记服务。推动众创空间、孵化器、加速器、产业园全链条发展,鼓励各类孵化器面向大学生创新创业团队开放一定比例的免费孵化空间,并将开放情况纳入国家级科技企业孵化器考核评价,降低大学生创新创业团队入驻条件。政府投资开发的孵化器等创业载体应安排30%左右的场地,免费提供给高校毕业生。有条件的地方可对高校毕业生到孵化器创业给予租金补贴。(科技部、教育部、市场监管总局等和地方各级人民政府按职责分工负责)

(五)便利化服务大学生创新创业。完善科技创新资源开放共享平台,强化对大学生的技术创新服务。各地区、各高校和科研院所的实验室以及科研仪器、设施等科技创新资源可以面向大学生开放共享,提供低价、优质的专业服务,支持大学生创新创业。支持行业企业面向大学生发布企业需求清单,引导大学生精准创新创业。鼓励国有大中型企业面向高校和大学生发布技术创新需求,开展"揭榜挂帅"。(科技部、发展改革委、教育部、国资委等按职责分工负责)

(六)落实大学生创新创业保障政策。落实大学生创业帮扶政策,加大对创业失败大学生的扶持力度,按规定提供就业服务、就业援助和社会救助。加强政府支持引导,发挥市场主渠道作用,鼓励有条件的地方探索建立大学生创业风险救助机制,可采取创业风险补贴、商业险保费补助等方式予以支持,积极研究更加精准、有效的帮扶措施,及时总结经验、适时推广。毕业后创业的大学生可按规定缴纳"五险一金",减少大学生创业的后顾之忧。(人力资源和社会保障部、教育部、财政部、民政部、医保局等和地方各级人民政府按职责分工负责)

四、加强大学生创新创业服务平台建设

(七)建强高校创新创业实践平台。充分发挥大学科技园、大学生创业园、大学生创客空间等校内创新创业实践平台作用,面向在校大学生免费开放,开展专业化孵化服务。结合学校学科专业特色优势,联合有关行业企业建设一批校外大学生双创实践教学基地,深入实施大学生创新创业训练计划。(教育部、科技部、人力资源和社会保障部等按职责分工负责)

(八)提升大众创业万众创新示范基地带动作用。加强双创示范基地建设,深入实施创业就业"校企行"专项行动,推动企业示范基地和高校示范基地结对共建、建立稳定合作关系。指导高校示范基地所在城市主动规划和布局高校周边产业,积极承接大学生创新成果和人才等要素,打造"城校共生"的创新创业生态。推动中央企业、科研院所和相关公共服务机构利用自身技术、人才、场地、资本等优势,为大学生建设集研发、孵化、投资等于一体的创新创业培育中心、互联网双创平台、孵化器和科技产业园区。(发展改革委、教育部、科技部、国资委等按职责分工负责)

五、推动落实大学生创新创业财税扶持政策

(九)继续加大对高校创新创业教育的支持力度。在现有基础上,加大教育部中央彩票公益金大学生创新创业教育发展资金支持力度。加大中央高校教育教学改革专项资金支持力度,将创新创业教育和大学生创新创业情况作为资金分配重要因素。(财政部、教育部等按职责分工负责)

(十)落实落细减税降费政策。高校毕业生在毕业年度内从事个体经营,符合规定条件的,在3年内按一定限额依次扣减其当年实际应缴纳的增值税、城市维护建设税、教育费附加、地方教育附加和个人所得税;对月销售额15万元以下的小规模纳税人免征增值税,对小微企业和个体工商户按规定减免所得税。对创业投资企业、天使投资人投资于未上市的中小高新技术企业以及种子期、初创期科技型企业的投资额,按规定抵扣所得税应纳税所得额。对国家级、省级科技企业孵化器和大学科技园以及国家备案众创空间按规定免征增值税、房产税、城镇土地使用税。做好纳税服务,建立对接机制,强化精准支持。(财政部、税务总局等按职责分工负责)

六、加强对大学生创新创业的金融政策支持

(十一)落实普惠金融政策。鼓励金融机构按照市场化、商业可持续原则对大学生创业项目提供金融服务,解决大学生创业融资难题。落实创业担保贷款政策及贴息政策,将高校毕业生个人最高贷款额度提高至20万元,对10万元以下贷款、获得设区的市级以上荣誉的高校毕业生创业者免除反担保要求;对高校毕业生设立的符合条件的小微企业,最高贷款额度提高至300万元;降低贷款利率,简化贷款申报审核流程,提高贷款便利性,支持符合条件的高校毕业生创业就业。鼓励和引导金融机构加快产品和服务创新,为符合条件的大学生创业项目提供金融服务。(财政部、人力资源和社会保障部、人民银行、银保监会等按职责分工负责)

(十二)引导社会资本支持大学生创新创业。充分发挥社会资本作用,以市场化机制促进社会资源与大学生创新创业需求更好对接,引导创新创业平台投资基金和社会资本参与大学生创业项目早期投资与投智,助力大学生创新创业项目健康成长。加快发展天使投资,培育一批天使投资人和创业投资机构。发挥财政政策作用,落实税收政策,支持天使投资、创业投资发展,推动大学生创新创业。(发展改革委、财政部、税务总局、证监会等按职责分工负责)

七、促进大学生创新创业成果转化

(十三)完善成果转化机制。研究设立大学生创新创业成果转化服务机构,建立相关成果与行业产业对接长效机制,促进大学生创新创业成果在有关行业企业推广应用。做好大学生创新项目的知识产权确权、保护等工作,强化激励导向,加快落实以增加知识价值为导向的分配政策,落实成果转化奖励和收益分配办法。加强面向大学生的科技成果转化培训课程建设。(科技部、教育部、知识产权局等按职责分工负责)

(十四)强化成果转化服务。推动地方、企业和大学生创新创业团队加强合作对接,拓宽成果转化渠道,为创新成果转化和创业项目落地提供帮助。鼓励国有大中型企业和产教融合型企业利用孵化器、产业园等平台,支持高校科技成果转化,促进高校科技成果和大学生创新创业项目落地发展。汇集政府、企业、高校及社会资源,加强对中国国际"互联网+"大学生创新创业大赛中涌现的优秀创新创业项目的后续跟踪支持,落实科技成果转化相关税收优惠政策,推动一批大赛优秀项目落地,支持获奖项目成果转化,形成大学生创新创业示范效应。(教育部、科技部、发展改革委、财政部、国资委、税务总局等按职责分工负责)

八、办好中国国际"互联网+"大学生创新创业大赛

(十五)完善大赛可持续发展机制。鼓励省级人民政府积极承办大赛,压实主办职责,进一步加强组织领导和综合协调,落实配套支持政策和条件保障。坚持政府引导、公益支持,支持行业企业深化赛事合作,拓宽办赛资金筹措渠道,适当增加大赛冠名赞助经费额度。充分利用市场化方式,研究推动中央企业、社会资本发起成立中国国际"互联网+"大学生创新创业大赛项目专项发展基金。(教育部、国资委、证监会、建设银行等按职责分工负责)

(十六)打造创新创业大赛品牌。强化大赛创新创业教育实践平台作用,鼓励各学段学生积极参赛。坚持以赛促教、以赛促学、以赛促创,丰富竞赛形式和内容。建立健

全中国国际"互联网+"大学生创新创业大赛与各级各类创新创业比赛联动机制,推进大赛国际化进程,搭建全球性创新创业竞赛平台,深化创新创业教育国际交流合作。(教育部等按职责分工负责)

九、加强大学生创新创业信息服务

(十七)建立大学生创新创业信息服务平台。汇集创新创业帮扶政策、产业激励政策和全国创新创业教育优质资源,加强信息资源整合,做好国家和地方的政策发布、解读等工作。及时收集国家、区域、行业需求,为大学生精准推送行业和市场动向等信息。加强对创新创业大学生和项目的跟踪、服务,畅通供需对接渠道,支持各地积极举办大学生创新创业项目需求与投融资对接会。(教育部、发展改革委、人力资源和社会保障部等按职责分工负责)

(十八)加强宣传引导。大力宣传加强高校创新创业教育、促进大学生创新创业的必要性、重要性。及时总结推广各地区、各高校的好经验好做法,选树大学生创新创业成功典型,丰富宣传形式,培育创客文化,营造敢为人先、宽容失败的环境,形成支持大学生创新创业的社会氛围。做好政策宣传宣讲,推动大学生用足用好税费减免、企业登记等支持政策。(教育部、中央宣传部牵头,地方各级人民政府、各有关部门等按职责分工负责)

(资料来源:中华人民共和国中央人民政府网站)

任务拓展　创新创业在我国的几个阶段

第一阶段:生存阶段

以产品、技术、渠道为优势,获得生存空间;只要有想法(点子)、肯努力、会销售,就可以获得相应的机会;这一阶段在上班期间开始准备。

第二阶段:稳定阶段

通过规范运营,建立稳定的系统来增加机构效益;关键是"建立一套持续稳定的运作系统"和"被动现金流";创业有几个阶段,让企业不再依赖于创业者的个人能力和背景获得发展;需要创业者的思维从想法提升到思考的高度;将原先的做生意转变成成就事业,创办企业;创业团队初步形成。

第三阶段:发展阶段

这时依靠的是硬实力(产业化的核心竞争力),整个商业机构形成了系统平台,依靠的是一个个团队通过系统平台来完成管理(人治变成了公司治理),销售变成了营销,区域性渠道转变成一个个地区性网络,从而形成了系统。思维从平面到三维。创业者有了被动现金流系统(赚钱机器),它是24小时为你工作的,这就是许多创业者梦想达到的理想状态。

项目七 生产职业劳动

第四阶段：成熟扩张阶段

这是创业者的最高境界,是一种无国界的经营,也就是俗称跨国公司。集团总部的系统平台和各子集团的运营系统所形成的一种体系。集团总部依靠的是一种可跨越行业边界的无边界核心竞争力(软实力),子集团形成的是行业核心竞争力(硬实力),这样将使集团的各行各业取得它们在单兵作战的情况下所无法取得的业绩水平和发展速度。在创业的几个阶段中,思维已从三维到多维,这才是企业发展所能追求和达到的最高境界。

(资料来源:石瑞宝,赵新燕.大学生创新创业基础[M].北京:清华大学出版社,2020)

思考/实践

1. 如何正确理解创新创业对大学生素质提升的促进作用。
2. 结合实际情况,组织一次校园内的创新创业活动。

任务三　认知实习

情境导入　山东工业职业学院与莱钢金鼎幼教校企联合培养开班仪式隆重举行

2020年9月7日上午,山东工业职业学院、莱钢金鼎幼教校企联合培养开班仪式在莱芜钢铁集团金鼎幼教中心隆重举行。校企双方相关领导分别致欢迎词和动员讲话。在动员讲话中,相关领导对同学们提出四点要求与希望:一是增强制度意识,要自觉遵守幼儿园内各项规章制度;二是培养主动意识,化被动实习为主动实习;三是提高教育教学意识,希望同学们在实习教学过程中,注意角色身份的转换,多留心、多留意、多学习;四是建立沟通意识,实习期间,要积极与园长、指导教师及同事沟通,提高人际交往能力,认真观察并了解幼儿生活,不怕苦不怕累,全方位了解幼儿教师的教育与保育职责,为成为一名合格的幼儿教师不断累积实践经验。

据了解,为了促使学生更好地将理论与实践相结合,保障基础教育与艺术学院幼儿发展与健康管理专业实践教学有序开展,经学校研究批准,2019级幼儿发展与健康管理专业从第二年开始试行"校企双元三段式"联合培养模式。幼儿发展与健康管理专业2019级学生,将以班为单位,分别到莱钢金鼎实业有限公司幼教中心,进行为期一个月的校外学习。此次校外学习内容包含保育实习和幼儿园仿真场景实训两个实习任务。"校企双元三段式"联合培养模式的创立,为实现学校、企业、学生"三赢"打下坚实基础。开班仪式的成功举行,起到了振奋精神、鼓舞士气的作用,同学们对于接下来的校外学习进程有了比较明确的认识。

任务目标

目标1:掌握认知实习的概念。
目标2:通过学习认知实习的相关知识,培养学生的实践技能、专业素养。
目标3:了解认知实习所需具备的条件。

任务准备

一、知识准备

对于认知实习,常见的有如下几种认识。夏延芳、谭祖雪认为认知实习就是为学生提供真实的工作情景,从而使之了解专业的价值观、态度、理论及工作技巧与应用。程正中、金蓓、张铁山认为认知实习的目的是提高学生对本专业的认知水平,增加感性认识,丰富专业思想,提高敏感性。史铁尔则认为学生通过认知实习去发现自己的专业兴趣和个人专长,积累专业实务经验,以帮助学生确定自己未来的专业发展目标和方向。我们认为,认知实习就是在学生具备一定的专业知识后,利用正常的学习时间,安排学生深入企业中去,接受企业的管理和教育,结合所学专业和企业岗位所涉及的各种知识并运用到实践工作中,拓展专业知识,提高专业技能,并且让学生进一步了解社会、学会学习、学会生活,增强学生为人处世的能力,为其顺利踏入企业和社会积累相关的经验,做好相关的准备工作。

实践是将知识转化与升华的根本条件。认知实习作为专业课重要的实践课程之一,具有较强的实践性,对加强学生的动手能力和创新思维具有重要意义。认知实习,是指非基础教育的高等学校和中等职业学校在校学生实习方式之一,以参观学习为主。

知识链接

实践是大学生活的第二课堂,是知识常新和发展的源泉,是检验真理的试金石,也是大学生锻炼成长的有效途径。一个人的知识和能力只有在实践中才能发挥作用,才能得到丰富、完善和发展。大学生成长,就要勤于实践,将所学的理论知识与实践相结合,在实践中继续学习,不断总结,逐步完善,有所创新,并在实践中提高自己由知识、能力、智慧等因素融合而成的综合素质和能力,为自己事业的成功打下良好的基础。

认知实习不仅给学生带来了好奇与激动,还有对知识的不断探索。首先,认知实习扩大了学生的知识领域,增加了专业感性知识,为学习专业知识创造了有利的条件。其次,让学生了解了本专业在社会主义市场经济建设中的地位和作用,树立正确的专业思想。最后,对于学生未来从事的行业来说,这是一次深刻的认识,让学生知道在接下来的时间里,更应该朝着哪个方面去努力,去学习哪些东西,去加强哪些东西,尤其是增强自己的动手能力,认知实习让学生对所学的技术实际操作有了更多的了解,对所学的专业有了全新的认识。

[资料来源:尹小梅.高职院校有效开展岗位认知实习的研究与探索[J].教育教学论坛,2016(4).]

二、实践准备

认知实习属于专业教育必修课程,是学生培养过程中十分重要的实践性教学环节。认知实习常与生产实际相接触,使学生对所学专业的性质、资料及其在实践领域中的地位有全面的认识,为了解和巩固专业思想创造了条件,在实践中了解专业、熟悉专业、热爱专业,为进一步学习专业基础课程和专业核心课程奠定了基础。同时,学生进一步了解社会,了解自我,能用理论联系实际,提升了观察问题、分析问题和解决问题的能力。下面以汽车专业为例,对学生进行课程介绍及实践安排。

(一)课程介绍

第一课时为学生讲解车间安全与实习课程项目要求。由于学生是第一次进行实习课程,对车间安全和实习课程的要求还不是很了解,可以通过该课程让学生了解车间安全的重要性和本次实习的主要内容,以保证实习的顺利进行。

第二课时进行小组作品安排和个人成绩评分标准的讲解。特别是在评分中,应着重说明小组评分及小组作品评分的重要性,引出小组的概念,让学生重视小组成绩,激发小组荣誉感。这有利于在后期实习过程中组员之间的互帮互助以提高课堂效率。

(二)小组安排

将所有的同学分为十组,每组4~5人,分组时采用随机分组的方式。小组分好后,每组选取一位组长,赋予组长一定的权利,便于在实操课程中的管理,同时组长可以在小组中起到模范作用。

(三)车间设计

设置两个车间,分别是车身钢板切割与焊接车间、车身钢板整形车间,由两位老师各带五组同学进车间进行教学。每个车间设置十个工位,每个小组使用两个工位,每个工位安排2~3人,九个课时后换组。这样可以利用有限的设备发挥最大的作用,2~3人一个工位,在保证可以同时练习的情况下还可以相互探讨学习。

任务实施

一、车间讲解

由两位老师各自带同学进入车间进行实地讲解(车间是按照汽车构造主机厂的格局

设计的),从车身制造、油漆喷涂、车身装配三个方面讲解汽车制造流程。学生的大脑中形成一个汽车制造流程的框架,同时老师要介绍本次实习主要学习的工艺环节,让学生了解所学工艺的应用和工艺标准在行车安全中的重要性。

二、教学方法

改变原有的"老师做、学生学"的教学方法,将大部分时间还给学生,充分调动学生的积极性,发挥小组的作用。在进行项目教学时,老师仅讲解设备安全操作方法及工艺评判标准,在保证学生安全的情况下拿出时间让学生自己去探索学习,老师仅在一旁指导。这时学生会以各种方法进行操作,直到有学生找到最适合的方法并教给大家,这样可以充分锻炼学生的自主学习能力,促使小组组员之间互帮互助。

三、项目评比

每个项目都要设定评比环节,融入"以赛代练"的因素,让每个小组使用自己总结的方法操作一块板件,并将学生召集在一起,每个小组轮流展示自己组的板件并分享自己小组的实操方法和经验,同时提出操作时出现的问题,由老师进行点评,并根据工艺标准对小组板件进行评比,评比分数计入小组成绩。这样有利于小组组员之间互帮互助,形成凝聚力,提高了学习效率。

四、作品制作与喷漆

学生学习完所有项目后,便开始作品的制作。要求每个小组做一个小组作品,必须在作品上体现学过的所有工艺,并且要符合每项工艺的操作标准。学生利用课余时间绘出作品的设计图,并在发放的规定尺寸的钢板(50 cm×50 cm)上进行作品制作。这时学生的关注点都在自己小组的作品上,学生的积极性会再次进入高涨期,他们会争分夺秒地去练习、设计、制作,这时也是老师最忙的时候,学生会有各种问题向老师请教,在小组成员共同努力下一般使用六到九个课时就可以将作品完成。课程最后一天利用两个课时讲解喷漆项目。学生掌握之后将对作品进行喷漆上色并完成作品。作品完成后,也是学生最有成就感的时候,这时可以让小组成员为自己的作品进行一段简单介绍,组织学生利用课余时间进行作品创艺评比,可以采用网上投票的方法进行评比,将评比成绩计入作品成绩。在整个实操环节,小组之间以比赛的形式进行,利用学生的好胜心理,活跃了课堂气氛,激发了学生的积极性。

五、评分方式

为了综合评估学生实习的成绩,在教学中融入了企业的车间生产内容,并将评分方式分为三部分:小组评分、个人评分及作品评分,分别占30%、40%以及30%的比例。

小组评分主要是以上课时小组的工件成绩、纪律表现、组内学习气氛、课后工位 6S 整理及值日时对车间的整理为依据。为以后的实验课和未来的车间工作养成良好的习惯。

个人评分是以学生个人的考勤和课堂表现为主要依据,个人的迟到早退和实验报告的成绩将列入个人成绩。严格要求个人课堂纪律以养成良好的个人学习习惯。

作品评分包括创意设计和工艺标准两方面。创意设计部分由小组自由发挥(可以参照网络工具设计),这方面成绩由学生之间投票互评,采用比赛的形式,提高学生的创造力,激发学生的积极性。工艺标准部分主要由两位老师进行评定,从切割、钻孔、焊接、折边等方面的工艺标准进行评分。作品要求学生在有新颖创意的前提下,也要保证每一个工序的质量,这样不仅可以通过作品反映学生真实的学习情况,还能有效地反映学生对工艺标准的掌握。小组内部互相协作、小组之间相互竞争以实现共赢,从而提高课堂的效率,更好地完成实习课程。

[资料来源:王明,胡明敏.汽车专业《认知实习》的教学模式探索[J].时代汽车,2020(08).]

知识链接 开展岗位认知实习的相关工作

1. 实习基地保障。经过实地考察、了解、交流访问,选出部分与学生专业相对应的企业。

2. 经费保障。通过协商,参加岗位认知实习的学生的相关劳动报酬由企业支付,指导教师的工资由学校全额发放,企业给予适当补贴。这样就激发了学生和教师参与岗位认知实习的热情与积极性。

3. 思想精神保障。根据学校教学工作的要求,岗位认知实习可以安排在一年级下学期或者二年级。此时,学生一方面基本了解了本专业的情况,另一方面学生对于提高专业实践、操作动手能力又有很大渴求。为了能让学生从思想上高度重视岗位认知实习,需要对学生进行实习动员。在动员会上,学校领导和带队教师要给学生介绍企业的文化和制度、以往实习成功的例子、所取得的成绩;同时也要适当介绍企业与学校有所不同的地方,让学生有吃苦的心理准备。通过这种方式,可以稳定学生的思想和情绪,学生能以正确、理智的态度对待岗位认知实习工作,在进入企业前有一个良好的心理基础。

4. 制度保障和政策支持。学校出台相应的岗位认知实习的相关政策,从学校层面指导、支持和鼓励开展岗位认知实习工作。学校建立了定期询问、巡视制度,定期到企业中去看望学生和驻厂教师,班主任经常关心、关注实习学生,及时稳定他们的情绪,协调有关的问题。

5. 精挑细选,安排教师驻厂,充分发挥指导教师的作用。在实习的过程中,驻厂教师发挥着桥梁的作用,衔接着学校和企业,联系着学生。经过实践,要专门配备责任心和事业心较强、沟通能力较好的教师驻厂,加强对实习学生的管理与掌控,加强与企业方面的交流,全方位地跟踪学生实习的整个过程。针对学生思想单纯、涉世不深、易冲动的年龄特点,很容易出现问题的实际情况,驻厂教师应对学生进行日常的考勤,从早上学生起床到上班再到下班,从思想到学习再到生活,指导教师都要跟学生在一起,及时了解、掌握学生的思想问题,关注学生的工作表现与质量等情况,保证学生实习期间的情绪稳定。

6.渠道通畅,良好的沟通保障。在学生进行岗位认知实习过程中,涉及的如企业管理人员、驻厂教师、学生家长、班主任之间要相互交流、沟通,及时处理有关情况。一方面,解除家长的误会,消除家长的疑虑,让家长体会到孩子成长、成熟的欣慰,争取得到家长的理解与支持;另一方面,要争取企业的支持,一起营造良好的氛围,让学生早日融入企业中,实现快速成长、成熟。

7.关注实习生的学业情况。利用假期和休息时间安排相关课任教师到企业中给学生上课,帮助学生完成学业,实现理论、实践教学两手抓;及时关注企业的各种信息,组织学生参加企业的培训、技能比武等各种企业活动,鼓励他们展示自我,参与竞争。

8.重视学生在岗位认知实习期的教育与管理。参加实习的学生要接受双重管理。一方面,作为在校学生,要接受学校和驻厂教师的管理;另一方面,在实习单位,要遵守所在单位的规章制度,引导学生加强自我管理,相互督促。岗位认知实习是职业学校在发展改革过程中的一种探索,需要得到政府、企业、家长、学校、社会和学生本人的共同支持。政府牵头、企业社会大力支持、学校组织安排实施、家长理解、学生自身认真努力,形成一股合力,才能将学生培养成高素质、技能型人才,得到全社会的认可和欢迎。

［资料来源:刘庆海,徐雪梅,晏小飞.职校生开展岗位认知实习的探索与研究［J］.科教导刊(上旬刊),2011(07).］

任务拓展　　认知实习的基本内容

2015年7月27日,中华人民共和国教育部发布《教育部关于深化职业教育教学改革全面提高人才培养质量的若干意见》(教职成〔2015〕6号)要求,有效开展实践性教学,要积极推行认知实习、跟岗实习、顶岗实习等多种实习形式,强化以育人为目标的实习实训考核评价。

微课

你未来的样子
——认知实习

2016年4月,教育部等五部门联合印发《职业学校学生实习管理规定》要求,学生在参加跟岗实习、顶岗实习前,职业学校、实习单位、学生三方应签订实习协议,明确各方的责任、权利和义务。

2019年6月5日,中华人民共和国教育部发布《教育部关于职业院校专业人才培养方案制订与实施工作的指导意见》(教职成〔2019〕13号)要求,积极推行认知实习、跟岗实习、顶岗实习等多种实习方式,强化以育人为目标的实习实训考核评价。

2020年9月16日,教育部等九部门印发《职业教育提质培优行动计划(2020—2023年)》(教职成〔2020〕7号)要求,加强实践性教学,实践性教学学时原则上占总学时数的

50％以上,积极推行认知实习、跟岗实习、顶岗实习等多种实习方式,具体可根据专业实际集中或分阶段安排。

思考/实践

1. 如何正确理解认知实习对大学生素质提升的促进作用。
2. 结合实际情况,组织认知实习活动。

任务四　顶岗实习

情境导入　　学会自我反省　顺利顶岗实习

顶岗实习是学生由学生身份向企业员工转变、直接参与企业生产的重要实践环节,有利于对学生进行职业素质方面的强化训练,使学生提前了解社会,增强岗位意识和岗位责任感,最大限度提高其综合素养。在第三年的最后一学期,学校安排了多家口碑较好的公司供学生顶岗实习。

在学校安排学生顶岗实习的第三个月中的一天,有位家长打来了电话:"老师,我们家王某被公司开除了。不知道是什么原因啊,他说他工作挺好的,岗位不忙。"家长又说"他说他没偷懒,每次都是把自己任务完成了才玩手机的。"

家长听到的都是学生的一面之词,我想他们自己也不清楚情况。我马上联系了学生,学生又是另一番解释:"他们说我不适合这个岗位,就不要我了。"

我想到这个学生在校的情况:不爱说话,不管上课还是下课总是低着头玩手机。轮到自己值日时,不认真、不积极,总是要人去喊。我就问:"你是不是上班期间玩手机了?"学生立刻反驳:"没有啊,我都是在把我的任务完成了之后才玩的,他们让我做事我就做了,也没人说我玩手机。"在引导学生寻找自身错误后,得出结论:要学会自我反省,才能够顺顺利利地进入顶岗实习。

(资料来源:学习强国)

任务目标

目标1:掌握顶岗实习的概念、原则、缘由。
目标2:通过学习顶岗实习相关知识,培养学生的实践技能、专业素养。
目标3:通过顶岗实习的实践活动,学生尽快融入社会。

任务准备

一、知识准备

(一)顶岗实习的概念

顶岗实习,是指在基本完成教学实习和大部分基础课之后,到专业对口的现场直接参与生产过程,综合运用本专业所学的知识和技能,以完成一定的生产任务,并进一步获得感性认识,掌握操作技能,学习企业管理,养成正确劳动态度的一种实践性教学形式。

(二)顶岗实习的原则

学校在组织学生顶岗实习时,应严格按照专业对口的原则。如果学校仅仅将学生视为廉价劳动力,甚至以此作为激发企业提供岗位的动力,不仅与其制定的人才培养目标相背离,而且这样的"校企合作"也是不可能长久的。将顶岗实习转化为简单劳动,不但不能达到学校设计的目的,还会使学生对实习失去兴趣,从而影响其对本职业的正确认知。

> 微课
> 成为合格职业人
> ——顶岗实习

(三)顶岗实习的缘由

早在 2006 年 5 月,河北师范大学在全国率先实施"顶岗实习"工程。这种由河北师范大学开创的教育实习模式,旨在破解农村教育"人才荒",实现师范院校培养人才和服务社会的统一。在河北师大"顶岗实习"试点取得成功之后,从当年下半年起在全河北省高等师范院校教师教育专业中全面实施"顶岗实习",9 万多名师范类专业在校学生下乡支教,为农村教育"输血"。后来发展到全国的高等院校,专业已经从师范类扩展到各类高等职业教育。

知识链接   顶岗实习案例介绍

在河北省教育厅的强力推动和具体指导下,河北师范大学以强化师范生从教技能为主题,以促进学生成长成才为核心,以服务农村基础教育,促进教育均衡发展为责任,自 2006 年 5 月起启动顶岗实习支教工程。至今共有六期近 5 500 名学生进行了"全职"教师岗位锻炼,108 名教师参加驻县管理工作。专业涉及全校 20 个学院中 16 个学院的 19 个师范类专业,地域覆盖全省 11 个地市 54 个县市区的 410 余所农村中学。

2007 年 7 月,按照省委宣传部、省教育厅的文件精神,河北师范大学组建了"专业技术人员进万村兴百业活动"专家服务团(以下简称"专家服务团"),在师范生实习支教的基础上,利用顶岗实习支教搭建的服务农村基础教育的平台,选派 50 名专家、教授到 50 所实习支教学校进行定点帮扶并签订了为期四年的责任状,拓宽了服务基础教育的渠道,使师生的支教工作得到有机结合。明确以这 50 所学校为工作重点,帮扶范围覆盖23个县市。据粗略统计,河北师范大学教师共举办讲座230场,听评课2 400课时,个别指导3 300人次,圆满完成了目标任务。

[资料来源:李书卿,唐文涛,傅景华.沙场秋点兵——河北师大"顶岗实习"工程巡礼[J].河北教育(综合版),2008(10).]

二、实践准备

(一)思想准备

顶岗实习是在学生掌握专业知识的前提下,通过顶岗实习,巩固理论知识,培养独立工作能力,锻炼和提高自己的业务技能,为将来胜任相关专业的工作打下坚实基础。学生要端正态度;做好艰苦努力和吃苦耐劳的思想准备,克服享乐主义思想;加强理论学习,提高道德修养,使自己真正得到全方位的锻炼。

(二)心理准备

学生从在校学习到企业顶岗实习,需要做好充分的心理准备,以适应快节奏的工作强度,胜任高效率的岗位要求,增强自我调控能力,培养热情开朗、坚韧不拔的性格;要做好战胜困难迎接挑战的心理准备,做好处理人际关系的心理准备,做好角色转换的心理准备。

(三)礼仪准备

礼仪是一个人内在素质的外在表现,是人际关系中用以沟通思想、交流感情、表达友谊、促进了解的一种形式,是人际交往中不可缺少的润滑剂,是人与人联系的纽带。

(四)物质准备

1. 仪表仪容

有些岗位对个人的仪容仪表有特别要求,如发型、化妆、服饰等,也要提前准备。

2. 实习工具和学习用品

按照实习岗位工作要求,自己需要配备必要的工具,如量具、算具等。

3. 生活用品

准备好为保障实习工作顺利进行所必需的个人生活用品,主要包括衣、食、住、行等方面。

(五)了解企业

在顶岗实习前,应充分了解实习的基本情况,做好充分的准备,有利于尽快融入企业,保证实习顺利进行。可以通过学校、网络、走访等途径了解企业的规模和历史、设备配置和产品种类等内容,重点是了解企业的岗位规范和企业文化。

> **任务实施**

一、确定顶岗实习指导教师及学生名单

二、了解顶岗实习的目的

1.培养学生综合运用所学专业知识和基本理论解决专业实际问题的能力,提高分析问题、解决问题的能力。

2.通过深入实际、调查研究、学习总结等环节,掌握电力、电气设备的安装、调试、管理、维护的基本方法。

3.使学生受到一次实际工作的训练,巩固和提高理论知识和专业技能。

4.使学生获取书本以外的新知识、新技术,拓宽知识面,更加全面地熟悉和掌握本专业的实际知识。

5.开阔眼界,增长才干,增强学生适应社会、适应各种工作环境的应变能力,使其毕业后能够更快地开展工作。

三、了解实习内容(以电气类为例)

1.了解所在单位的电力、电气设备配置状况及主要作用;

2.了解所在单位的电力、电气设备管理及使用人员的编制、层次结构、应用水平;

3.了解所在单位的电力、电气设备管理机构的设置、管理方法,设备管理方面的规章制度、规范;

4.学习所在单位在电力、电气设备应用及管理方面的先进经验和方法。

四、认真阅读顶岗实习要求并填写顶岗实习报告

1.在实习单位的统一安排下,积极参加实习单位的各项实践活动和集体活动,认真听取技术人员的经验介绍,虚心求教。

2.在指导教师和专业技术人员的帮助下,独立完成1~2项工作任务,要求取得一定的成果。

3.充分发挥自己的专业特长,积极参与实习单位技术问题的处理,运用所学的知识提出自己的解决方法和处理意见。

4.按时填写《顶岗实习记录》,记录在实习活动中遇到的技术问题及难题,记录解决这些问题的方法和心得。定期请现场指导教师对阶段性工作给予评价与建议。

5.实习后期,在全面总结实习工作和收获的基础上,完成毕业实习报告,报告应全面简要叙述参加实习工作的情况、收获体会、思想总结。

五、顶岗实习的注意事项及成绩测评

1.严格遵守校方及实习单位的实习纪律、劳动安全规定和规章制度。

2.注意身体健康、饮食卫生和交通安全。

3.一切因违反纪律而引起的安全事故均由学生本人负责。

4.违反以上规定者,给予纪律处分直至停止实习。

5.《顶岗实习记录》主要记录在实习中,与实习有关的活动、所见、所闻、收获和体会等,每周至少有2篇记录。在整个实习过程中,要有现场指导教师阶段性的评价与建议。

6.根据实习态度和表现、出勤情况及单位鉴定意见、实习记录内容和现场指导教师的评语、实习报告内容和质量综合给出评语及成绩。

知识链接

普通高校学生顶岗实习意见

实习是高校实践教学的重要环节之一。实习是人才培养的重要组成部分,是深化课堂教学的重要环节,是学生了解社会、接触生产实际,获取、掌握生产现场相关知识的重要途径,在培养学生实践能力、创新精神,树立事业心、责任感等方面有着重要作用。根据专业特点,毕业实习、顶岗实习可以允许学生自行选择单位分散实习。加强跟岗实习、顶岗实习管理。跟岗实习、顶岗实习是培养应用型人才必不可少的实践环节,各高校要科学组织,依法实施。严格学校、实习单位、学生三方实习协议的签订,明确各自的权利、义务和责任。严格遵守工作时间和休息休假的规定,除临床医学等相关专业及实习岗位有特殊要求外,每天工作时间不得超过8小时、每周工作时间不得超过44小时,不得安排加班和夜班。要保障顶岗实习学生获得合理报酬的权益,劳动报酬原则上不低于相同岗位试用期工资标准的80%。要保障未成年人的合法权益,不得安排未满16周岁的学生顶岗实习。

[资料来源:《关于加强和规范普通本科高校实习管理工作的意见》(教高函〔2019〕12号).]

顶岗实习与普通实训的区别

不同于普通实习实训,顶岗实习需要完全履行其岗位的全部职责。顶岗实习一般安排在学生在校学习的最后一年,这是符合教育规律的。学生在校经过一个理论知识准备的阶段之后,顶岗实习才会有意义。为了安排集体顶岗实习而压缩必要的课程,必然会影响学生的前期知识储备。一个对岗位茫然无知的学生,不仅不能很快适应实习岗位,在一些机械操作性岗位上,还可能因为缺乏相应理论和知识,危及人身安全。而企业在接收这样的学生实习时,也必须投入更多资源,不但会增加成本,甚至自身的生产也会被拖累。这样的实习生,企业当然不愿意接收。

顶岗实习的学校职责

职校需要真正尊重教育规律。学生在校期间,应夯实理论基础。学校应及时跟踪市场需求的变化,主动适应区域、行业经济和社会发展的需要,有针对性地调整和设置专业;以就业为导向,以提高学生职业能力为目标,改革课程体系,使其更加贴近企业工作流程,学生进入企业后能够胜任工作。只有这些准备都做好了,顶岗实习才能使学生学到真正的技能,同时实习单位也才可能从中发现可用之才。只有这样,校企合作才能找到契合点,并长期推动下去。学校之于实习单位,也不再是一个硬塞实习生的角色,而是能助推企业发展的人才供应站。

从教育过程来说,学生到企业顶岗实习,虽然教育行为没有发生在学校,但是实习过程依然是学校教学的重要组成部分,是学生将理论知识转化为实际操作技能的重要环节。对职校学生来说,它更是一个能够在真实工作环境下培养严谨的工作作风、良好的职业道德和素质的重要步骤。学校在组织学生实习时,不能以为只要学生不出事,就不用再管其他了。实习是一个重要的教育过程,对于以培养高技能人才为目标的职业教育来说,更是要将行为和思想指导渗透到学生顶岗实习的细节之中。

[资料来源:《职业学校学生实习管理规定》(教职成〔2021〕4号)]

任务拓展 顶岗实习的现状

随着时代的发展,党和国家提出要实现职业化教育,并且已在我国现代化建设中体现出不可动摇的地位。顶岗实习能够将理论转化成实践,实现校企共同育人,能够将职业精神和养成教育贯穿实习全过程。不仅如此,它能更好地促进技能提升和提高就业创业能力,完善学校高技术技能人才培养体系建设,服务于学生职业能力的培养。最终,顶岗实习可以提升学生的认知水平和实际操作能力,进一步提升学生的综合素质,特别是思想道德素质和业务文化素质。在实现学生综合能力提升方面,顶岗实习的作用毋庸置疑。

第一,对顶岗实习的认识不足。有的学生把顶岗实习等同于就业,惦记实习待遇和收入,抱着收入决定自己付出的劳动或辛苦程度的态度,忽视实习单位提供的锻炼机会和提升空间。很多学生是独生子女,有的没有离开过家长或学校,对从学生人向社会人转变缺乏思考,以自我为中心的思想很难改变,心智不成熟,一旦遇到不愉快,不假思索便辞职,从不计较后果;有的学生在工作中不能很好地自我定位,工作缺乏主动性和责任心,认为现在是实习,干好干坏一个样,反正我也不会在这个企业就业,只要我就业时好好工作就行,抱着得过且过的心态。

第二,企业考虑的是利润以及降低人力成本。顶岗实习的学生,顶岗实习时间较短,刚培养上手就要离开,复杂的技术学会就离开,企业的技术机密得不到保障。这导致大多数企业不太欢迎大批的学生集中顶岗实习,配合积极性不高,因专业技术人员指导顶岗实习的学生浪费很多人力物力,少有安排专业技术人员对学生进行指导,不利于企业利润的提升。大多数企业把学生安排在技术含量低、通过一两天培训就能学会的岗位,甚至是专业不对口的岗位,使学生得不到系统有序的实习训练,专业技能也就难以提高。企业为了完成生产任务,延长实习生的工作时间,有的企业随意加班,拖欠克扣工资,同时企业不愿随时与学校及学生沟通,认为你来企业就必须按照企业的文件和管理执行,只要不符合要求就以扣钱来威胁,容易导致学生找各种理由中途离开实习单位,影响实习工作的开展。

[资料来源:李苗苗.高职学生顶岗实习现状研究[J].商业文化,2021(09).]

思考/实践

1. 如何正确理解顶岗实习对大学生的意义和影响。
2. 结合实际情况,积极参与顶岗实习并体会相关感受,把所学理论知识运用到实践。

课后阅读　新中国劳动者典型事例

中国原子弹之父——邓稼先

1924年,邓稼先出生于安徽省怀宁县,1948年至1950年在美国留学,获得物理学博士学位。为了实现科技强国的夙愿,毕业当年,他毅然回国,来到中国科学院工作。新中国启动以"两弹一星"为代表的国防尖端科研试验工程后,邓稼先参加、组织和领导了我国核武器的研究、设计工作,是我国核武器理论研究工作的奠基者之一。

1999年,中华人民共和国成立50周年之际,党中央、国务院、中央军委追授邓稼先"两弹一星"功勋奖章。2009年,邓稼先被评为"100位新中国成立以来感动中国人物"之一。

诺贝尔物理学奖获得者、世界著名物理学家杨振宁和邓稼先是同乡,二人初中、大学、留学时都在一起。邓稼先逝世后,杨振宁写了一篇纪念文章《邓稼先》,饱含感情地写道"鞠躬尽瘁,死而后已",准确地描述了邓稼先的一生。

1996年,邓稼先曾经的同事——于敏、胡仁宇等著名科学家联名在《光明日报》著文,给予邓稼先临终前所著的《建议书》以极高的评价。

感动中国2017年度人物、著名地球物理学家黄大年曾说,自己的偶像是邓稼先:"看到他,你会知道怎样才能一生无悔,什么才能称之为中国脊梁。当你面临同样选择时,你是否会像他那样义无反顾?"

在邓稼先生前工作过的地方,中国工程物理研究院,有一尊他的半身铜像。中国工程物理研究院每年都会举行献花仪式,举办"两弹精神论坛",推动全院干部职工学习传承"两弹精神"。

2009年,电影《邓稼先》问世,其中不少故事镜头让人潸然泪下。如邓稼先患癌症住院,国防科工委的同志来探望时说:"我们国防科工委的同志们都很敬重您,想听听您的人生箴言。"邓稼先稍加思索说:"选择了核武器,就意味着选择了牺牲和付出。可是,我对自己的选择,终生无悔。"

中国科学院院士、物理学家胡仁宇1952年毕业于清华大学,毕业后就跟邓稼先一起工作,直到1986年邓稼先辞世。他参加首映式后说:"我最感佩的是邓稼先对祖国的忠诚、对事业的执着、对工作的一丝不苟。"

邓稼先的夫人许鹿希教授给首映式写信:"希望电影《邓稼先》能让年青一代认识到科学技术在国家富强、民族兴旺中起的巨大作用。"

清华大学学生主演的话剧《马兰花开》,讲述了邓稼先为祖国核武器事业呕心沥血、忘我奋斗的一生。话剧自2013年4月首演以来,观看人数近10万。每年新生入学,清华都会组织学生观看,学习以邓稼先为代表的老一辈科技工作者崇高伟大的爱国精神、严谨创新的科学精神、默默无闻的奉献精神和高尚纯粹的人格魅力。

"邓稼先,他就像古城清早的阳光,明亮而不刺眼,温暖着他所照耀的地方;就像关中绵延的秦岭,伟岸而不张扬,养育着山脚下的家家户户。隔着几十年的时光,我们依然能触摸到他的脉搏,西去两千里,我们依然能看到他生命的延续。"这是人们发自内心对邓稼先的赞誉。

(资料来源:人民网)

劳动教育专项练习题

一、选择题

1.2020年3月20日印发的《中共中央 国务院关于全面加强新时代大中小学（　　）的意见》中提出,将此教育纳入中小学国家课程方案和职业院校、普通高等学校人才培养方案。

A.劳动教育　　　　　　　　　　B.思政教育
C.实践活动教育　　　　　　　　D.爱国主义教育

2.2020年3月20日印发的《中共中央 国务院关于全面加强新时代大中小学劳动教育的意见》中提出,要设置劳动教育课程,将劳动教育纳入大中小学生的必修课。对此,下列认识正确的是(　　)

A.劳动就是吃苦受累,学生应当任劳任怨
B.学生的任务是学习,劳动教育多此一举
C.劳动是公民基本义务,我们要认真参与
D.学生只有经历劳动,才能获得良好成绩

3.2019年6月6日是中国传统节气芒种。这一天,浙江杭州市富春第七小学的孩子们来到了水稻田里,跟农民伯伯们一起插秧。孩子们脱掉鞋袜,走进稻田,弯着腰,点着苗,有模有样。这是富阳"新式劳动教育"实践中的一堂课。开设这样的课程有利于鼓励学生(　　)

①脱离校园,在社会的大课堂中学习
②积极投身社会实践,养成亲社会行为习惯
③在社会课堂中积极学习、健康成长
④通过社会学习,成为合格的社会成员

A.①②③　　　　　　　　　　B.①②④
C.①③④　　　　　　　　　　D.②③④

4.2019年7月8日,《中共中央 国务院关于深化教育教学改革全面提高义务教育质量的意见》指出,优化综合实践活动课程结构,确保劳动教育课时不少于一半。家长要安排力所能及的家务劳动,学校要坚持学生值日制度,组织学生参加校园劳动,积极开展校外劳动实践和社区志愿服务。这一规定(　　)

①有利于学生的全面发展和健康成长

②有利于学生养成亲社会行为

③有利于培养学生的社会责任感

④会增加学生的学业负担

A.①②③　　　　　　　　　　　B.②③④

C.①②④　　　　　　　　　　　D.①③④

5.学织布、掰玉米,学生们总结"学农一周,受益一生"。目前,北京设立了4个市级学工学农基地,并搭建了120余家单位组成的教育资源平台,多所学校开设劳动教育课程,学生春季体验播种,夏季体验施肥,秋季体验收获,冬季总结经验。这样做(　　)

①占用了学生的学习时间,增加日常负担

②可以引导学生崇尚劳动、热爱劳动、学会劳动

③有助于帮助学生自食其力,完全不需要父母帮助

④有助于学生学会自立自强,实现全面发展

A.①②　　　　　　　　　　　B.①③

C.②④　　　　　　　　　　　D.③④

6.在大中小学设立劳动教育必修课,本科阶段和职业院校分别不少于(　　)学时。

A.16,16　　　　　　　　　　　B.20,20

C.32,16　　　　　　　　　　　D.40,20

7.《中共中央 国务院关于深化教育教学改革全面提高义务教育质量的意见》指出,充分发挥劳动综合育人功能,制定劳动教育指导纲要,加强学生生活实践、劳动技术和职业体验教育。之所以如此强调"劳动",是因为(　　)

①劳动是创造财富的源泉

②只要劳动就能过上幸福的生活

③劳动是人类发展的基础

④劳动能改变每个人的生活习惯

A.①②　　　　　　　　　　　B.①③

C.②④　　　　　　　　　　　D.③④

8.2020年3月颁发的《中共中央 国务院关于全面加强新时代大中小学劳动教育的意见》指出,劳动教育是国民教育体系的重要内容,是学生成长的必要途径,具有树德、增智、强体、育美的综合育人价值。国家重视劳动教育,是基于( )

①劳动是财富的源泉和人类生存和发展的基础

②劳动教育是实现美好梦想的根本途径

③有利于引导青少年提升自身素质,树立正确的劳动观

④有利于培养勤劳自立和吃苦耐劳的精神

A.①②③　　　　　　　　　　　B.①③④

C.②③④　　　　　　　　　　　D.①②④

9.宋朝诗人范成大《夏日田园杂兴·其七》:"昼出耘田夜织麻,村庄儿女各当家。童孙未解供耕织,也傍桑荫学种瓜。"从诗中,我们认识到( )

A.劳动能够让乏味的学习生活获得解脱

B.我们要从小培养良好的劳动观念

C.我们每个人都有自己的分工,劳动是创造美好生活的重要手段

D.劳动教育能够丰富我们的精神世界

10."小学会做一日三餐,安排全家旅行计划;初中会煲汤,做双皮奶;高中会理财,通马桶……"这则材料对不同年龄段的学生的劳动技能、劳动教育目标等进行了明确规定。对此,从法律角度认识正确的是( )

A.劳动仅是成年公民的权利,教育局的规定多此一举

B.劳动是财富和幸福的源泉,中小学生应以劳动为重

C.该规定违背《中华人民共和国未成年人保护法》的相关规定,不应提倡

D.劳动既是权利又是义务,中小学生应积极参与劳动

11.2019年11月26日,中央深化改革委员会审议通过了《中共中央 国务院关于全面加强新时代大中小学劳动教育的意见》,强调要把劳动教育纳入人才培养全过程。这是因为( )

①劳动是财富的源泉,也是幸福的源泉

②人世间的美好梦想都是通过劳动实现的

③劳动能够铸就辉煌

④在学校劳动就是打扫卫生,做好值日

A.①②③　　　　　　　　　　　B.①②④

C.①③④　　　　　　　　　　　D.②③④

12.2020年3月20日印发的《中共中央 国务院关于全面加强新时代大中小学劳动教育的意见》强调,劳动教育是中国特色社会主义教育制度的重要内容,直接决定社会主义建设者和接班人的劳动精神面貌、劳动价值取向和劳动技能。为此,我们应该( )

①鄙视体力劳动,没必要参加

②树立不劳而获、贪图享乐、崇尚暴富的思想

③树立正确的劳动观,崇尚劳动,尊重劳动

④增强对劳动人民的感情,报效国家,奉献社会

A.①②　　　　　　　　　　B.①③

C.②③　　　　　　　　　　D.③④

13.2020年3月20日印发的《中共中央 国务院关于全面加强新时代大中小学劳动教育的意见》强调,把劳动教育纳入人才培养全过程,贯通大中小学各学段,贯穿家庭学校社会各方面,把握育人导向,注重教育实效,实现知行合一,促进学生形成正确的世界观、人生观、价值观。这( )

A.保障了青少年的财产权利

B.贯彻了民主集中制的原则

C.可以保障宪法实施,维护宪法权威

D.有利于大中小学生真正享受劳动权利,积极履行劳动义务

14.2019年11月26日,中共中央全面深化改革委员会审议通过了《中共中央 国务院关于全面加强新时代大中小学劳动教育的意见》,进一步强调坚持立德树人,把劳动教育纳入人才培养全过程。我国《中小学生守则》中也有"积极参加劳动"的条文。对此,下列理解正确的是( )

①我们应该热爱劳动,积极参加劳动

②我们有义务通过自己的劳动回报社会

③学生只管学习,不需要参加劳动

④参加劳动有利于促进我们成长和发展

A.①②④　　　　　　　　　B.①③④

C.①②③　　　　　　　　　D.②③④

15.清扫街巷、修剪花木等社区劳动,果蔬种植、木工制作、机床操作等学农学工实践,"医生""消防员"等职业体验……丰富多彩的劳动教育课程,让同学们在不一样的学习中收获、成长。对劳动教育的意义,以下理解不准确的是( )

A. 引导学生了解社会,提高实践能力

B. 使学生体会到劳动的艰辛,立志将来要找个轻松的工作

C. 拓宽学生的视野,促进全面发展

D. 增强劳动观念,尊重劳动者,培养敬业精神

16. 2020年3月20日印发的《中共中央 国务院关于全面加强新时代大中小学劳动教育的意见》强调,劳动教育是中国特色社会主义教育制度的重要内容。对学生而言,加强劳动教育旨在(　　)

①使其认识劳动的意义和价值

②培养积极履行劳动义务的意识

③形成尊重劳动的社会氛围

④践行诚信的社会主义价值观

A. ①②　　　　　　　　　　　　B. ③④

C. ①③　　　　　　　　　　　　D. ②③

17. 请根据《中共中央 国务院关于全面加强新时代大中小学劳动教育的意见》并结合实际,选择符合题意的选项(　　)

A. 劳动是公民的基本权利和基本义务

B. 必须加强青少年劳动教育,养成劳动习惯

C. 劳动教育是国民教育体系的重要内容

D. 青少年中出现不珍惜劳动成果的现象

18. 劳动教育具有(　　)的特征

A. 创造性、实践性、时代性、综合性

B. 思想性、实践性、社会性、时代性

C. 主体性、时代性、实践性、系统性

D. 导向性、综合性、时代性、系统性

19. 劳动教育评价不包括(　　)

A. 平时表现评价　　　　　　　　B. 学段综合评价

C. 过程性评价　　　　　　　　　D. 开展学生劳动素养监测

二、阅读题

20. 阅读材料，回答问题。

材料一：

"你家孩子现在干家务吗？"当记者把这个有点"另类"的问题抛到一个家长群里，水花四溅。七嘴八舌的背后，是相当长一段时间以来被忽略甚至被遗忘的劳动教育。如今，无论在家长群里还是大人们聊天的时候，热议的通常是孩子"上哪几门补习班""作业写到几点""学什么特长""假期去哪里游学"等，至于劳动，好像跟孩子的距离有点远。

材料二：

劳动教育成为2019年教育领域的高频热词：将劳动教育纳入教育方针，"德智体美劳"五育并举……劳动教育不仅是党和国家对教育工作的基本要求，也是社会发展对教育现代化的重要要求。如何让青少年发现劳动之美、体验劳动乐趣、创造劳动价值、享受劳动成果，依然是一个待解难题，考验着教育者、家庭以及社会的智慧。

（1）结合材料一，分析导致"劳动与中小学生距离有点远"的因素。（两个方面即可）

（2）如何让青少年发现劳动之美、体验劳动乐趣，你有什么好主意？（三个方面即可）

21. 下面是学习小组成员小乐向同学们展示的几则新闻片段，引发了大家的思考与讨论。

片段一：

2020年3月11日，郑州从境外归国男子郭某鹏确诊新冠肺炎。据了解，郭某鹏在回国之后，不按疫情防控相关规定和法律要求进行报备和隔离，刻意隐瞒境外行程，并多次乘坐公共交通工具，致使期间密切接触者24人均被隔离。

思考与讨论：请你运用"行己有耻"的有关知识简要评价郭某鹏的行为。

片段二：

2020年3月印发的《中共中央 国务院关于全面加强新时代大中小学劳动教育的意见》，对劳动教育进行了整体设计，要求把劳动教育纳入人才培养全过程，在大中小学设立劳动教育必修课程。

思考与讨论：在大中小学设立劳动教育必修课程有何意义？

片段三：

2020年3月22日，湖北出台12项举措对受疫情影响的贫困户和困难群体进行帮扶。湖北省所有新冠肺炎确诊贫困人口，按每人1万元帮扶资金的标准补贴。

思考与讨论：湖北省这一做法落实了哪一宪法原则？

片段四：

2020年2月11日，金砖主席国俄罗斯发表主席声明，代表金砖国家对中国抗击新型冠状病毒性肺炎疫情的努力表示支持。对此，中国外交部发言人耿爽表示，这体现了金砖国家守望相助、共克时艰的精神。

思考与讨论：请你从"构建人类命运共同体"的角度，谈谈金砖国家支持中国抗击新型冠状病毒性肺炎疫情做法的正确性。

22.【聚焦新闻热点　提升学科素养】

材料一：

2020年3月20日，《中共中央　国务院关于全面加强新时代大中小学劳动教育的意见》正式发布。《意见》提出，劳动教育是中国特色社会主义教育制度的重要内容，要把劳动教育纳入人才培养全过程，贯通大中小各学段，贯穿家庭、学校、社会各方面。

思考与讨论：自觉接受劳动教育，我们应树立怎样的劳动观念？

材料二：

2019年10月26日，十三届全国人大常委会第十四次会议举行分组会议，审议《中华人民共和国未成年人保护法(修订草案)》。修订草案对近年来频发的涉未成年人热点问题做出积极回应，以推动未成年人保护法治化走向更高水平，为预防未成年人犯罪工作提供有力法制保障。为更好适应未成年人保护工作的现实需要，《中华人民共和国未成年人保护法(修订草案)》条文从现行法律的72条增加到130条，分别明确了对未成年人的家庭保护、学校保护、社会保护和司法保护，修法进一步增加了网络保护和政府保护。

思考与讨论：请从青少年自身和法治的角度，试分析为什么要修订《中华人民共和国未成年人保护法》。

材料三：

2019年11月12日，中共中央、国务院印发《新时代爱国主义教育实施纲要》。该《纲要》指出，"新时代爱国主义教育要面向全体人民、聚焦青少年""培养社会主义建设者和接班人，首要是培养学生的爱国情怀"。用文化的力量厚植青少年的爱国主义情怀，让爱国主义精神代代相传、发扬光大，是贯彻落实纲要精神的必然要求。

思考与讨论：让爱国主义精神代代相传、发扬光大，我们中学生有哪些实际行动？（两个方面即可）

23.阅读材料，回答问题。

材料一：

不会剥煮熟的鸡蛋，不会拿扫帚扫地；"葱""蒜"不分，"麦""稻"不分；不肯擦黑板的理由是满手都是粉笔灰;不会缝扣子新买一件就可以了;让家长请家政公司来宿舍搞卫生……近年来一些青少年中出现了不会劳动、不想劳动、不珍惜劳动成果的现象。与此同时,不少学校要么没有开设劳动课程,要么虽然开设了劳动课程,但常常是纸上谈兵、形同虚设。劳动的独特育人价值在一定限度上被忽视,劳动教育被淡化、弱化。

材料二:

2020年3月20日印发的《中共中央 国务院关于全面加强新时代大中小学劳动教育的意见》强调,劳动教育是中国特色社会主义教育制度的重要内容,就全面贯彻党的教育方针,加强大中小学劳动教育进行了系统设计和全面部署。

思考与讨论:

(1)材料一中的现象有何危害?

(2)请结合材料,说明应如何切实加强新时代大中小学劳动教育。(三个方面即可)

24.阅读材料,回答问题。

材料一:

劳动模范是优秀劳动者的典型代表,劳模精神激励了千千万万普通劳动者坚守信念、立足岗位、开拓创新、建功立业。劳动最光荣、劳动最崇高、劳动最伟大、劳动最美丽。全社会都应该尊敬劳动模范、弘扬劳模精神,让诚实劳动、勤勉工作蔚然成风。2018年9月10日,习近平总书记在全国教育大会上发表重要讲话强调,要在学生中弘扬劳动精神,教育引导学生崇尚劳动、尊重劳动。长大后能够辛勤劳动、诚实劳动、创造性劳动。

材料二:

2020年3月20日印发的《中共中央 国务院关于全面加强新时代大中小学劳动教育的意见》指出,在大中小学设立劳动教育必修课程,其中中小学劳动教育课每周不少于1课时。将劳动素养纳入学生综合素质评价体系,劳动素养评价结果将作为评优评先的重要参考和毕业依据,以及升学的重要参考和依据。

思考与讨论:

(1)谈谈你对劳模精神的认识。(两个方面即可)

(2)简述在学生中弘扬劳动精神的主要目的。(三个方面即可)

25.阅读材料,回答问题。

材料一:

为构建德智体美劳全面培养的教育体系,《中共中央 国务院关于全面加强新时代大中小学劳动教育的意见》就加强新时代大中小学劳动教育的安排做出部署。

材料二：

《中共中央 国务院关于全面加强新时代大中小学劳动教育的意见》出台之后，某网站对开展劳动教育进行了问卷调查。调查反映了开展劳动教育存在以下困难：一些家长溺爱孩子，不愿意让孩子参加劳动；一些家庭认为：劳动耽误学习并担心孩子参加劳动时的安全问题；一些学校对劳动教育课程的开展不够重视；许多学校没有场地开展劳动教育；学生对学校开展的劳动教育课不感兴趣；等等。

思考与讨论：

(1)为什么要全面加强新时代大中小学劳动教育？

(2)为克服开展劳动教育遇到的上述困难，请你提出相应的解决办法。（三方面即可）

参考文献

[1] 中共中央马克思恩格斯列宁斯大林著作编译局. 马克思恩格斯全集[M]. 北京：人民出版社，2006.

[2] 毛泽东. 毛泽东同志论教育工作[M]. 北京：人民教育出版社，1992.

[3] 谭秀森. 大学生文化素质教育[M]. 济南：泰山出版社，2008.

[4] 洪明. 回到家庭谈德育[M]. 北京：中国青年出版社，2014.

[5] 刘向兵. 新时代高校劳动教育论纲[M]. 北京：社会科学文献出版社，2019.

[6] 何卫华、林峰. 大学生劳动教育理论与实践教程[M]. 厦门：厦门大学出版社，2019.

[7] 安鸿章. 劳动实务——高等职业院校劳动教育读本（高等职业教育公共基础课教材）[M]. 北京：北京理工大学出版社，2020.

[8] 陈国维. 大学生劳动教育[M]. 北京：高等教育出版社，2020.

[9] 赵鑫全，张勇. 新时代大学生劳动教育[M]. 北京：机械工业出版社，2020.

[10] 王官成. 劳动教育与职业素养训练[M]. 北京：中国人民大学出版社，2020.

[11] 龚立新. 新时代大学劳动教育[M]. 北京：中国言实出版社，2021.

[12] 朱忠义. 劳动教育与实践[M]. 北京：北京理工大学出版社，2020.

[13] 刘向兵. 劳动通论[M]. 北京：高等教育出版社，2020.

[14] 徐国庆. 劳动教育[M]. 北京：高等教育出版社，2020.

[15] 何光明，张华敏. 高职学生劳动教育教程[M]. 北京：高等教育出版社，2020.

[16]《新时代大学生劳动教育教程》编写组. 新时代大学生劳动教育教程（高职版）[M]. 北京：高等教育出版社，2020.

[17] 李斌. 以"劳动精神"丰富时代价值[N]. 人民日报，2015-04-29.

[18] 柳博洋. 新时代劳动精神的价值意蕴[N]. 吉林日报，2020-12-07.

[19] 刘小霞. 用习近平劳动观塑造时代新人［J］. 青年与社会，2020，(7)：16-17.

[20] 李柯. 新时代劳模精神的崭新意蕴与当代价值［J］. 红旗文稿，2020，(8)：33-35.

[21] 李金玲. 当代劳模精神的理论渊源——基于马克思主义劳动观的视角［J］. 法制与社会，2020，(8)：232-233.

[22] 郑大发. 什么是新时代的"工匠精神"［N］. 人民政协报，2018-08-30.

[23] 王明贤，陈丽娜. 浅析新时代"工匠精神"的思想内涵及价值意蕴［J］. 张家口职业技术学院学报，2019，32(2)：49-51.

[24] 尹小梅. 高职院校有效开展岗位认知实习的研究与探索［J］. 教育教学论坛，2016(4)：256-257.

[25] 徐耀强. 论"工匠精神"［J］. 红旗文稿，2017，(10)：25-27.

[26] 李净，谢霄男. 新时代大学生工匠精神的基本内涵、构成要素与培养路径［J］. 学术探索，2020，(5)：136-143.

[27] 尹小梅. 高职院校有效开展岗位认知实习的研究与探索［J］. 教育教学论坛，2016(4)：256-257.

[28] 徐长发. 劳动教育是人生第一教育——对习近平总书记"以劳动托起中国梦"重要思想的学习体会［J］. 中国农村教育，2015(10)：4-6.

[29] 檀传宝. 劳动教育的概念理解——如何认识劳动教育概念的基本内涵和基本特征［J］. 中国教育学刊，2019(2)：82-84.